武汉纺织大学学术著作出版基金资助出版

THE TRIAL OF CHARLES I
AND THE CHANGE OF CONCEPTS ON THE KINGSHIP

审判查理一世
与英国君权观的变革

郭丰秋　著

中国社会科学出版社

图书在版编目（CIP）数据

审判查理一世与英国君权观的变革／郭丰秋著 . —北京：中国社会科学
出版社，2015.5

ISBN 978 - 7 - 5161 - 6139 - 5

Ⅰ.①审…　Ⅱ.①郭…　Ⅲ.①英国资产阶级革命—政治事件—研究

Ⅳ.①K561.410.5

中国版本图书馆 CIP 数据核字（2015）第 097904 号

出 版 人	赵剑英
责任编辑	吴丽平
责任校对	郝阳洋
责任印制	李寡寡

出　　版	中国社会科学出版社
社　　址	北京鼓楼西大街甲 158 号
邮　　编	100720
网　　址	http://www.csspw.cn
发 行 部	010 - 84083685
门 市 部	010 - 84029450
经　　销	新华书店及其他书店

印刷装订	北京金瀑印刷有限公司
版　　次	2015 年 5 月第 1 版
印　　次	2015 年 5 月第 1 次印刷

开　　本	710 × 1000　1/16
印　　张	13
插　　页	2
字　　数	220 千字
定　　价	45.00 元

序

君权变化的政治含义

陈晓律

君主制在中国并不陌生。近代以来，君主制在中国的变革中所起的阻碍作用，使君主制的名声一直不好。尽管近来有学者指出立宪君主制对中国的变革有合理的成分，但依然很难扭转大众对君主制的负面看法——也许很多人心里还在暗恋君主制，但至少也还不至于公开宣扬君主制的长处。

君主制不合时宜，几乎是不用讨论的——在当今以平等作为人类价值基础的世界里，这种不平等的制度设计只能使人愤懑。然而，真实的历史告诉我们，人类并非生而平等。作为人类生活第一驱动力的大自然从未以平等为基石。人们的特征、能力和个性来自基因，而基因的分配却近乎于博彩，因而，总有一些人的禀赋要优于他人。① 这种禀赋的不均等，使其在人类生存的竞争中具有重要意义。最有能力和号召力的人，会自然地成为头领，并带领部落的人们获取生存的资源。

正是在这个意义上，詹姆斯·弗雷泽指出，"君主制的崛起似乎是人类脱离蒙昧状态的必要条件……一个人得到至高权力，便得以在短短一生中成就以往许多代人都不能实现的变革。而如果正如通常的情况，一个拥有超常智商和能量的人，他就会毫不犹豫地利用这个机会。

即便一个暴君的胡作非为、专横任性，都可能打破、挣脱这种将人们牢牢地锁在蒙昧之中的锁链。而且，只要一个部落……服从于一个强大而

---

① ［英］布伦达·拉尔夫·刘易斯：《君主制的历史》，三联书店2007年版，第1页。

坚决的意志，它就在邻近部落中变得令人生畏，走上扩张之路，而这在人类历史早期往往对社会、工业和智力发展极有益处。"①

最终，生活中最重要的要素全部归于国王。也就是说，君主制无论在哪一个人类社会，都是一种自然的社会现象。当然，与世界其他地区产生的君主制不同，基督教世界的君主制在强调君权神授之时，实际上已经使其与真正的神区别开来。君主是上帝委任的人，只对上帝负责。因此，他只是上帝意志在尘世的代理人，并非神本身。而且，他还不能直接与上帝相通，两者之间还有"中介人"，比如中世纪的教皇与教廷。不过，近代以来欧洲各国的君主利用各种机会，尤其文艺复兴后人文精神的发展以及教廷的分裂，扩大了自己的权力，使得绝对君主制诞生了。

绝对君主制是一个现代国家的开门人。它在一定程度上有利于现代国家的构建，但同时君主的权力过大也给社会的进一步发展带来了麻烦。如何使君主的权力避免其负面影响，而有利于现代国家的发展，对每一个现代民族都是一个大问题。解决得好，可以避免剧烈的社会动荡，解决得不好，则可能使整个国家陷入长期的内乱之中，甚至成为失败国家。

在欧洲各国向现代社会的转型过程中，英国处理君主制的模式效果最佳。那就是用自己的方式与君主划清权限关系，并找到了一个既保留君主又让君主服从于议会控制的巧妙方法，那就是君主立宪制。君主拥有头衔但不实施统治。于是，国家既未因为失去君主而产生混乱，又不致让君主为所欲为而出现官逼民反的暴政，如同法国那样。当然，英国的这一变化并非一帆风顺，其中也经历了一个急风暴雨的过程。其中，顽固坚持"君权神授"的英国国王查理一世被送上了断头台，证明任何一个社会的重大变化都不可能不付出代价——无论是统治者还是被统治者的。

不过这样一种变化并不仅仅是英国民众与精英的行动所致，也不是一个短期的应急行为，它是一种从观念上开始的长期变化的结果。那就是，人们从宗教改革开始，逐步认清君主制的局限之后，才可能采取合理的行动来达成变革的目的。也就是人们对君主权利的观念发生了变化之后，才有可能对君主制本身进行改革。那么，在 17 世纪的英国，人们的君权观念发生了什么变化从而导致了英国式变革的发生？

①　[英] 布伦达·拉尔夫·刘易斯：《君主制的历史》，三联书店 2007 年版，第 4—5 页。

首先，郭丰秋同志的这本专著从查理一世被审判的事件入手，深入探讨了这一时期英国人对君权观念的变化，从而使人们对这一场英国革命有了更为深刻的认识。她在专著的第一章里考察了审判查理一世的历史背景，在此基础上讨论英国内战前的绝对君权理论和异端君权理论。前者认为主权属于君主，强调"君权神授"、"国王不会犯错"、"不可反对暴君"等政治信条。后者则认为最高权力属于人民，具体表现为契约论、大众主权论和抵抗暴君论。她通过分析认为，后者在政治文化中虽然属于边缘理论，但为审判查理一世提供了理论基础。在此前提下，她分别考察了"王在议会"君权观在都铎王朝和斯图亚特王朝早期的政治实践。英国宗教改革过程中形成的"王在议会"君权观要求君臣在政治实践中必须以和谐均衡为目标，而詹姆斯一世和查理一世逐步打破了君臣之间的平衡，臣民表达对君主不满的方式从最初的抗议或请愿转变为审判佞臣，这就为审判查理一世积累了政治和司法经验。

其次，该书进一步考察战争双方对"君主双重身体"的认识和对"杀人犯"的讨论。内战期间两大阵营对君主双重身体的认识具有本质上的差异，但双方口诛笔伐的结果使查理一世蜕变为自然人，这为进一步谴责查理提供了理论契机。英国内战期间两大阵营对"杀人犯"和血罪的讨论使君主的神圣特质消失殆尽，"罪在国王"、"血债血偿"的呼声使审判成了顺理成章之举。

再次，考察了审判与否的争论、审判过程及其政治文化效应。审判查理一世实质上是新旧君权观之间的激烈碰撞和较量，前者表现为以大众主权和契约论为主体的君权人授观，后者体现为以命定论和父权主义为主要内容的君权神授观。审判的结束并非新旧君权观博弈的终结，而是进一步对抗。结果，新君权观被提升为主流话语。但审判和处决查理一世激发了人们对君主及君主制的崇拜和向往。即便如此，君权观的变革仍旧在传统的复苏中留下了印记。

最后，对英国在审判查理一世过程中君权观变化进行了总结。她认为，审判查理一世前后，英国人的君权观经历了如下变化：英国君主形象经历了神圣到世俗的转变，虽然审判后，君主形象又复归神圣，但无法改变其基础已经发生根本变化的事实。君主权威也从神授和不可分割，转变为"王在议会"的混合君权观和大众主权观。英国君权观的变化与审判查理一世之间是相互作用的。新君权观为审判查理一世提供了理论武器，并为之呐喊助威。反过来，审判查理一世践行了新君权观，巩固了后者在英国政治文化中的地位。

正是经历了这一巨大的观念上变化，英国的君主立宪制才有可能真正的构建起来，英国也才能够利用历史遗留的政治资源，通过"旧瓶装新酒"的形式，完成从传统向现代的转型。而中国的皇权主义根深蒂固，尽管从形式上看皇帝制度早已取缔，但皇权思想却依旧在我们的生活中随处可见。因此，如何彻底清除皇权思想，避免"新瓶装旧酒"，是中国深入改革亟须解决的问题。而英国君权观念变化的历程，显然会给我们提供很多有益的思索。在这个意义上，我衷心地祝贺郭丰秋同志的这本专著的出版，希望这本专著的出版能有益于中国的学术事业和中国的现代化事业。

即此以为序。

陈晓律

2015 年 1 月 24 日

于南京市阳光广场 1 号 1505 室

目　　录

导　言

第一节　学术回顾与研究角度

　　国内外史学界对英国内战的研究存在着马克思主义史学与非马克思主义史学两大理论体系的分野，二者最基本的区别在于其研究主题。传统上，英美马克思主义史学家注重研究社会经济结构与英国内战之间的内在联系。相反，非马克思主义史学者否认二者之间的必然联系，突出政治主题在英国内战史研究中的首要地位。审判查理一世是英国内战的高潮和核心问题，是极其重要的司法案件和政治事件，它包含了不同政治势力的较量，又体现出近代早期英国不同君权观的博弈和变化。那么，君权观的变化与该政治事件之间的关系是什么？审判前后的君权观有何变化？本书希望在借鉴昔哲今贤的基础上，选取审判查理一世这一重大历史事件作为考察基点，从政治文化层面探讨君权观的变动与该事件之间的关系，从而探析出君权观与英国内战之间的联系，以期从不同角度深化对英国内战史的认识。

　　根据各个时期学界对审判查理一世研究的特点，可大体上划分为两个阶段：历史叙事和历史考证阶段。

一　历史叙事

　　在英国内战中，审判和处决查理一世是十分重要的政治事件，当时就被法庭书记员事无巨细地记载下来。经历该事件的塞缪尔·佩皮斯（Samuel Pepys）和约翰·伊夫林（John Evelyn）则通过日记记录了这一事件。① 1660 年，君主制复辟后，对国王的审判被认为是一场王室血案，一起圣人的血案，是背叛国家的行为，构成真正的叛国罪。

1689 年立宪君主制确立之后，对查理一世的审判和对弑君者的审判都被束之高阁。在王室的教科书中，克拉伦登伯爵爱德华·海德（Edward Hyde，Earl of Clarendon）撰写的《英国内战和反叛史》和回忆录备受青睐。② 因为他的写作风格十分优雅，再者，他是内战的直接参与者，"理应"最为熟悉"真相"。海德站在保王党的立场上，指责参与审判的人中有"并不出众且出身卑微的律师"担任国家总检察长和副总检察长，对于法庭主席布拉德肖更是鄙视，称他为"一个庸俗的灵魂，只是因为撞大运而出名"。③ 总体而言，他认为对国王的审判是大逆不道的，已构成真正的叛国罪。著名的共和人士埃德蒙·拉德洛（Edmund Ludlow）则相反，他在回忆录中记载了对查理一世的审判以及对弑君者的审判，对清教的虔诚和对共和事业的高度赞扬。④ 此外，一些弑君者逃离英国，流亡欧洲，他们的经历被后人视为精彩的故事，埃德蒙·拉德洛的著作《来自瞭望塔的声音》就取材于此。⑤

随着法国大革命的爆发，马克·诺布尔（Mark Noble）致力于研究欧洲大陆的弑君者，他参考了大量 17 世纪保王主义者的著作，出版了《英国弑君者的生活》（The Lives of the English Regicides）一书，遭到时人的诽谤。在《国家传记词典》（Dictionary of National Biography）中，他的著作被描述为"没有受到良好教育的、具有粗俗思想的人的著作"，他本人的

① Robert Latham ed. , *The Diary of Samuel Pepys*: *A New and Complete Transcription*, Vol. 1 - 11, University of California Press, 2000; John Evelyn, *The Diary of John Evelyn*, ed. , John Bowle, Oxford University Press, 1983; John Evelyn, *Tyrannus*, *or*, *The Mode in a Discourse of Sumptuary Lawes*, London, 1661.

② W. D. Macray ed. , *The History of the Rebellion and Civil Wars in England*, 6 vols, ed. , W. D. Macray, Clarendon Press, 1888; Earl of Clarendon, *The Life of Edward*, *Earl of Clarendon*, 2 vols, Clarendon Press, 1857.

③ W. D. Macray ed. , *The History of the Rebellion and Civil Wars in England*, Vol. 6, p. 475.

④ C. H. Firth, M. A. ed. , *The Memoirs of Edmund Ludlow*, *1625 - 1672*, Clarendon Press, 1894.

⑤ Edmund Ludlow, *A Voyce from the Watchtower*, ed. , A. B. Worden, London, Camden Society, 1978.

"思想"也被认为是"平庸的"。①

　　19世纪关于审判查理一世的记载也很多，② 其中加德纳（S. R. Gardiner）的四卷本《大内战史》（History of the Great Civil War）和《共和国到护国主时期历史》（History of the Commonwealth and Protectorate, 1894 – 1904），是叙述内战政治史方面的权威之作，尽管该书使我们能够更加全面地看待当时错综复杂的历史时期，但作者也没有认识到审判国王的真正意义。他批评审判国王的副总检察长库克依靠法律而不是政治上的辩论来审判国王，以至浪费了这个案子。实际上，审判对英国法律和君权观产生的影响是十分深远的，这正是本书所要探讨的内容之一。另外，根据加德纳的记载，有证据表明直到1649年12月25日，国王与军队领袖及其民间联盟仍准备继续谈判。③ 那么审判过程中，各方政治势力是否仍在谈判，这是现代史学家争论的焦点之一，本书将进行详细的探讨。

　　值得一提的是，这个时期法国著名历史学家和政治家基佐利用丰富的资料写出《一六四〇年英国革命史》，希望从英国内战历史中找到革命和资产阶级自由制度的根源。他将英国内战称为"革命"，认为"法国的革命，尽管是后来居上，但并没有使英国革命本身的伟大少了一些……它们并没有彼此使对方矢色，反而交相辉映"。④ 在该书中，作者用马克思主义史观描述并分析了审判前各政治派别之间的斗争，认为审判是势力较量的结果。矛盾的是，作者虽然称颂英国革命，但却认为克伦威尔在审判前"装腔作势，伪装温和"，企图掩盖想要审判和处决国王的"罪恶"想法。更有甚者，1854年和1856年，基佐分别出版了《英格兰共和国和克伦威尔时期史》和《克伦威尔的护国政府和斯图亚特王朝复辟史》，其中竭力攻击英国革命，大肆赞扬1688年的光荣革命，将处决查理一世视作"大暴行"。很明显，基佐的观点转向受到法国政局变动的影响，带有较明显的时代印记，但他的叙述有助于我们将审判放在动态的历史背景下去

---

　　① Mark Noble, *The Lives of the English Regicides*, London, 1798.

　　② James Caulfield, *The High of Justice*, London, 1820; J. B. Marsden, *The History of the Later Puritans*, London, T. Hatchard. Piccadilly; John Murray, *The Trials of Charles the First*, London, 1895.

　　③ S. R. Gardiner, *History of the Great Civil Wars*, Vol. 4, Longman, 1893, p. 287.

　　④ ［法］基佐：《一六四〇年英国革命史》，伍光建译，商务印书馆1985年版，第2页。

考察。

19 世纪末 20 世纪初，随着"辉格史学"的兴起，史学家开始重新审视内战历史，但对审判查理一世的历史认识没有太大变化。在"英国著名审判案例"（Notable British Trials，1928）系列丛书中，保王党人穆迪曼（J. G. Muddiman）主编的《审判查理一世》（The Trial of King Charles I）全然不顾历史事实，甚至歪曲历史来诋毁这一案件的起诉者库克律师。1964 年，维罗尼卡·维基伍德女爵士（Dame Veronica Wedgwood）在再版的《审判查理一世》中着重于对 1648 年 11 月 20 日至 1649 年 1 月 30 日的叙述，并指出了前版的几个最为严重的错误，但她的叙述同样带有偏见。她认为，查理一世的审判对"过去的美好事业"（the good old cause）来说简直是一场灾难，而库克则是一位"过分狂热的"检察官。辉格党人虽然是自由主义者，但面对审判和处决国王这段历史的时候，他们也感到十分尴尬，既承认审判查理一世的"审讯程序不合法"，又将之定义为"必要的残酷"。

查理一世之审判后一直到 20 世纪 60 年代这段时期，关于这一事件的历史叙述呈现出以下特点：审判大多被挟裹于对内战的回忆或叙述中，或者被作为一场法律案件来记载，基本不能称之为研究。著者大多受到时代政治气氛以及个人政治偏好的影响，出现偏离甚至歪曲历史事实的现象，缺乏客观深入的认识，带有强烈的功用色彩。对此，我们可以说复辟后的英国人面对历史采取了选择性失忆，这既是一种自我保护之道，也体现了传统的君权观对人们根深蒂固的影响。有人将这种现象归结为"集体性的思想阻塞"，因为"即使如约翰·威尔克斯这样的激进分子也持同样的观点——他们都把英格兰自由的时间设定在 1689 年，而不敢承认是 1649 年"。[①]

20 世纪 70 年代开始，关于内战的研究进入修正主义阶段，大批新的力作问世。其中著名的马克思主义学者，如克里斯多佛·希尔（Christopher Hill）和布雷斯福德（H. N. Brailsford）都赞扬"平等派"对时人的

---

① ［英］杰弗里·罗伯逊：《弑君者》，徐璇译，新星出版社 2009 年版，第 366 页。

影响。① 还有一些学者热衷于普莱德清洗研究。② 其中大卫·安德唐（David Underdown）的《普莱德清洗》对1648年12月到1649年1月的历史作了最详细的描述。他追随加德纳的观点，进一步阐述道，由于查理一世拒绝接受1649年12月25日军队与之谈判的条件，从而导致自身的毁灭。③ 布莱尔·伍登（Blare Worden）则关注了政治体制下的共和国。④ 除此之外，开始有人关注弑君问题，阿戴尔·哈斯特（Adele Hast）将审判查理一世纳入清教革命中叛国罪的研究范畴，揭示了这次重要审判在英国主要政治集团之间政治斗争中的功用。⑤ 还有一些学者为弑君者作辩护，将弑君归于上帝的旨意或政治上的必要举措。⑥

　　还有一系列对个别弑君者的研究，比如对约翰·布莱基斯顿（John Blakiston）、⑦ 亨利·马顿（Henry Marten）⑧ 和托马斯·安德烈（Thomas Andrewes）⑨ 的研究，但这些研究都缺乏严谨的学术分析。总体来看，这个阶段学界对弑君事件的研究有了一定进展，但仍旧缺乏独立、客观且系统性的分析，对审判的关注度仍然不够。

---

①　Christopher Hill, *The World Turned Upside Down*, Harmondsworth, 1975; H. N. Brailsford, *The Levellers and the English Revolution*, Stanford, 1961.

②　David Underdown, *Pride's Purge*, Clarendon Press, 1971; J. R. Maccormack, *Revolutionary Politics in the Long Parliament*, Harvard University Press, 1973.

③　David Underdown, *Pride's Purge*, pp. 166 – 172.

④　Blare Worden, *The Rump Parliament*, Cambridge University Press, 1974, pp. 33 – 60.

⑤　A. Hast, "State Treason Trials during the Puritan Revolution, 1640 – 1660", *The Historical Journal*, Vol. 15, no. 1, 1972, pp. 37 – 53.

⑥　L. W. Cowie, *The Trial and Execution of Charles I*, London, 1972; W. L. Sachse, "England's 'Black Tribunal': An Analysis of the Regicide Court", *Journal of British Studies*, xii, 1973, pp. 69 – 85.

⑦　R. Howell, "Newcastle's Regicide: the Parliamentary Career of John Blakiston", *Archaeologia Aeliana*, 4th series, Vol. 42, 1964, pp. 207 – 230.

⑧　C. M. Williams, "The Anatomy of a Radical Gentleman: Henry Marten", in Donald Pennington and Keith Thomas eds., *Puritans and Revolutionaries*, *Essays in Seventeenth-century History Presented to Christopher Hill*, Oxford University Press, 1978, pp. 118 – 138; I. Waters, *Henry Marten and the Long Parliament*, Chepstow Society, 1973; J. C. Cole, "Some Notes on Henry Marten, the Regicide, and his Family", *Berkshire Archaeological Journal*, XLLX, 1949, pp. 23 – 41.

⑨　J. C. Whitebrook, "Sir Thomas Andrewes, Lord Mayor and Regicide, and his Relations", *Transactions of the Congregational Historical Society*, Vol. 13, 1939, pp. 151 – 165.

二 历史考证

20 世纪 80 年代至今，学界对审判查理一世的研究进入考辨式和多维度研究阶段。

首先，出现了一系列考证研究。如麦金托什（McIntosh）试图弄清围绕着死刑判决书的签署而发生的事情，考察弑君者的构成，即什么人、有多少人属于弑君者以及建立高等法庭的细节问题。[①] 也有为弑君进行辩护的文章，如约翰·科顿（John Cotton）。[②] 关于时人对弑君的反应，也有不少成果问世。[③]

其次，目前英语学界对审判和处决查理一世的研究出现了争论。

争论一，审判查理一世的理论基础来源问题。由于某些早期议会领袖熟稔西塞罗和其他罗马历史学家，所以以昆廷·斯金纳（Quentin Skinner）为代表的学者称他们为"新罗马"共和主义者，强调古典共和思想以及"新罗马主义"对英国内战的影响。[④] 这些学者所依赖的是哈林顿的《大洋国》中体现出来的"新古典主义"概念，但这本书出版于 1656 年，对审判中的独立派人士影响不大。再者，虽然审判检察团的成员中有罗马法法学家，但对判决产生根本影响的不是罗马法，而是普通法、《大宪

① A. W. McIntosh, *The Death Warrant of King Charles I*, House of Lords Record Office, 1981; A. W. McIntosh, "The Number of the English Regicides", *History*, LXVII, 1982, pp. 195 – 216.

② S. M. Koenigsberg, "The Vote to Create the High Court of Justice: 26 to 20?" *Parliamentary History*, Vol. 12, 1993, pp. 281 – 286; F. J. Bremer, "In Defense of Regicide: John Cotton on the Execution of Charles I", *William and Mary Quarterly*, Third Series, Vol. 37, No. 1 (Jan., 1980), pp. 103 – 124.

③ W. L. Sachse, "English Pamphlet Support for Charles I, November 1648 – January 1649", in W. A. Aiken and B. D. Henning, eds., *Conflict in Stuart England*, New York: Cape, 1960, pp. 147 – 168; L. Potter, "Royal Actor as Royal Martyr: the Eikon Basilike and the Literary Scene in 1649", in G. J. Schochet, ed., *Restoration, Ideology and Revolution*, The Folger Institute, 1990, pp. 217 – 240; L. Potter, *Secret Rites and Secret Writing, Royalist Literature 1641 – 1660*, Cambridge University Press, 1989; N. K. Maguire, "The 'Tragedy' of Charles I: Distancing and Staging the Execution of a King", in G. J. Schochet, ed., *Restoration, Ideology and Revolution*, pp. 45 – 66.

④ Quentin Skinner, *Renaissance Virtues*, in *Vision of Politics*, Vol. 2, Cambridge University Press, 2002; Adam Tomkins, *Our Republican Constitution*, Hart Publishing, 2005; Jonathan Scott, "What were the Commonwealth Principles?" *The History Journal*, Vol. 47, No. 3 (Sep., 2004), pp. 591 – 613.

章》和圣经，对此，杰弗里·罗伯逊（Geoffrey Robertson）在《弑君者》一书中做了说明："公诉人约翰·库克（John Cook）、彼得斯（Huge Peters）和约翰·弥尔顿等清教徒在当时就对旧约进行了革命启蒙式的重新解读。他们认为，君主是被上帝咒逐的人。在苦难中脆弱无知的人们渴求一位君主来引领他们，却没想到君主制只是徒增他们的劳苦。人类的君主制是暂时的、罪恶的，为上帝所不喜悦。"① 近来一些学者认为，审判者，如克伦威尔和艾尔顿，受圣经影响极大，可以称之为"圣经共和主义者"，而不是古典共和主义者。②

笔者认为，审判和处决查理一世的理论资料来源甚广，不仅包括上述学者在论争中所涉及的理论，也包括近代早期日益发展的"抵抗暴君"理论，该理论初始于宗教语境下的积极反抗褒渎上帝的教俗统治者，后经过一些政治思想家的完善，形成政治思想中极端"反暴君"理论。英国内战中，极端的大众主权学说、契约理论和血罪讨论都从中汲取过营养。

争论二，如何为审判和处决国王这一重大历史事件定性。有的学者从宗教层面出发，认为弑君是以克伦威尔为代表的独立派受到"千禧年独立精神"（spiritual-millennial independency）影响而实施的有预谋的激进行为。另有学者则认为该事件是"共和主义者"的激情所致。

近来学者们则倾向于将弑君看成情势所迫的权宜之计。西恩·凯尔西（Sean Kelsey）不断撰文，对审判过程进行详细的史学考证，对审判的目标作了新解释。他指出，在审判前以及审判过程中，高等法庭尽力拖延时间，并给予国王多次机会，希望后者能为自己申辩，国王则利用此机会，继续同军队和议会进行策略上的较量和谈判。也就是说，这场审判是"一场精心策划的谈判"，③ 最后，国王的固执导致死刑判决的出现。凯尔西在不同的文章中反复强调他的观点：高等法庭根本无意处决查理一世，

① ［英］杰弗里·罗伯逊：《弑君者》，徐璇译，第127页。

② Blair Worden, "Republicanism, Regicide and Republic: The English Experience", in Martin Van Gelderen, Quentin Skinner, ed., *Republicanism: A Shared European Heritage*, Vol. I. Cambridge University Press, 2002, pp. 307 – 327; David Farr, *Henry Ireton and the English Revolution*, The Boydell Press, 2006, p. 154.

③ Sean Kelsey, "Staging the trial of Charles I", in Jason Peacey, ed., *The Regicides and the Execution of Charles I*, Palgrave, 2001, p. 72; Sean Kelsey, "The Trial of Charles I", *English Historical Review*, cxviii. 447, 2003, p. 743.

弑君只是内战时代特殊背景下的偶然结果。[①] 他的研究得到一些学者的认可。比如理查德·卡斯特（Richard Cust）在其《查理一世：一个政治生命》（*Charles I: a Political Life*）中引用凯尔西的观点，认为审判国王是"谈判的延伸"。布拉迪克（Braddick）赞同"对许多重要玩家来说审判的主要目的是求得一个解决办法，而不是弑君"。[②]

然而，凯尔西的观点遭到质疑。杰弗里·罗伯逊的《弑君者》从法律角度考察查理一世的公诉人约翰·库克在审判查理一世过程中的关键作用，指出了审判过程的计划性和条理性，在一些细节问题上与凯尔西产生分歧，认为该审判"开创了审判现代国家政治与军事首脑的先例，是现代法律与专制暴政的首次对抗，它立足于人人皆享有的对破坏民主、自由的暴君实施惩罚的权利"。[③]

2010 年 2 月，克莱夫·霍姆斯（Clive Holmes）发表了《审判与处决查理一世》一文，对凯尔西的观点展开全方位反驳。他认为，"克伦威尔发现有必要在审判问题上得到尽可能广泛的赞同"，因此，审判前军队故意拖延，审判过程中"给予国王多次抗辩机会"。但这并不表明，审判的目标是进一步谈判。"法庭对国王的指控"在凯尔西那里没有得到足够强调，没有证据表明在下院或高等法庭里存在一个有组织的拯救国王的派别，相反，法庭的指控说明"他的罪责是'臭名昭著的'"。另外，凯尔西提出的关于普莱德清洗后军队与国王仍旧进行谈判的证据是"含糊的"，是保王主义者和激进派"受到克伦威尔的策略所鼓励"而产生的结果。克伦威尔的目的"是维持一个温和并有可能妥协的正面形象"。[④] 看来，克莱夫认为，虽然有所拖延，但审判的最终目的仍是处决国王。

---

① Sean Kelsey, "The Death of Charles I", *The History Journal*, Vol. 45, No. 4, 2002, pp. 727 – 754; "Constructing the Council of State", *Parliamentary History*, Vol. 22, pt. 3, 2003, pp. 217 – 241; "The Ordinance for the Trial of Charles I", *Historical Research*, Vol. 76, No. 193, 2003, pp. 310 – 331; "Politics and Procedure in the Trial of Charles I", *Law and History Review*, Vol. 22, No. 1, 2004, pp. 1 – 25.

② Richard Cust, *Charles I: a Political Life*, Longman, 2007, p. 459; Michael Braddick, *God's Fury, England's Fure: a New History of the English Civil Wars*, Allen lane, 2008, p. 564.

③ ［英］杰弗里·罗伯逊：《弑君者》，徐璇译，第 153 页注 16、前言第 13 页。

④ Clive Holmes, "The Trial and Execution of Charles I", *The Historical Journal*, 53, 2 (2010), Cambridge University Press, pp. 292, 315.

　　上述观点都有一定的道理，但他们似乎都承认这样一点：审判查理一世是有计划的司法案件和政治行动。笔者认为，由于许多证明历史细节的证据无法考证，学者们参考的文献大多来自当时的报纸、新闻书、小册子等对时事的评论以及后来的回忆录，不同政治取向的评论者的观点各有其倾向性。再者，当时的军队和保王主义者为了各自的目的，很有可能虚构或捏造消息，以混淆视听。所以，对参考材料的运用必须采取辨析的态度，这才是历史研究者应持有的正确态度。另外，从不同的角度去观察这次审判会得出不同的结论，笔者认为，该审判更体现了不同君权观之间的较量，对此后英国主要政治精英集团的君权观也产生了重大影响。所以，如果从君权观角度考量审判过程中各政治派别所表现出的决绝、游移、犹豫或温和态度，关于审判的历史叙述会显得更加丰满和真实。

　　再次，与审判查理一世相关的研究呈现多样化的特点。1988 年诺埃尔·亨宁·梅菲尔德（Noel Henning Mayfield）出版的《清教徒与弑君》（*Puritans and Regicide*）从宗教层面分析英格兰和苏格兰的长老派和独立派对 1648—1649 年间处决查理一世的态度。① 根据作者的分析，当时情况下，独立派更加容易支持弑君。因为他们正在寻找世俗中的千禧年，他们的行为基于对上帝的恩宠（grace）、律法以及自然法（nature）的理解。克伦威尔不是大多数历史学家所描绘的不情愿的革命者或者"中庸的宪政主义者（moderate constitutionalist）"，而是一个真正的受到"千禧年独立精神（spiritual-millennial independency）"所驱使的激进的领袖。作者认为，将国王送上审判席不仅仅是因为第二次内战的环境，它跟 1641 年出现的"激进的反君主制倾向"相呼应，早在 1647 年秋天，克伦威尔就接受了处决查理的可能性。所以，梅菲尔德认为弑君不是克伦威尔被迫所作的权宜之计，而是一种激进行为。这本书具有说服力的地方是独立派的千禧年信仰。他们相信真实的千禧年和即将到来的基督，这使得军队中的清教徒渴望并准备迎接基督王国。因此，审判和处决国王是"对千禧年的

---

① Noel Henning Mayfield, *Puritans and Regicide*：*Presbyterian-Independent Differences over the Trial and Execution of Charles I*. Lanham, Maryland：University Press of America，1988.

准备"。①

　　梅菲尔德承认宗教的重要性，尤其是宗教激进者的重要性，因此，研究弑君这个英国历史上最具戏剧性的事件的时候不能避开关于处决查理的决定中所包含的宗教原则。然而，作者忽视了长老派和大部分独立派所共同承认的加尔文理论。他过分强调二者的差异，而贬低了二者的共同点。再者，他没有区分开真正的弑君者和那些拥护处决但没有出席法庭的人，比如约翰·古德温（John Goodwin）和彼得·斯特里（Peter Sterry）。这本书的证据基础有些薄弱，尤其是关于弑君者的人数。

　　1992 年，马圭尔（N. K. Maguire）出版了《弑君与复辟》（*Regicide and Restoration*）一书，从悲喜剧的变化入手，考察弑君给英国人精神上造成的创伤以及对君主制的形象带来的影响。她认为，处决查理一世"无疑是 17 世纪最重要的事件"，它遗留给那些支持查理二世复辟的人们的基本问题是，"人们感觉到"王权"再也不是一个想象中的整体"。因此，在复辟的第一个时期，"当权者有意识地努力建造一个新的君主制和新文化"。但是，查理二世的统治现状加强了关于查理一世的记忆，"直到复辟二十年后，许多英国人才能够承认 1649 年君主制的含义（monarchical implications）"。"在查理二世复辟时期王权的短暂的（和虚假的）复兴后，王权的形象急剧分裂成虚构的和实际的两个层面"。②

　　书中所考察的悲喜剧体现出两种具有矛盾色彩的君主制模式。一种是查理一世所代表的古板模式；另一种是查理二世所显示的比前者更加随意的模式。复辟时期的悲喜剧反映出国王在道德层面的缺点。作者认为，这意味着君主制实际上从神圣中剥离出来；君主和臣民之间的距离缩短了。尽管作者关于悲喜剧的中心观点从整体来看具有说服力，但有时候夸大了查理一世与查理二世统治时期文化上的"断裂"。尽管如此，她的研究为人们所忽视的政治和 17 世纪末期喜剧之间的关系提供了新的研究视角，并引发了学者们研究这个时段的热情。

---

　　①　Noel Henning Mayfield, *Puritans and Regicide: Presbyterian-Independent Differences over the Trial and Execution of Charles I*, p. 97.

　　②　N. K. Maguire, *Regicide and Restoration: English Tragicomedy, 1660 – 1671*, Cambridge University Press, 1992, pp. 4, 7 – 8, 138 – 139.

与弑君相关的思想研究包括弑君理论、17 世纪 40 年代的古宪法理论危机、"盟约"争论和英国共和主义等。[①] 但很少有人将弑君与英国共和主义结合起来进行研究。1998 年，萨拉·巴伯的《弑君与共和主义》（*Regicide and Republicanism*）作了这一尝试，其目的是追寻 1649 年的弑君和 17 世纪 50 年代英国共和主义成果的不同思想来源和动力。巴伯认为，"虽然在某种程度上，弑君和共和主义相互决定，但他们的思想渊源是不同的"。[②] 也就是说，二者之间没有必然的或者逻辑上的关系。作者在前几章揭示了国王的自然身份和政治身份之间的区别使得人们集中批判他在政治方面的失败，这种批判在 17 世纪 40 年代末变得逐渐尖锐，最后形成一种观念，即查理一世无法胜任国王这个职位，这为审判查理一世作了法理上的铺垫。后来的几章重点研究共和国制度框架下的不同思想支流。作者指出，人们在共和国制度的构成要素上没有达成共识。共和国最终因为自身内部的矛盾和争吵而走向失败。总体来看，这本书理论性较强，值得借鉴。但是，作者没有明确界定共和主义的含义，对"Republic"和"Commonwealth"的区别没有进行清晰地解释，只是局限于对当时的政治和修辞的讨论。这本书对 1647—1653 年这个阶段的研究比较有力，但对护国公时期的研究则有些薄弱。该著作也存在一些值得商榷的地方，如第七章，作者将 1649—1650 年的"Engagement"视作"誓言"，实际上它是一个宣言，它不是要求人们进行宣誓，而是要求人们签名对此表示同意。

[①]　W. Haller, *Liberty and Reformation in the Puritan Revolution*, Columbia University Press, 1955；P. Zagorin, *A History of Political Thought in the English Revolution*, London, Routledge & Kegan Paul, 1954, pp. 62 – 86；M A. Judson, *The Crisis of the Constitution*, Rutgers University Press, 1988；J. W. Allen, *English Political Thought 1603 – 1644*, London, Methuen, 1938；J. P. Sommerville, *Politics and Ideology in England 1603 – 1640*, Longman, 1986；G. Burgess, *The Politics of the Ancient Constitution*, Macmillan Press, 1992；Quentin Skinner, "The Ideological Context of Hobbes's Political Thought", *The History Journal*, Vol. 9, no. 3, 1966, pp. 286 – 317；G. Burgess, "Usurpation, Obligation and Obedience in the Thought of the Engagement Controversy", *The History Journal*, Vol. 29, No. 3, 1986, pp. 515 – 536.

[②]　Sarah Barber, *Regicide and Republicanism: Politics and Ethics in the English Revolution, 1646 – 1659*, Edinburgh: Edinburgh University Press, 1998. p. 1.

2001 年，詹森·彼西（Jason Peacey）主编的论文集《弑君者与处决查理一世》（*The Regicides and the Execution of Charles I*）代表了近来这个领域的学术前沿。① 这个论文集包含几个主题。一些学者讨论了弑君的本质。菲利普·贝克（Philip Baker）和约翰·莫里尔（John Morrill）分析了 1647—1648 年克伦威尔的思想变化过程，指出早在普特尼辩论的时候，他就很可能下定决心要审判国王，但没有思考是否处决国王，也没有考虑过废除君主制。约翰·亚当森（John Adamson）分析了审判的政治背景，指出当时英格兰的军事集团及其贵族同盟受到来自爱尔兰和复活的保王党海军的威胁，因此最初努力与查理谈判以求和解，但要求后者与其潜在的同盟者断绝关系，当国王拒绝这个条件后，可能导致审判动机的出现。由此可见，审判和处决国王不是预谋的结果，也不是被"共和主义"激情所推动，而是情势使然。艾伦·奥尔（Alan Orr）分析了弑君的法律基础，萨拉·巴伯（Sarah Barber）的文章再次讨论了弑君的政治语言，将之与共和主义语言联系起来。

论文集关注了弑君事件的不列颠和欧洲背景。比如，斯科特（Scott）的文章揭示了第二次内战和英格兰—苏格兰之间的关系影响了人们决定是否审判国王和处决国王。莫里尔和贝克则强调，国王与苏格兰的谈判会对议会造成新的威胁，这个消息对克伦威尔来说很重要。另外还包括其他主题。比如，彼西考察了小册子和新闻书对审判的报道，指出，这些报道作为一种宣传运动，反映出议会人士之间早已存在的矛盾。安德鲁·雷西（Andrew Lacy）讨论了保王主义者的哀歌，后者将国王描绘成一个殉道者，以求安慰。安德鲁·夏普（Andrew Sharp）考察了平等派对弑君的态度，这个集团在早期表达出对查理和君主制的极端厌恶，但是后来反对弑君者，甚至明显支持有限的和选举式王权的复辟。埃利奥特·弗农（Elliott Vernon）仔细考察了长老派对弑君的反应，后者抨击军队自封的法官和陪审团角色。

这个文集内容比较丰富，作者们的视野开阔，从不同角度对弑君事件展开详尽精深的研究。遗憾的是，论文集虽然对查理一世的不妥协形象作了评价，但缺少对本身角色的全面描述和分析。而最近几年关于查理一世

---

①　Jason Peacey, ed., *The Regicides and the Execution of Charles I*, Palgrave, 2001.

的热烈探讨弥补了这个不足。①

　　通过上述学术梳理，我们看到，人们对审判和处决查理一世这一重大历史事件的认识和研究经历了漫长的深化过程。关于这方面的研究也从主观叙述和臆测逐渐走向客观与成熟，这不仅与史学发展方向密切相关，也可归因于英国人对君主以及君主制的观感所发生的变化。在英国历史的长河中，君主制在人们心中的地位和作用随着时代的发展而变迁，而对查理一世的审判可以被视作观念变迁的节点。虽然英语学界对审判查理一世的研究成果已相当丰厚，但就笔者所见，尚未有人将审判与英国君权观的变化联系起来进行考察。而国内学界对该事件的关注较少，仅止步于叙述，故笔者试图借鉴上述研究成果，将审判查理一世置于当时的政治文化背景中，考察它与英国君权观之间的关系，以期丰富对该时段历史的认识。

第二节　研究资料和概念界定

一　研究资料

　　本书参考的一手资料主要有以下三种：首先，时人的小册子、布道辞，以及各政治派别的新闻书等，这些资料传达了时人对政治变动和战争作出的直接反应，也是当时各派的重要宣传工具，从中可以看出不同派别的君权观及其变化。这些资料大多来源于早期英文图书在线（http：//eebo. chadwyck. com/）。其次，一些主要政治人物的回忆录和历史记载。如布尔斯特罗德·怀特洛克（Bulstrode Whitelocke）、约翰·拉什沃思（John Rushworth）等，这些资料来自18世纪作品在线（http：//infotrac. galegroup. com/itweb/wuhan？db = ECCO）和谷歌图书在线（http：//books.

---

　　① 凯文·夏普考察了1512—1700年查理一世形象的变迁。参见 Kevin Sharpe，"'So Hard a Text?' Images of Charles I, 1612 - 1700"，*The History Journal*，43，2，（2000），pp. 383 - 405。2005年，马克·基什兰斯基（Mark Kishlansky）发表文章，将查理一世描述成一个十分灵活、懂得妥协、努力实现自己承诺的可亲可近的国王。基什兰斯基认为，传统史学界对查理一世的描述是：他是一个懒惰欺诈而且不称职的国王，还时常隐居，并试图进行专制统治。实际上，查理一世是当时环境的受害者，是一个被时人和现代历史学家所误解的人。基什兰斯基的文章一出，引起学界争论和批判。具体参见 Mark Kishlansky，"Charles I: A Case of Mistaken Identity"，*Past and Present*，189（2005），pp. 41 - 80；Clive Holmes，"Debate: Charles I: A Case of Mistaken Identity"，*Past and Present*，no. 205，Nov. 2009，pp. 175 - 188。

google. com/books）。再次，一些英国政府官方文件，比如《上院日志》《下院日志》和《王家法令》等。有些来自不列颠历史网站（http：//www. british-history. ac. uk/）。最后，还包括一些时人日记和书信集，如约翰·伊夫林、塞缪尔·佩皮斯的日记，克伦威尔的书信集等。

二　时间断限

本书的时间上限为都铎王朝的宗教改革。作为一场社会革命，宗教改革运动不仅波及经济和政治领域，在意识形态领域对英国人也造成了强烈冲击，其重要表现有三：第一，英格兰摆脱罗马教廷的各种束缚，成为"帝国"（Empire），[①] 也就是独立的主权国家。第二，英格兰建立起本国的最高权力。正如《上诉限制法》所宣称的，国王是全国最高首脑，拥有最高权力，僧俗各色人等必须服从王权。第三，"王在议会"（king-in-parliament）君权观逐渐形成。这个主权国家的至高权力存在于议会，国王的最高权力不再受教廷或教会法来保护，而是受到议会一系列法律来维护和保证。另外，在中世纪，国王也是一个等级，而且是最高的等级。英国的议会在宗教改革前被认为是由僧侣、贵族和平民这三个等级组成。它的地位总是低于、附属于王权的，1497 年议会开幕祈祷辞在称议会由三个等级构成之后，明确宣布国王凌驾于议会之上。[②] 1483 年大臣拉塞尔在为理查德三世起草的议会演说词中写道："构成议会的三个等级位于（国王）一人之下。"[③] 1484 年的议会开幕词把国王称为议会三个等级的"首脑"，这同样是宣布国王高于由三个等级组成的议会。[④] 但宗教改革后，国王不再是处于议会、凌驾于三个等级之上的政治实体，相反成为议会的组成部分。此后，这种"王在议会"的观念得到国王、贵族和社会的一致确认，具有一定的稳定性。因此，可以说，宗教改革的副产品——

---

① 这里的"帝国"不是通常意义上跨地域的或对多个王国的统治，而是指完全的治权，不受尘世间其他权力干预实行自治的国家。具体解释参见刘城《十六世纪英国"至尊王权"的确立与教皇权的衰落》，《历史研究》2006 年第 2 期，第 140 页。

② S. B. Chrimes, *English Constitutional Ideas in the Fifteenth Century*, NewYork：AMS Press, 1978, p. 121.

③ Ibid. , p. 123.

④ Ronald Butt, *A History of Parliament：the Middle Ages*, London：Constable, 1989, pp. 623, 625.

"王在议会"是英国君权观发展过程中的一个节点。当然，宗教改革前的英国也存在君权观，即中世纪时代的君权神授观。直到17世纪，这种君权观仍旧是人们所普遍接受的主流观点之一，对审判也产生了重要影响，对此，本书在第一章第一节略有回顾。

本书试就审判查理一世与英国君权观的变化作政治史、观念史的互动分析和研究。审判在英国历史进程中的地位十分重要，但它带来的政治心态震荡分为两种类型：一种是显性的，它直接影响了英国人对君主和君主制的观感。因此，短短11年中，上演了建立共和国、护国公统治、复辟以及审判弑君者等政治话剧。另一种是隐性的，相对模糊和久远的历史记忆。比如，詹姆斯二世的行为激起精英集团的不安和愤怒情绪，但鉴于1649年的极端处理方式所带来的负面效应，精英集团采取了相对温和和保守的革命方式，并最终形成了具有强烈弹性特征的"宪政君主制"和君权观，这种制度在此后的英国历史发展中显示出适应多变政治环境的能力。

然而，如果将审判查理一世放在历史长河中考量，它只是影响重大历史事件的相关因素，新旧君权观之间的较量才是重要的或决定性的因素。因此，为使本书结构显得紧凑，对审判以及君权观的考察基本上止步于英格兰自由共和国时期，与此相关的问题，本书将在结论中作出补充。

三　内战

史学界对英国内战的断限分为两种：从军事角度看，1642年8月查理一世在诺丁汉发动战争是内战开始的标志，到1648年9月底，王党所依靠的苏格兰首都爱丁堡被攻下标志着内战结束。从政治角度看，英国内战从1642年开始，1660年查理二世的复辟标志着英国内战的结束。本书认为，审判查理一世是军事对抗结束后的极端政治行为，故本书采用第一种划分方式。但在个别地方由于行文需要，也可能会涉及政治层面的内战说法，这对全文的理解不会构成影响。

四　君权观

本书所考察的君权观属于政治文化范畴。美国著名政治学家加布里埃尔·阿尔蒙德曾对"政治文化"一词作了界定，"政治文化是一个民族在特定时期流行的一套政治态度、信仰和感情。这个政治文化是由本民族的历史和现在社会、经济、政治活动的进程所形成。人们在过去的经历中形成的态度类型对未来的政治行为有着重要的强制作用。政治文化影响各个担任政治角色者的行为、他们的政治要求内容和对法律的反应"。① 政治，往往表现为政坛上的波诡云谲、制度的变幻无常、权力的更迭不息，一般来说是精英文化的体现或创造物。某件具有划时代意义的政治事件一般能够反映出一个民族的群体政治心态，后者一般受到该民族的历史和现实社会运动影响，从而对群体政治行为往往起着制约和导向作用。审判查理一世是英国乃至世界历史上第一次公开审判国王的行为，这不仅是一个司法案件，更是一个政治事件。它的背后隐藏了英国人对君主的不同态度，对君主制的不同观感。这是本书所考察的君权观的理论层面，它往往受到现实社会、经济和政治运动的影响。另外，审判前国王和精英集团的政治现实和行为方式构成了君权观的实践面向，它推动并作用于理论层面的君权观的发展。总之，君权观的理论和实践两个方面是相辅相成，互为作用的。多样化的君权观促使审判查理一世事件的发生，另外，审判对群体的心灵造成某种创伤，留下较深的痕迹，也使得群体的君权观走向进一步的变化。

第三节　研究思路

本书关注的内容是：审判查理一世前后，英国君权观经历了怎样的变化？君权观的变化与审判查理一世之间的关系如何？

围绕这两个问题，本书以审判查理一世为立足点，以英国君权观的变化为脉络，考察了审判查理一世的历史背景、过程和政治文化效应，在此过程中重点关注君权观的变化及其与审判之间的相互关系。

从政治理论和政治实践出发，考察英国内战前的绝对君权观、异端君权观、王在议会君权观及其政治实践，探讨审判查理一世的历史背景。

以战争双方对"君主双重身体观"的认识和对"杀人犯"的讨论为线索，考察其间精英阶层君权观的变化，揭示它们对审判查理一世的

---

① 转引自高毅《法兰西风格：大革命的政治文化》，浙江人民出版社 1994 年版，第 6 页。

影响。

　　考察关于审判与否的斗争、审判过程，以及审判后新旧君权观的继续对抗，揭示审判前后英匡君权观经历的变化，以及这些变化与审判查理一世之间的关系。

第 一 章

审判前的主流和非主流君权观

审判查理一世是英国内战的高潮，也是英国历史上极其重要的政治事件，它的实施和审判结果对近代早期英国人的心灵造成了无法愈合的创伤，"国王无过错""除了上帝，无人能够审判国王"等传统信条也被颠覆。在欧洲封建君主制国家，对查理一世的审判也引起了强烈震动。英国君主制复辟后，参与审判和处决查理一世的人被冠以"弑君者"的罪名，或被鞭尸，或被审判并处死，即便如此，也无法消除审判给君主制带来的阴影。如前所述，西方史学界对审判的讨论说法不一，至今方兴未艾。本书所关注的侧重点不在于审判的性质、动机等，而是审判前后英国主要政治集团君权观的变化。历史表明，审判查理一世不是突发奇想或者政治形势所逼的偶然结果，而是具有一定计划性的政治预谋，它反映了不同君权观之间的冲突和较量。那么，该审判是否具有一定的政治理论积淀和现实诱因？答案是肯定的。因此，我们有必要首先厘清内战前英国理论层面的和政治现实所体现出来的君权观，以阐明审判的政治文化背景和历史动因。

第一节 绝对君权观

在英语词汇中，Crown 的本意是"王冠"，后来抽象化为对"王权"或"君权"的表述。英国封建王权与基督教神权政治文化传统密切相连，前者的强化离不开后者的庇护。当时的英格兰国王，既是各级臣属的封建宗主，又是权力"神授"的一国之君，封建君权实际上将国家君权与私家宗主权合二为一。百年战争后，英格兰民族意识萌发，开始走向民族国家的发展道路，在此过程中，英国君权逐渐摆脱罗马教廷的束缚并进一步强化。然而，文艺复兴运动复活了古典美德理想，宗教改革运动则令个人的价值被提升至俯视诸多理论的标准，普遍同意理论、契约论引起的主权归属问题与抵抗暴君论一道，既成为绝对君权理论发展道路上的重要障碍，又为审判查理一世提供了理论资源。

在近代早期英国政治文化中，绝对君权理论主要以命定论和父权主义为主体。命定论的主要依据是《圣经》。《申命记》记载，以色列人应该"立耶和华所拣选的人为王"，"不可立你弟兄以外的人为王"。《罗马书》告诫信徒们："在上有权柄的，人人当顺服他；因为没有权柄不是出于神的，凡掌权的都是神所命的。"也就是说，世间任何权柄都是耶和华所授予的，要对其俗权恭敬服从，并为神所选中的人"纳粮上税"，否则就是违背神命。① 另外，在《撒母耳记》《列王记》等章节中，记载了不少耶和华及其代表先知为以色列人、犹太人选立国王的传说，其重要标志是扫罗、大卫等被神和先知以油"膏"头，表明神已授予其世俗间至高权威，这种权威也具有不可侵犯、令人敬畏的神圣性。这种神秘行为开创了新王被施行涂油礼的礼仪，具有深刻的神命含义。

中世纪早期的基督教神父借助圣经记载和传说，着力将其中朦胧的君权神授观念转化为较为系统的神权政治理念。他们认为，带有"原罪"的人类，需要神命的权威来惩罚和拯救，而国家就是神设置的负有这种双重使命的宗教机构。为让自己的代表——国王统治尘世，上帝为王特设一职位，王就职后就获得上帝的恩典和神授的统治权，任何人都必须服从。在他们看来，既然国王之职位系上帝所设，它的神圣性和权威性并不会因国王施行苛暴之政而丧失。② 与此同时，基于命定论的"君权神授"观念通过一系列庄严神圣的典礼和仪式在西欧社会得以广泛而深入的传播。其方式之一是由王权政府和教会共同策划的国王涂油加冕礼。787 年，麦西亚国王奥法让教皇代表为其子爱克格弗斯涂油加冕；973 年，约克大主教在巴斯为威塞克斯国王埃德加施行涂油加冕礼。此后，该典礼的实行成为

① 《申命记》17：15；《罗马书》13：1、2、5、6、7。

② J. B. Morrall, *Political Thought in Mediaeval Times*, Doronto, 1987, p. 19; R. W. Carlyle, *A History of Mediaeval Political Theory in the West*, Vol. 1, London, 1903, pp. 148 – 150, 转引自孟广林《中世纪前期的英国封建王权与基督教会》,《历史研究》2000 年第 2 期，第 135 页。

固定制度，这对征服者威廉而言，意义更加重大。因为威廉公爵在名义上是法王的封臣，所以在他征服英格兰之后，按照封君封臣制度，他没有资格享受涂油加冕典礼。后来，威廉于1066年圣诞节让约克大主教在西敏寺为他涂油加冕，典礼中所吟诵的连祷文被作了实质性修改。在原文中，公爵之名列于法王之后，颂词为"健康与永久和平属于诺曼人的威廉公爵"，而此时，文中反映公爵对法王的臣属内容被删除，不再提及法王，颂词也改为"世界和胜利属于最尊贵的威廉——权力为上帝所授并带来和平的伟大国王"，① 由此，涂油加冕礼使威廉从一个外来军事征服者和原本臣属于法王的公爵摇身一变，成为由神命定的英王威廉一世，这无疑向世人昭示，他的权威是毋庸置疑、神圣不可侵犯的。

除了涂油加冕礼，英王还通过其他方式普及"君权神授"所散发出的神秘特性。每逢宗教节日，国王都召集群臣，首先由教士为之吟诵连祷文，然后佩戴象征着神授其权力的标志——王冠，接着在卫队与教、俗贵族前呼后拥下，在一些重要的公共场所巡视，其目的之一是令臣民目睹和感受其作为神命君主的威严。另外，国王还为病人治病。在《圣经》中，上帝曾经治愈患有淋巴结核病、麻风病等恶性疾病的受难者。亨利一世等国王则宣扬国王继承了上帝治病的神力，并断定，这些疾病只有经国王之手触摸才能根除，于是这些疾病就被称为"国王病"。通过这些感官和亲身体验，到了亨利二世时期，君权神授的观念已经深入人心。当时社会上广泛流传这样一句谚语："狂暴的大海水势汹涌，却不能冲洗掉一个涂油国王的芳香。"② 当时的主教尼尔在《财政署对话集》的前言中说道："它是吾主上帝的权力"，即便国王贪暴，臣民也不应谴责和反抗，国王的命运是由上帝而不是人决定的。亨利二世的宫廷顾问布罗依斯是反对阿谀奉承君主的耿直之士，但他在谈及亨利二世时也表现出惶恐之情，他说："必须承认，辅佐吾主国王乃神圣职责，因为他是圣者，是上帝的基督，其所受的涂油礼并非徒然。如谁未意识到或怀疑他的权力，腹股沟瘟

---

① D. C. Douglas, *William the Conqueror: the Norman Impact on England*, University of California Press, 1964, p. 247. (http: //books. google. com. hk/books)

② 孟广林：《试论中古英国神学家约翰的"王权神授"学说》，《世界历史》1997年第6期，第80页。

疫和淋巴结核病的消除便可为证。"① 由此可见当时人们对王权的敬畏之情。

　　然而，12 世纪教权和王权之间的矛盾不断激化，罗马教廷提出"教权至上"说，鼓吹教皇权为上帝所授，君权为教皇所授，否定君权直接源于上帝的"神授"原则。同时，一些国家的教士则为君权辩护，宣称君权高于教权的"君权至上"论。教、俗界的激烈论争促使英国神学家索尔兹伯里的约翰（John of Salisbury，1115—1180）于 1159 年写就《论政府原理》。他指出，"国王权力来自上帝，君权是神权的一部分"，揭示出君权的合法性和不可抗拒性，"谁抵抗统治权力，谁就是抗拒上帝的命定"，就应受到严惩。由此，约翰列出种种叛逆国君罪行，一经发现，"国王为惩恶扬善，维护法律尊严，可以使用刀剑"。另外，约翰在书中提出了"诛暴君"这一政治命题。一方面，他抨击不依照法律统治国王的人就是不行"王道"的暴君，人人得以诛之，这种诛杀行为是正义合法之举；另一方面，他又为暴君及其暴政作辩解。他指出，人是有原罪的，暴君虽然可憎，但仍旧是上帝在俗世的代表，他实施苛政，是贯彻上帝惩罚臣民罪过的意旨。因此，"国王推行暴政，却未丧失一个国王的荣耀，因为上帝以恐惧折磨所有的人"，"事实上，因源于上帝，整个权力是好的"。这样一来，暴政的原因不在于国王的品质，而在于臣民的罪过，那么，暴政也就被披上了上帝惩恶扬善的神圣外衣，"虽然没有任何事物比暴政更坏，但即便是一个暴君的统治，也是好的"。他宣称，不管国王如何暴虐，其封臣都必须效忠于神命之王，无论什么理由，"谁都不应诛杀与他以誓约或效忠义务相联系的暴君"。② 可见，约翰的论述底气不足，又前后矛盾。事实上，能否反抗暴君，谁来惩罚暴君，这两个问题始终困扰着统治集团。绝对君权论者坚持命定论，因为君权为上帝所授，惩罚暴君的行为只能由上帝执行。

　　13 世纪，各种对匡王的权威加以限制的观念有所表现，但并未形成限制国王的有效手段，君权至上的观念仍居于主流地位。著名的政治思想

---

① 孟广林：《中世纪前期的英国封建王权与基督教会》，第 138 页。

② 孟广林：《试论中古英国神学家约翰的"王权神授"学说》，第 77—79 页。

家布拉克顿在《论英国的法律和传统》①中虽然说到"王在法下",国王处在上帝和法律之下,是法律造就了国王,国王有义务去服从法律。但反复强调英王为"上帝在人间的代理人","英王在世间是至高无上的;英王是其王国的皇帝",还用《诗篇》中描写上帝的语句来赞颂英王。②"如果国王违背法律,除了交由上帝,臣民无权控告和惩处他。臣民唯一能做的,就是对他宣读一份请愿,祈求他予以纠正。"③于是,在中世纪前期的西欧,国王"承蒙上帝的恩典"来行使公共政治权威,"朕即国家",由于君权得自天命,所以即使是暴君,臣民也应该无条件服从,不可反抗。

　　大约从13世纪开始,国王与教、俗贵族以及骑士、市民之间的冲突日益激烈,在英国,议会成了国王与各主要阶层协商的政治平台,议会君主制统治模式由此建立,将国王私家的与公共的权力分离开来的意识也开始萌发。同时,罗马法逐渐复苏,亚里士多德政治学说开始传播,一些神学家和法学家开始注重探讨君权的公共属性。14世纪,"作为一种永久性机构并与一种个人的统治相区别的君权观念"开始出现。④绝对君权理论的基础扩大了。15世纪的福蒂斯丘"突破了基督教神权政治传统的禁锢,摒弃了'王权神授'的陈旧信条,而以世俗的'人'的眼光来考量王权的属性和功能,将君主统治的神圣性与合法性寄寓在君权的运作方式上",⑤他结合亚里士多德所倡导的自然法则,将政治共同体比作自然有机体,证明君主统治的合理性和神圣性。但是,"正如圣·托马斯指出的,'国王为王国所设,而不是王国为国王所设'",国王拥有最高世俗职位是为了保卫他的王国和人民,要想达到这个高尚目的,他必须实施

---

①　此处沿用一般说法,近来有学者认为,该书并非出自布拉克顿手笔。

②　Fritz Schulz, "Bracton on Kingship", *English Historical Review*, Vol. 60, No. 237, 1945, pp. 147, 169, 149.

③　F. W. Maitland, *The Constitutional History of England*, Cambridge University Press, 1963, pp. 100 – 101.

④　Michael Prestwich, *Plantagenet England*, *1225 – 1360*, Oxford University Press, 2005, p. 34.

⑤　孟广林:《试论福特斯鸠的"有限君权"学说》,《世界历史》2008年第1期,第39页。

"君民共主（dominium political et regale）"①，即君主要依据人民普遍同意的法律来统治，而不是通过自己建立的法律来统治。从历史的角度看，福蒂斯丘经历了"玫瑰战争"，目睹了王朝鼎革的政治大动荡，他的真正目的并不在于如何运用法律和议会去限制君主，而是如何消除内战所导致的动荡纷争的混乱状态，重建君主制的稳定统治秩序，促使王国的长治久安与繁荣。当时的文献表明，国王是不能被控告或被惩罚的，在这个意义上，国王无错（the king can do no wrong）的箴言是被完全承认的。②

　　15、16 世纪的圈地运动加剧了英国社会阶层中的贫富分化，社会阶层中的阶级分化现象日趋严重。到了 16、17 世纪，英国经济局势恶化使英国社会充满危机。反对圈地的农民起义和暴动不断，其中最为有名的是凯特起义。在此情境下，社会秩序成为英国政治管理阶层十分重视的问题。秩序是世间一切事物的核心。亨利八世时代的人文主义者托马斯·埃利奥特爵士在他撰写的《圣经委任统治者》一书中（1531—1600 年，这本书在英格兰接连印行了 10 版）以问答方式写道："摒弃秩序之后，世间还会留下什么呢？"只有"混乱"，"哪里缺少秩序，哪里必定冲突不已"。③ 伊丽莎白时代的剧作家莎士比亚也在《特洛伊斯与克瑞西达》中借俄底修斯之口说：

> 天空中的诸星辰，
> 以及我们这个星体，
> 恪守着各自的位置与尊卑等级。
> 可是一旦众星越出了常规，
> 运行漫无目的，

---

① 学界对该短语有不同翻译，有"政治和王权统治"译法，参见尼古拉斯·菲利普森、昆廷·斯金纳（主编）：《近代英国政治话语》，潘兴明、周保巍译，华东师范大学出版社 2005 年版，第 89 页；也有"君民共主"之译法，参见［德］沃格林：《中世纪晚期》，段保良译，刘小枫主编《政治观念史稿·卷三》，华东师范大学出版社 2009 年版，第 169 页。笔者认为后一种译法较为贴切，故采用之。

② F. W. Maitland, *The Constitutional History of England*, p. 100.

③ ［英］阿萨·勃里格斯：《英国社会史》，陈叔平等译，中国人民大学出版社 1995 年版，第 124 页；Stephen L. Collins, *From Divine Cosmos to Sovereign State：An Intellectual History of Consciousness and the Idea of Order in Renaissance England*, Oxford University Press, 1989, p. 16.

> 将要发生多少灾祸与不详的变异！
>
> 发生多少反叛之举
>
> 多少山呼海啸，地陷山移！
>
> ……
>
> 只要背离秩序，
>
> 调乱这根琴弦，
>
> 听吧，多少不谐和音将随之而起，
>
> 一切事物都会在对抗之中陨灭。①

　　如何将贫富分化引起的秩序问题扼杀在摇篮之中？法国自中世纪以来就具有"君权神授"的传统，由此发展而来的王在法上观念有助于实现中央集权，维持王国秩序。绝对主义思潮在 17 世纪的法国得到有效贯彻。英国的情况有所不同，自大宪章以来，英国政治文化中的"王在法下"传统在传承的过程中愈加稳固。但是，在社会危机较为突出的 16、17 世纪，绝对主义思潮也在英国缓慢发展，虽然其内容和实施程度有别于欧洲大陆的绝对主义，最后形成了以有机体理论和父权主义为特色的绝对君权理论。这是 16、17 世纪英国政治文化的主要潮流，其中父权主义影响更大。②

　　具体而言，绝对君权理论与自然法中的有机体理论结合起来，家庭生活中的父权主义逐渐与政治上的绝对主义找到了契合点。父权主义政治思想植根于早期社会结构。近代早期社会最基本的单元是家庭，家庭中的首领是父亲。一个人如果懂得服从家长的权威，就必定懂得服从家庭以外的权威。

　　法国政治思想家博丹在《共和国六书》中将绝对君权论与父权主义完美结合起来。他给国家下的定义是：由若干户人家组成的正义政府。③

---

　　① ［英］阿萨·勃里格斯：《英国社会史》，陈叔平等译，第 124—125 页；Stephen L. Collins, *From Divine Cosmos to Sovereign State*, p. 14.

　　② David Underdown, *A Freeborn People*: *politics and the nation in seventeenth-century England*, Clarendon Press, 1996, pp. 12–18.

　　③ ［法］让·博丹：《主权论》，朱利安·H. 富兰克林编，李卫海、钱俊文译，北京大学出版社 2008 年版，第 26 页。

家长是自然共同体中的主宰，而君主是政治共同体中的最高权威，二者从本质上是相同的。因此，父权和君权都是不可反抗的。"神法说诋毁父母罪该当死。如果父亲是杀人犯、盗贼、叛国者，是一个有乱伦或弑尊长行为的人，亵渎神灵者，或是无神论者等，或能考虑到的其他更加邪恶罪行的人，我承认所有的刑罚都将不足以与这些罪责相当。但是，我认为对他儿子而言却不能攻击他的父亲，因为不管他的父亲是多么的不虔诚，犯的罪是多么的邪恶，也不应该由自己的亲生儿子亲手杀死父亲。"① 那么，应该如何对待专制君主呢？博丹认为，不允许"臣民服从专制君主所做的有悖神法或自然法的任何行为，前者应该逃避、藏匿或躲避专制君主的袭扰，甚至安然忍受死亡，但却不应该去攻击他的人身或荣誉"。除此之外，博丹按照"主权不可分割"理论区分了不同政体。按照他的推理，君主制国家的主权属于君主一人。主权者的权威是无人能抵抗的，"无论拥有主权的君主如何邪恶和残酷，作臣民的绝对不要作任何反对他的事情"。② 这也是近代早期绝对君主主义的核心要义。

当论及英国主权时，博丹提到英国完整的主权不可分割地属于英国女王，等级会议仅仅是历史的见证人。君主的主权绝不会因等级会议的召集而发生改变。③ 这样的理论符合英国统治集团的政治趣味。再者，他所说的君父思想十分简单，毫无深奥的哲理可言，缩短了政治和普通人生活经验之间的距离，因此，该书于 1606 年被译成英文后，在英国产生的影响似乎比在法国更大。一些绝对君权理论家将父权等同于王权。1606 年，南北方教士的代表团体——教士会议对此作了更加详细的说明，他们通过几项教会法教规，强调上帝"确实在洪水暴发之前分别赐予当时的亚当、其余族长和主要家长权威、权力以及对其子女的支配权和统治管理权；根据自然法，其子女（被遗忘的以及由他们抚育的）应该敬畏、尊敬、孝敬并服从他们。虽然我们称这些权力和权威为父权，但是可以将之扩展到君权；正如现在所构建的，君权可以被称为父权"。约翰·阿普·罗伯特（John Ap-Robert）则认为，"家庭就是一个世俗社会，是上帝和自然法最

---

① ［法］让·博丹：《主权论》，朱利安·H. 富兰克林编，李卫海、钱俊文译，第 133—190 页。

② 同上书，第 190 页。

③ 同上书，第 59 页。

初安排的唯一共和国"。王国和家庭之间的唯一区别便是其规模大小。杰克逊（Jackson）说道，"君权和父权，都是上帝的命令，其本质或性质没有什么不同，只是数量或范围不同"。约翰·巴克利奇（John Buckeridge）作出类似说法，"父权和君权在其本质上是相同点的，尽管其规模和范围不同"。①

在他们看来，君权和父权本质相同，父权也源于上帝的恩赐，那么，父亲有权以死刑惩罚其子女，君主也可以此惩罚其臣民。詹姆斯一世在1610年告诉议会，"在《圣经》中国王被称为神祇，因而在某种程度上他们的权力相当于神权。国王……臣民的政治之父。最后，国王类似于微小人体器官中的首脑"，"至于家庭中的父亲，他们在古老的自然法中对其子女或家庭具有父权，也就是生杀大权，（我的意思是这些家庭中的父亲就是国王最初的来源）"。② 詹姆斯一世进一步强调，国王是上帝的代理人，只有上帝能够惩罚他，许多教士也支持这个观点。大卫·欧文（David Owen）说道，"国王的权威来自上帝，是他在世间的代理人，为他在一些罪人中实施正义和司法审判"。根据一个市民法理学家托马斯·里德里（Thomas Ridley）的说法，每个国王都是他王国中的"上帝代理主教"。③ 甚至在审判查理一世期间，一位名叫伊丽莎白·普尔的女"先知"在陆军会议（The Council of the Army）中作证时说道，军队不应该处死国王，因为"国王是你们的父亲和丈夫"。④

综上观之，英国内战前的绝对君权论经历了一个转变的过程，理论家们借助的工具从最初的《圣经》中的命定论发展到自然法中的有机体理论、父权主义。虽然不同时代的政治思想家曾经提出"王在法下""依法而治"等观点，但大多处于对实践层面的政府组织形式或运作模式的关怀，并未否定君主的绝对权威。到17世纪上半叶，以《圣经》和父权主

---

① J. P. Sommerville, *Royalists and Patriots: Politics and Ideology in England 1603 – 1640*, Longman, 1990, pp. 32, 34.

② J. P. Sommerville ed., *Political Writings*, 见《国王詹姆斯政治著作选》（影印版），中国政法大学出版社2003年版，第181—182页。

③ J. P. Sommerville, *Royalists and Patriots: Politics and Ideology in England 1603 – 1640*, p. 35.

④ Susan Dwyer Amussen, *An Ordered Society: Gender and Class in Early Modern England*, B. Blackwell, 1988, pp. 61 – 62.

义为主要内容的绝对君权理论掌握着主流话语权，成为普遍常识。在这种理论指导下，主权由君主独享，由此阐发出具有一定恒常性的君权观。根据自然法和上帝法，君主制是最好的政府组织形式，国家最高主权属于国王，该权力源自上帝恩赐，是绝对的、不可侵犯的。可以将其概括为"君权神授"观。由于君权的至高性和神圣性，在任何情况下，臣民都无权反抗君主，因为匡王不可能做错事。因此又可称之为"国王无错论和不可反抗国王论"。

第二节　边缘化的君权理论

在近代早期的欧洲，绝对君权理论并不是教俗思想领域的唯一声音，相反，在文艺复兴运动和宗教改革运动的启发下，出现了反绝对主义的潮流，一些异端君权理论已悄然萌发。15 世纪，人文主义运动登陆英格兰，掀起人文主义教育热潮。从 16 世纪中叶开始，牛津大学和剑桥大学以及律师公会等法律学院接受高等教育的人数迅猛上升，[①] 这股热潮的主要参与者包括地方绅士、中下级贵族，他们属于中上层社会精英，其目的之一是希望能够担任地方行政和司法官职，更好地为君主服务，波考克将这种教育称为"人文主义教育"。[②] 这种热情使得大量古典著作和同时代的公民人文主义著作传入英格兰，并十分畅销。1558—1600 年，西塞罗的《论义务》（De officiis）一书重印 7 次，[③] 西塞罗、塔西佗和普鲁塔克的作品也是英国绅士教育中的常见主题。[④] 人文主义的盛行提高了中上层精英的政治理论修养，促使他们开始思考政府起源模式，这为异端君权观的传播作了一定的铺垫。

此时的英国政治文化中，虽然绝对君权理论仍居主流地位，但也出现

---

① Alan G. R. Smith, *The Emergence of a Nation State: The Commonwealth of England 1529 - 1660*, Longman, 1997, p. 197; Michael A. R. Graves, *Elizabethan parliaments, 1559 - 1601*, Longman, 1996, p. 41.

② J. G. A. Pocock, *The Machiavellian Moment*, Princeton University Press, 1975, p. 340.

③ 还有其他人文主义作品，参见 Markku Peltonen, *Classical Humanism and Republicanism in English Political Thought, 1570 - 1640*, Cambridge University Press, 1995, pp. 19 - 20。

④ J. P. Sommerville, *Royalists and Patriots: Politics and Ideology in England 1603 - 1640*, p. 56.

了其他政治理论，本书主要讨论对审判查理一世产生重要影响的契约论和抵抗暴君论。其中，契约理论的根本目的是防止出现暴君专制，并未完全否定主流的绝对君权观，但该理论在讨论政府起源问题上逐渐脱离绝对君权理论的旨趣，最终走向其对立面。而抵抗暴君论本身的异质性则对绝对君权论产生根本性的威胁，令教俗统治阶层极其不安。

英国政治文化中的契约理论源于古宪法传统。1628 年，罗伯特·菲利普斯（Robert Phelips）爵士在一次出色的演说中表述过这样的观点，他告诉听众："众所周知，这个国家的人民只服从于国王与人民最初结成的契约"，这个契约保护臣民"许多必要的特权与自由，正如普通法和议会法令所显示的那样"。[①] 但是这个契约是远古无法考证的，这就是所谓的古宪法。古宪法虽然神秘，但在英国，它是通过议会法令或古已有之的习惯法具体体现出来。另外，国王加冕时的宣誓也是契约的主要证明，1616 年出版的天主教著作声称国王"由一个双方互相遵守的誓言"与"其臣民联结在一起"。内战前夕，苏格兰人罗伯特·贝利（Robert Baillie）认为誓言是"国王与其臣民之间……真正的契约或公约"。1628 年，议会中的约翰·皮姆持类似观点。[②]

到了 16、17 世纪上半叶，英国精英人物如玛丽安娜（Mariana）、罗伯特·帕森斯（Robert Parsons）等受到欧洲反绝对主义思潮的影响，开始从自然法角度阐释契约论。这种思潮主要包括：议会至上原则和抵抗暴君论。议会至上原则源于欧洲中世纪宪政主义精神，[③] 在这种精神下，每一个团体都可看成是一个有权利进行自我管理的"有机体"（corporation），这种有机体本质上是自我具足的社群（communitas perfecta），而其权利、义务甚至财产都是成员共享的，团体中每一个人、每一个部分的意见都需要受到尊重；这一团体的代表或领导者并不"拥有"这团体，他

---

①　In J. P. Sommerville, *Royalists and Patriots: Politics and Ideology in England 1603 – 1640*, p. 63.

②　Ibid., p. 64.

③　伯尔曼对中世纪宪政主义精神作了追本溯源，参见［美］哈罗德·J. 伯尔曼：《法律与革命——西方法律传统的形成》，贺卫方等译，中国大百科全书出版社 1996 年版，第 2 章、第 5 章。

只是接受委托来执行一些公共机能，以增进团体福祉为目的。① 这样的社团具有自我管理的权利和能力，社团成员共同分享权利并分担义务，在重要事务上，每个成员都有权利参与决策，每个决策都必须获得全体同意方能执行。这是一个自愿合作的社团，其统治权威必须征得群体的普遍同意才具有正当性，这种社团观促使了议会决议至上原则的产生。

抵抗暴君论的产生和传播与苏格兰的激进人物乔治·布坎南密切相关。他认为，在自然状态下，人类同野兽一样没有理性，往往是体力决定一切。而社会是由人类自己创立而不是神创立的，政治共同体的产生令人类生活更加便利、更加公正，因此更符合人在宇宙中的地位。统治者是由全体人民通过选举产生的，合法的统治是建立在统治者与人民之间所订立的契约基础上的，选举更是契约订立的证明。尤为关键的是，这个契约是委托的契约而不是让渡的契约，所以，最初的统治权仍旧掌握在人民手中，契约的条款是对统治者的约束，统治者的权威源自双方对契约的遵守。一旦统治者背叛了契约，契约就自动解除，统治者的权威自然消失，民众就有权反对他，并收回最初的委任统治权。② 布坎南的契约理论颠覆了基督教政治文化传统中的君权神授观，在他这里，国王的产生源自人民选举，君权来自契约，王国的最高主权属于人民。布坎南的著作与博丹的著作几乎同时出版，他的挑战性思想引起了教俗界的长期辩论。巴克莱造出"反暴君论"这个名词来指代布坎南的理论，认为他的理论对君主制度乃至欧洲地区的君主专制政府，都产生了严重威胁，③ 堪称教俗两界的异端君权观。

英国许多具有激进思想的理论家开始重新思考主权的归属，以及君主和臣民之间的关系。玛丽安娜的观点类似于布坎南的想法，也认为人类最初并非政治动物，而是社会动物。公民选举出来的统治者并非王国的主人，而是王国的掌舵者和代管人，后者的地位并不比公民选举出来的官员

---

① 陈思贤：《西洋政治思想史·中世纪篇》，吉林出版集团有限责任公司 2008 年版，第22 页。

② Quentin Skinner, *The Foundations of Modern Political Thought*, Vol. 2, Cambridge University Press, 1978, pp. 340 – 344.

③ ［英］伯因斯：《乔治·布坎南和反暴君论》，《近代英国政治话语》，华东师范大学出版社 2005 年版，第 4 – 14 页。

地位高。人们付给官员工资，令其维护自己的利益。如果官员和代管人失职，公民有权罢免或杀死他们。因此，在洛克证明人们有权反抗并废除专制管理者之前的一个世纪，克伦威尔已经知晓处决查理一世的合法性。他"根据玛丽安娜和布坎南的理论"，对"君权本质"作了"长期讨论"。①一些思想家早就对父权与君权之间的关系提出质疑。16世纪天主教徒承认父亲的权力来自上帝，不是来自家庭。但是他们对父亲的家庭权力和国王的政治权力作了区分，认为国王权力来自臣民。理查德·胡克（Richard Hooker）用这个理论来支持他的观点，即国王的权力受到某些条件限制，因为人民赋予国王权力。② 伊丽莎白时期的政治作者托马斯·弗洛伊德（Thomas Floyd）也在国王和父权之间作了区别：亚当是最初的父亲，但不是最初的国王，最初的国王是尼禄，后者在洪灾后通过征服获得统治权。③ 也就是说，他们承认自然法中的父权对其家庭具有权力，但这种父权不是王权。

另外，一些思想家从自然法角度来阐释契约论。天主教徒罗伯特·帕森斯认为，在自然法中，上帝最初将世俗的权力赋予人民或大多数人。在帕森斯看来，只有当主权人民（sovereign people）决定将权力移交给（在人民自己选择的条件下）某个人的时候，才产生君权。因此，君主权力不仅来自上帝，而且来自人民。④ 再者，自然法没有标出任何特别的个人或某些人来管理或者统治共和国（commonwealth），所以最初这个管理的政治权属于整个共同体（community）。正如马修·凯利森（Mathew Kellison）所说："由于自然法令所有人都是平等的，因此赋予某人而不是其他人权力是没有道理的，于是，最初的权力属于共同体（community）。"⑤

---

① Quentin Skinner, *The Foundations of Modern Political Thought*, Vol. 2, pp. 347, 348.

② 转引自 J. P. Sommerville, *Royalists and Patriots: Politics and Ideology in England 1603 – 1640*, p. 31。

③ Thomas Floyd, *The Picture of a Perfect Common Wealth*, Printed at London: By Simon Stafford, 1600, p. 21.（http://eebo.chadwyck.com/home）

④ Robert Parsons, *An Ansvvere to the Fifth Part of Reportes Lately Set Forth by Syr Edvvard Cooke Knight*, [Saint-Omer]: Imprinted vvith licence [by F. Bellet], 1606, p. 358.（http://eebo.chadwyck.com/home）

⑤ Matthew Kellison, *The Right and Iurisdiction of the Prelate and the Prince*, Douai, 1621, p. 43.（http://eebo.chadwyck.com/home）

约翰·赛尔登（John Selden）也持类似观点，他认为最初的政府形式是民主制，不是君主制。[1] 需要注意的是，持此观点的人并不是现代意义上的民主主义者。他们认为权力最初掌握在人民手中是为了限制国王权力，而不是说应由人民来管理国家。

更有甚者，一些思想家还从契约论阐发出较为激进的抵抗暴君论思想。早在 1594 年，就有人声称，"有这样一个议会高级法庭（High Court of Parliament），它可以满足君主，也可以约束他听从他们的建议"。在英格兰，至高机构不是君主，而是这个议会高级法庭。"如果君主犯罪可以根据自然法以及官职的属性惩戒他们。"[2] 1620 年，约翰·弗洛伊德（John Floyd）认为，社团和个人都具有不可侵犯的权利。他写道："根据不可侵犯的自然法，奴隶具有一些权利和自由，（如果能够）他们甚至可以为了保护它们而武力反抗主人。"[3] 约翰·海沃德（John Hayward）爵士将弗洛伊德的观点继续往前推进，他认为，不仅个人，而且整个共和国都可以自我解放："因为个体可以放弃自由财产，使自己服从于奴性条件，因此许多人可以根据公共同意放弃他们的权威和自由。"[4]

人们也利用公共利益来证明每个共和国在某些情况下都有权抵抗、废除甚至处决国王。由于国王与人民订立了契约，国王必须依据共和国的公共利益进行统治。耶稣会士托马斯·斯蒂芬森（Thomas Stephenson）在一本著作中阐明了这个观点。他认为，如果一个国王的统治违背了公共利益，"可以由人民的集体权威罢免他的王国"，因为"理性命令这个被选择来维护共和国荣誉和安全的人不应凌驾其上，使其走向毁灭"，而议会曾根据这个原则废黜过理查德二世。[5] 剑桥大学教士保罗·贝恩斯（Paul Baynes）在 1621 年出版一本书，该书写于 1617 年之前，他在该书中指

① John Selden, *Titles of Honor by Iohn Selden*, London: By William Stansby, 1614, p. 3. (http://eebo.chadwyck.com/home)

② 转引自 J. P. Sommerville, *Royalists and Patriots: Politics and Ideology in England 1603 - 1640*, pp. 71 - 72。

③ John Floyd, *God and the King*, Printed at Cullen (St Omer), 1620, p. 19.

④ Sir John Hayward, *An Answer to the First Part of a Certaine Conference*, London: by Eliot's Court Press, 1603, p. 19. (http://eebo.chadwyck.com/home)

⑤ 转引自 J. P. Sommerville, *Royalists and Patriots: Politics and Ideology in England 1603 - 1640*, p. 70。

出，如果国王"不是绝对君主，那么人民有权在某种情况下废除他们，这并非荒谬观点"。①

总体来看，异端君权论者的观点如下：从英国传统政治文化出发，基于古宪法的契约捍卫人民反抗统治者的权利。从自然法层面看，最终的主权归属地是人民或者社团。君主只是社团或王国的代理人。二者之间的契约决定了人民具有反抗君主的权利。简言之，自然法赋予人民在特定情况下的抵抗权。另外，根据公共利益，人民具有不可侵犯的自我防卫权。以暴制暴（vim vi repellere licet）原则作为自然法的重要原则而被接受。不过，这些异端君权理论的目标并非反抗君主制，而是为了限制或规范君主行为，防止暴政。

即便如此，统治集团也不允许这些不和谐音符的流播，于是，政府通过官方和其他渠道为绝对君权观辩护。首先，王权政府豢养一些御用文人，与异端君权论者展开辩论。对绝对君权论者来说，父权是否等同于君权这个命题是十分重要的。如果最初的父权是君权，那么最初的民主制原则和君权的契约性起源原则就是错误的。1615 年，理查德·莫克特（Richard Mocket）出版了《上帝与国王》一书，他在书中写道："国家中子与父之间的义务关系比私家中的关系更高、更紧密。后者只涉及几个人的福利，要是没有前者，即全民族和全国成千上万家庭共同养父的帮助和保护，他们不可能过上正当与和平的生活。"② 这里所说"共同养父"就是指国王，他"仅从上帝那里获得权威……除了上帝没有比他更高的人能够惩罚或者责难他"。③ 他还指出："臣民服从君主的义务是基于自然法的，从人之初即已开始。因为正如我们生而为子，我们也生而为臣。作为子，我们为人所生；作为臣，我们在他人的统治领域所生。"④ 莫克特的著作深得詹姆斯一世的赏识，于是国王立即颁布敕令，要求每一位家长都

---

① Paul Baynes, *The Diocesans Tryall*, Amsterdam, Published by Dr. William Amis, 1621, p. 88. (http: //eebo. chadwyck. com/home)

② Richard Mocket, *God and the King*: or, *A Dialogue Shewing that our Soueraigne Lord King Iames*, London: Imprinted [by John Beale] 1615, pp. 1 - 2. (http: //eebo. chadwyck. com/home)

③ Richard Mocket, *God and the King*: or, *A Dialogue Shewing that our Soueraigne Lord King Iames*, p. 31.

④ Ibid. , p. 35.

必须购买该书，每一所中学和大学都必须学习它，"结果（该书）畅销量
巨大"。①

另外，绝对君权论者在国王职位与国王权威之间作了区分。1610 年
詹姆斯一世承认："最初的国王有些是通过征服得来的，有些是通过人民
选举"。② 但选举只是解释一个人变成国王的方式，而不是解释其权力来
源方式。詹姆斯一世相信，最初是人民的普遍同意使某个特定的人成为国
王，但是他认为国王的权力是直接来源于上帝的。16 世纪 90 年代，托马
斯·莫顿③（Thomas Morton）承认"人民选举国王是必要的经常的"，但
是他认为"无论何时，通过王国人民创建一个国王，这都是上帝的命令，
人民必须服从"。④ 普遍同意也许赋予国王一种头衔，但不能赋予其权威。
也就是说，"权威本身是来自上帝"的，另外一个剑桥教士 1614 年也公
开维护这种观点，"通过人类法选举国王统治国家"，"一旦创设了国王，
服从他则是由神法决定的。上帝赋予被选择的人统治权利"。⑤ 看来，绝
对王权论者试图逃避国王产生方式的讨论，重点强调权威来源的神圣性。
也就是说，不论国王是选举产生还是继承而来，或者是征服而来，其权威
都来源于上帝，所以具有神圣不可抵抗的特征。

威廉姆·斯科雷特（William Sclater）明确说道："有些国王是入侵
者，正如有时候是篡位者一样；当他们实施专制时，就是权力滥用者；但
是权力本身的创造者是上帝"。⑥ 类似的，罗伯特·博尔顿（Robert Bolt-
on）对其听众说："问题不在于通过何种方式，比如通过世袭继承还是通
过选举，或者通过其他人为方式，令一个君主成为王国国王，问题在于当

---

① Gordon J. Schochet, "Patriarchalism, Politics and Mass Attitudes in Stuart England", *The His-
torical Journal*, Vol. 12, No. 3, 1969, p. 435.

② J. P. Sommerville ed., *Political Writings*, 见《国王詹姆斯政治著作选》（影印版），中国
政法大学出版社 2003 年版，第 181—183 页。

③ 曾任彻斯特、利奇菲尔德和达勒姆的主教。

④ Thomas Morton, *A Full Satisfaction Concerning a Double Romish Iniquitie*, London: Printed by
Richard Field, 1606, p. 29.（http://eebo. chadwyck. com/home）

⑤ 转引自 J. P. Sommerville, *Royalists and Patriots: Politics and Ideology in England 1603 -
1640*, p. 25。

⑥ William Sclater, *A Sermon Preached at the Last Generall Assize Holden for the County of Sommer-
set at Taunton*, London: Printed by Edward Griffin, 1616, p. 2.（http://eebo. chadwyck. com/
home）

这个君主变成国王的时候，是否是通过我们应该服从的上帝的命令。"博尔顿还用天主教理论中教皇权力的来源方式作了类比。天主教徒认为，主教们选举某人为教皇，但是他的教权直接来自于上帝。① 1642年，约翰·斯佩尔曼（John Spelman）爵士声称一群没有统治者的人"选定某个人或某些人"来统治他们是合法的，但是"他们选举产生的权力……只能来自上帝"。② 查理一世的牧师亨利·弗恩（Henry Ferne）也写道："虽然他（上帝）现在没有直接任命其代理人，但通过其他方式，比如通过人民；但是他们所拥有的权力不是来自人民……而是来自上帝"。③ 查理一世另外一个牧师亨利·霍蒙德（Henry Hommond）也赞同这样的观点，他认为，人民无权赋予某个人统治权，"万一这是人民的行为，不是上帝选定任命某人担任那个官职的话，这个任命并非有效，只有上帝有权任命某个人为统治者"。④ 看来，在绝对君权论者眼中，即使国王由人民选举产生，君权的最终赋予者是上帝，人民只是实现神意的工具而已。

除了在理论界进行温和辩论，王权政府也通过官方文件左右民众的视听。1606年的教会法规否认人民曾经是主权者，否认政治权威完全来自或者取决于普遍同意。正如乔治·卡尔顿（George Carleton）所说，"世间最初的统治存在于人类中的家族统治，因此认为统治权存在于大众中间的观点是荒谬的，也是无法证明的"。⑤ 然而，当时也存在一些激进的教士和法学家，对此，王权政府就用强制手段来限制异端君权观的散播。1622年，一个年轻的教士约翰·奈特（John Knight）在牛津布道，宣传可以抵抗专制统治者的言论。不久，国王便命令大主教艾伯特（Abbot）

---

① Robert Bolton, *Two Sermons Preached at Northampton*, London：Printed by George Miller, 1635, p. 16.

② Sir John Spelman, *A View of a Printed Booke Intituled Observations*, Oxford：Printed by Leonard Liechfield, 1642, sig. B3a.（http：//eebo. chadwyck. com/home）

③ Henry Ferne, *A Reply Unto Severall Treatises*, Oxford, Printed by Leonard Lichfield, 1643, p. 13.（http：//eebo. chadwyck. com/home）

④ Henry Hamond, *To the Right Honourable the Lord Fairfax*, London, 1649, p. 11.（http：//eebo. chadwyck. com/home）

⑤ George Carleton, *Iurisdiction Regall, Episcopall, Papall Wherein is Declared How the Pope Hath Intruded vpon the Iurisdiction of Temporall Princes, and of the Church*, Londini：Impensis Iohannis Norton, 1610, p. 12.（http：//eebo. chadwyck. com/home）

做出指示，禁止布道者"在任何演讲或布道中利用积极信条（positive doctrine）限制君主的权力、特权以及司法权、权威或职责"。民法学家伊萨克·道瑞斯劳斯（Isɛac Dorislaus）是一以贯之的抵抗论鼓吹者，1627年，他在剑桥大学讲授万史，利用契约观念证明臣民有时候可以抵抗他们的统治者。虽然他的主张表面上是为荷兰反叛西班牙作辩护，但并未否定此类原则不可以运用到英格兰。1627年正值"强制借贷"之际，这些观点具有很强的政治暗示，很快他就遭到副大法官马修·雷恩（Matthew Wren）的镇压。①

　　总体来看，17世纪上半叶，以命定理论和父权主义为主体的绝对君权观在英国政治文化中占据着统治地位。人们普遍相信：上帝和自然法规定了政府，政治权威是上帝的创造物而不是人类的创造物。永远不能暴力反抗国王本人。而异端君权论者借助古宪法、自然法、理性和公共利益，重新解读君臣关系以及君权来源。他们从契约论出发，得出抵抗暴君理论。这些异端君权论虽然处于边缘化境地，但也占有一席之地，为内战时期谴责查理一世以及日后的审判提供了理论资源。再者，精英人物对主权归属的重新思考在一定程度上影响了统治集团的施政方式，在某种意义上推动了英国政体的演变和发展。

---

　　①　转引自 J. P. Sommervi_le, *Royalists and Patriots：Politics and Ideology in England 1603 - 1640*, p. 72。内战爆发后，道瑞斯劳斯站在议会一边，并为审判和处决查理一世做准备工作。不久，他被海牙的保王主义者暗杀。

第 二 章

"王在议会"君权观及其实践

第一节　宗教改革与"王在议会"君权观的形成

在中世纪的欧洲，以教皇为最高首脑的罗马天主教教廷，是一个体系严整、权势显赫的国际宗教组织。这个组织有着严格的教阶制度，其中教皇被奉为上帝在人间的最高代表，有权向天主教世界的各国君主发号施令，摊派捐税，后者则有向教皇称臣纳贡的义务。稍有违抗，君主就有被革除教籍，甚或被讨伐、褫夺王冠的危险。因此，在教廷势力强盛的中世纪，欧洲的许多君主国尚不属于完整意义上的主权国家。在英国，天主教会一直是除贵族势力之外能够与王权抗衡的重要力量，是世俗王权扩张道路上的重要绊脚石。

到了 16 世纪，欧洲基督教人文主义者对《圣经》的研究动摇了中世纪传统的经院哲学，基督教教义基础开始瓦解。在英国，自威克里夫以来的 150 年里，英格兰民族国家的认同意识逐渐增强，罗马教皇在英格兰的控制使人们对之产生强烈的反叛情绪。国王亨利八世的离婚案成为英国宗教改革的前奏。1532—1539 年，亨利八世连续召开 7 次会议，通过了一系列法令，宣布英国教会不再隶属于罗马教皇。英国国王及其继承者应被尊为英国教会（安立甘教）在尘世的唯一最高首脑，"英格兰是一个帝国……'由最高首脑与国王实行统治，由各类、各等级臣民组合而成……划分为僧俗两界的国家理应臣服于仅次于上帝的……王权"。[①] 这里的"帝国"指的是英国具有不受外力支配的主权国家。自此，在英国，天主教

---

① 　Great Britain, *The Statutes of the Realm*, W. S. Hein, 1993, Vol. 3, p. 427.

权威至上的局面被颠覆，取而代之的是国王的世俗权威。

随着民族情感的不断强化，整个社会的忠君观念也发生了变化。这一时期，"被贵族承认为最高军事首领的国王摇身一变，以民族的代表出现，打起保护'民族利益'的旗帜，从贵族的圈子里抽身出来，成为超然于整个国家之上的专制君主"。① 那么，英国国王抛弃了罗马教廷对王权的保护和保证之后，其权威的合法依据是什么呢？在宗教改革之初，国王的"宗教至尊权"仍被认为来自神授而不是议会，② 所以亨利八世在推行教义、教仪改革时一般也都是通过宗教会议来进行。但是随着宗教改革的深入，到亨利八世统治结束时，人们已经普遍承认议会是讨论和决定宗教事务的中心，甚至连僧侣也不否认这一点。

爱德华六世即位后，摄政大臣萨默塞特起初打算以国王个人名义进行教义改革，但他很快意识到，还是应该借助议会的权威。③ 于是，爱德华六世通过的宗教法（以1549年和1552年的两个《划一法》为代表），一反由来已久的惯例，直接以"议会的名义"对祈祷书、圣餐礼、受职礼以及偶像崇拜等"圣事"作出规定，完全没有通过宗教会议的讨论和通过。玛丽一世在英国恢复天主教也没能中断议会对"圣事"的干预。到伊丽莎白时期，议会宗教权得以确认。1559年，议会通过《至尊法》，以"议会的名义"宣布教权属于君主，④ 由此可见，议会的权力已经扩展至宗教领域，它不仅是宗教改革的法律保证机构，而且成为某些信条的制定者，而国王的"宗教至尊权"就不再受罗马教廷保证，而受本国议会法令确保。可见，英国君权已被打上"民族"或"国家"的标签。

与此同时，君权的承载者——国王这一等级从最初的高于议会转变为归于议会。相应地，君权的归属地也转向议会。在中世纪，国王也是一个等级，而且是最高的等级。英国议会在宗教改革前被认为是由僧侣、贵族

①　钱乘旦：《英国王权的发展及文化与社会内涵》，《历史研究》1991年第5期，第181页。

②　C. H. Williams, ed., *English History Documents*, *1485 - 1558*, London, 1967, pp. 738 - 739. 转引自刘新成《英国都铎王朝议会研究》，首都师范大学出版社1995年版，第126页。

③　B. L. Beer, "A Critique of the Protectorate: An Unpublished Letter of Sir William Paget to the Duke of Somerset", *Huntington Library Quarterly*, Vol. 34, No. 3, 1971, pp. 277 - 283.

④　G. R. Elton ed., *Tudor Constitution*: *Documents and Commentary*, Cambridge University Press, 1982, p. 374.

和平民这三个等级组成，它的地位总是低于、附属于王权的。1497 年议会开幕祈祷辞在称议会由三个等级构成之后，明确宣布国王凌驾于议会之上。① 1484 年的议会开幕词把国王称为议会三个等级的"首脑"，这同样是宣布国王高于由三个等级组成的议会。② 但宗教改革后，国王不再是处于议会、凌驾于三个等级之上的政治实体，相反成为议会的组成部分，被明确宣布为议会的成员。1534 年《豁免法》宣布，英国的立法权属于"在议会中代表着整个国家"的国王陛下和两院议员，③ 议会的立法权和三位一体的权力体系以法律形式得到肯定。1542 年亨利八世曾经在议会中这样说道："朕在任何场合都不似在议会中那样高高地屹立于王位。在议会中，朕是首脑，你们（按指两院）是四肢，我们结合在一起，组成了国家"，④ 明确表达了国王和议会不可分割的关系。

后来成为伦敦主教的约翰·艾尔默（John Aylmer）在其论文中虽然仍旧声称议会由三个等级组成，但这时三个等级已经变为国王、上院贵族和下院城乡代表，"议会是英国政府的具体象征"。⑤ 伊丽莎白时代的政治家兼思想家史密斯在其《英格兰共和国》中写道："英国的最高绝对权威属于议会……每一个人，从君主到平头百姓，都在议会有一席之地，他们或亲自、或委托代表出席议会……议会通过的一切（立法）都被认为得到了全民的赞同。"⑥ 1585 年塞西尔又一次重申："上院贵族是议会的成员之一，代表全国平民的来自郡邑的下议员也是议会的成员，女王陛下亦然。这三者构成可以立法的议会机构。"⑦

这样一来，宗教改革后，英国国王拥有至高权威，但这个权威只有在

---

① S. B. Chrimes, *English Constitutional Ideas in the Fifteenth Century*, AMS Press, 1978, p. 121.

② Ronald Butt, *A History of Parliament*, *the Middle Ages*, London: Constable, 1989, pp. 623, 625.

③ C. H. Williams, ed. , *English History Documents*, *1485–1558*, London, 1967, p. 744.

④ G. R. Elton ed. , *Tudor Constitution*: *Documents and Commentary*, p. 277.

⑤ Ibid. , pp. 16, 236.

⑥ Thomas Smith, *De Republica Anglorum*, edited by Mary Dewar, Cambridge University Press, 1982, p. 78.

⑦ G. R. Elton, *Studies in Tudor and Stuart Politics and Government*, Vol. 3, Cambridge University Press, 1974, p. 6.

议会中才被合理合法地表现出来，这就是"王在议会"君权观。议会法案不再是"征求议会同意后以国王的名义"颁布，而是"以议会的名义"颁布。16世纪的政治理论家们日益强调这样的观点：通过承认主要的"王国内的阶层"：教会、贵族和主要城镇代表，王权才能加强。只有在议会中，在这些等级成员的拥护中，君主才是最有权威的。[1] 这一切表明，"王在议会"君权观逐渐得到法律、贵族和社会的承认。

接下来，我们从政治实践层面探讨宗教改革后都铎君主的统治方式，以及统治集团的君权观。在此之前，应首先明晰近代早期英国的政体性质，关于这个问题，史学界历来争论不休，尚无定论。20世纪中叶之前，学界曾长期认为英国都铎时期的政治体制是专制君主制。此后兴起的英国修正史学派重新解读这段英国历史，发现都铎王朝的政治体制是介于专制与法治之间的特殊政体，提出了"都铎悖论说"，[2] 埃尔顿称之为"混合君主制"。[3] 1987年，帕特里克·克里森（Patrick Collinson）发表了《伊丽莎白一世治下的君主共和国》一文，认为伊丽莎白一世治下的英格兰不是一个纯粹的君主制国家，而是存在着共和因素的君主国。简言之，"伊丽莎白时代的英格兰既是共和国，又是君主国；反之亦然"。在政治决策过程中，女王、枢密院和议会构成三位一体的相互作用模式。他"富有挑战性"的描述令人耳目一新，引起学者们极大兴趣，日益得到一些学者的认同，并启发他们重新审视近代早期英国历史的方方面面。有些学者从地方史角度对英国政体进行研究，发现英国大部分地方社区在通常情况下进行自我管理，在某些方面可以说是"绅士共和国"；在镇上，"地位十分低下的"普通人也经常参与政府管理。这种"地方自我管理的传统"的"活力"反过来又促进了公民意识的成长。"英格兰君主共和国"的概念是君主掌握统治权，而日常管理在很大程度上是地方自治的

---

① T. A. Morris, *Tudor Government*, London：Routledge, 1999, p. 3.

② W. H. Dunham, "Regal Power and Rule of Law：a Tudor Paradox", *The Journal of British Studies*, Vol. 3. 1964. pp. 31 – 35. 该文章认为，都铎时期的王权和法律权威同步提高，并行不悖，在逻辑上看，这是一种悖论。

③ Elton, *Studies in Tudor and Stuart Politics and Government*, Vol. 2. p. 235. 刘新成对此表述表示赞同，参见刘新成《英国都铎王朝议会研究》，第316页。

形式，地方上社会地位十分低下的民众通常也参与其中。①

伊丽莎白一世登基之际，约翰·艾尔默写道："英国政府不像一些人所认为的那样是个君主政体，也不是寡头制或民主制，而是混合上述三种政治因素的统治，其中每个因素都有或应该具有权威……在议会中可以找到三者的体现：国王或女王代表君主制成分，封爵贵族代表贵族制，城市代表和骑士则代表民主制成分。"②

同时代的长老派领袖托马斯·卡特赖特（Thomas Cartwright）认为，亚里士多德和波利比乌斯的"混合政体"是教会和国家政府的理想形式，因为这是符合理性的，也是上帝为其教会选择的管理模式。他说道："根据哲学家所说的最好的共和国理论，教会通过这样的方式管理，基督是教会首领，代表君主制，长老和本堂牧师共同管理教会并具有权威，这是贵族制，人民并未被排除在外，教会事务也考虑到他们的利益，这是民主制。在这个王国，也出现这样的政体，女王陛下是君主制代表，最令人尊敬的枢密院是贵族制，议会则包含了所有等级，代表民主制。"然而，怀特吉福特（Whitegift）否认这种观点。他说："这三种政体可以混合成不同形式的混合政体，然而政府制度是根据是否具有最高统治能力和地位来决定的。"在英格兰，教会和国家都服从君主统治。在议会，"虽然所有等级都有代表，但因为决断、认可和决策权都属于君主，因此这个国家既不是'贵族制'，也不是'民主制'，而是君主制"。③ 看来，伊丽莎白时代的精英人物也意识到了本国政体的复杂性。在众多争论中，本书认为混

---

① 这里所说的共和国是指一种由公民团体所组成的政治体，希腊人称为"城邦"（polis），罗马人称为"共和国"（res publica），而英格兰民族称为"共同体"（commonwealth），这些与现代所谓的"民主政体"（democracy）不尽相同，在 polis、res publica、commonwealth 中，国王、贵族或者民众三者中任何一者都可掌握政权，只是掌权者的权力不是绝对的，而是受到其他二者的制衡。这种制衡关系就是所谓的"混合政治"（mixed government）。J. P. Sommerville, "English and Roman Liberty in the Monarchical Republic of Early Stuart England", in John F. Mc Diarmid, ed., *The Monarchical Republic of Early Modern England: Essays in Response to Patrick Collinson*, Ashgate, 2007, p. 210.

② John Aylmer, *An Harborowe for Faithfull and Trewe Subiects Against the Late Blowne Blaste, Concerninge the Gouernme[n]t of Wemen*, London: 1559, sigs. H2[v] – H3[r]. (http://eebo. chadwyck. com/home)

③ John Guy, *Politics, Law and Counsel in Tudor and Early Stuart England*, Ashgate Variorum, 2000, p. 127.

合君主制是近代早期英国政制的实质，这也印证了前文所述的"王在议会"君权观。

然而，"王在议会"君权观本身潜藏着紧张关系。"王在议会"君权观反映了一种混合权威观。君主拥有最高统治权，但君主又属于议会，从另一个角度来看，议会是最高统治权的保有者。也就是说，"王在议会"君权观既包含个人统治，又存在混合特性，其中存在扩张的诱因，但任何权威均不能自由扩张。这意味着最终的主权归属从未得到确定，如果两种权威来源发生冲突，便不存在一种调和机制。① 史密斯的论述就体现了这一点，他一方面强调"和平和战争年代，英国君主拥有绝对权威"，所有命令都是以君主的名义实施的，"君主就是灵魂，是首脑，是所有事务的权威"，另一方面又认为"议会代表普遍同意和权威，包括君主、贵族和平民"，"英国的最高绝对权威属于议会"。② 到 17 世纪，当国王和议会同时强调并扩张自己权力的时候，二者的紧张关系就显现出来。

那么，如果国王特权和臣民权利或者普通法出现冲突怎么办？当时的政治理论没有给予回答。但是，时人大力颂扬表面的和谐关系，由此衍生出一种均衡和谐理论。史密斯用家庭来比喻王国，其中国王是由"最有名望的父亲"或者"长者"来担任的，他的权力是绝对的，他爱自己的国民如同爱自己的孩子，像对待自己身体一样爱护他们。"如果共和国是由自由民组成的团体，它最小的单位应该由两个人组成。二者最原初的联结犹如丈夫和妻子，二者共同维持家庭……都做好本职工作，因此谁做得最好，谁就理当是管理者。"③ 我们知道，要想维持家庭幸福长久，家庭成员之间的和睦是至关重要的。以此类推，国家犹如一个大家庭，所以国王和臣民之间的和谐也是十分关键的。史密斯进一步用当时流行的政治有机体语言解释道，"议会代表着普遍同意和权威，包括君主、贵族和平民，可以说包括英格兰王国的头脑和身体。君主是这个共和国的首领、生命和管理者（或统治者 governor），首领将权威和权力分配给王国的其他机构以构成政治共同体。共和国的政府机构可以根据五件事情来分类：发

---

① David L. Smith, *Constitutional Royalism and the Search for Settlement*, *1640 - 1649*, Cambridge University Press, 1994, pp. 19 – 20.

② Thomas Smith, *De Republica Anglorum*, pp. 85, 88, 78.

③ Ibid., pp. 60, 58.

动战争及维持和平（或与外国休战）；提供金钱供养自己；保护自己不受敌人侵犯；挑选主要官员和大臣；公正地管理。其中第一和第三件事情属于议会；第二和第四件事情属于君主；第五件事情有待讨论。"① 在史密斯的笔下，政府运转依靠的是君臣之间的分工协作，他们各尽所长，互相协调，形成混合政体。

看来，"英国政治制度的运作依赖于避免包含在其中的分歧和潜在的冲突行为"，② 它要求国王和政治家们忽视制度内存在的逻辑上的缺点和冲突，强调均衡和和谐的益处。亨利八世强调君权在议会中如何熠熠生辉，因为"在议会中，朕是首脑，你们（按指两院）是四肢，我们结合在一起，组成了国家"。言语之间，不仅表达了对议会的肯定、重视和赞扬，更重要的是，他强调了政治体犹如自然人之身体，头脑与四肢的团结和和谐相处的重要性。伊丽莎白一世在 1601 年 11 月 30 日发表了"黄金演讲"，申明"我心中无时不在想着我的人民的福祉，除此之外别无它想"，这"象征着君主与大众的团结，女王与人民的团结，都铎政治制度正是依赖于此"。③

宗教改革后的英国君主从罗马教廷的束缚中解脱出来，社会各阶层逐渐把忠诚于国家作为国民应尽的义务。英国的君权观出现了相应的民族特征，就宗教层面来讲，君权代表着国家和民族利益，并且是国内教会的最高管理者。也就是说，一方面英国宗教问题不受外来因素的干涉；另一方面，只有在王权的庇护下，国内教会才能安全存在。这就是查理一世在内战期间的谈判中坚决保留主教制度的重要原因。1646 年夏天，查理一世在写给威尔士王子的信中直接指出了这一点：

> 对一个国王来说，他最重要的职责是维护真正的宗教（否则无法得到上帝的庇佑），因此我要你相信，如果教会不被正确管理的话，就无法履行这一职责……因此要记住我说给你的格言，正如没有王权的保护教会无法繁荣一样，教会依赖王权是君主权威的重要保

---

① Thomas Smith, *De Republica Anglorum*, pp. 86 – 88.

② L. J. Reeve, *Charles I and the Road to Personal Rule*, Cambridge University Press, 1989, p. 178.

③ G. R. Elton ed. , *Tudor Constitution: Documents and Commentary*, p. 312.

障……因此我给你的主要命令是继续维护主教制度。①

另外，这个阶段的英国君权观也呈现出混合的倾向。虽然在理论上君权仍旧具有神圣特质，但其世俗中的归属地和保有机构变为议会，从而形成"王在议会"君权观。"王在议会"混合权威观蕴含着潜在的紧张关系。宗教改革后的都铎政体是介于君主制和共和制之间的混合君主制。如果把政治制度比作机器，君主就是这个机器中比较重要的零部件。这个机器的顺利运转不仅依靠君主这个关键零部件，而且有赖于各个零件之间的咬合。因此，要想求得三国稳定，君主有必要在实际统治过程中与臣民中的精英团体和谐相处，因为后者一般是议会或主要政府机构的成员，是全体国民意志的代表。其中，君主的个性也是十分重要的，如果他或她不能与精英集团的"个性"相投，在缺乏调和机制的情况下，混合君主制的存续就变得十分困难。

第二节 "王在议会"君权观与都铎王朝的政治实践

从现实层面讲，都铎王朝虽然处于从中世纪向近代过渡的历史坐标上，但始终缺乏一种近代意义上的国家财政体制。同时，君主无力供养一支稳定的军队，也很难创建庞大的专业官僚体系来控制地方。因此，君主必须跟王国内的精英集团保持有效合作，才能维持政府机构的顺利运转。同样重要的是，君主应该在这种合作关系中保持首脑地位。②

至于这些精英集团的主导是贵族还是乡绅阶层，史学界尚有争论。曾经在学界占据主导地位的观点是以劳伦斯·斯通的《贵族的危机》为代表的"贵族衰落论"。这一观点认为，都铎时期的英国贵族在政治上处于危机和衰落状态，"对贵族的控制，再加上人们猜想的都铎王朝对中等阶层的顾问的偏爱，导致了贵族权力的急剧下降"。③ 20 世纪 80 年代后，这

---

① 转引自 Ian Gentles, *The English Revolution and the Wars in the Three Kingdoms*, *1638 – 1652*, Longman, 2007, p. 353。

② T. A. Morris, *Tudor Government*, p. 3.

③ J. A. Sharp, *Early Modern England: A Social History*, *1550 – 1760*, London: Edward Arnold, 1987, p. 160.

种观点遭到越来越多的批评。近来研究表明，都铎诸王虽然奉行谨慎的封爵政策，伊丽莎白一世甚至更加苛刻，但贵族在政治领域的地位并未衰落。亨利八世封授官职的范围很大，但最重要、最有利可图的职位仍然落入与其关系最密切的贵族手中。在 16 世纪的英国，将贵族排斥在中央权力之外的政府是不可想象的，只不过他们获得权力的途径发生了变化。①面对日益崛起的乡绅阶层，都铎君主仍旧采取传统方式利用之，他们是补充国家官员队伍的一个重要来源，但只有通过获得爵位，升为贵族才能被委以更高职位。军事领导权往往限定在军功贵族家族。贵族观念仍旧是社会主流价值观，比如，托马斯·沃尔西、托马斯·克伦威尔和威廉·塞西尔都出身于中间等级。然而，这些人只是王权政府的借用力量，并不是他们各自"等级"的代表。塞西尔宁愿将政府中的职位留与贵族担任，也不愿意惠助那些与他同样出身微贱的人求学受教育，以防他们跻身于政府官员之列。②也就是说，一些有才干的乡绅可以成为政府的核心人物，但并不是以排斥贵族作为代价。

　　不可否认的是，在宗教改革带来的社会和经济结构变动中，绅士、约曼农和富裕市民阶层所构成的中间阶层逐渐开始参与中央和地方的管理，这突出表现在市镇议员和郡区议员的选拔上。但是这些议员的选拔不像现代社会那样通过一系列考核机制，而是通过领主—附庸关系的庇护方式进行，许多地方的议席都被本地贵族或地位显赫的大贵族所把持。③因此，在官职、地位和权力的争夺过程中，出现了某些明显的派别，但这种派别不属于政治意义上的党派，他们松散而短暂，并无固定的政治理论，④往往围绕着君主的某些宠臣的政治生命升降而聚散。在中央，下议院也出现了"乡绅入侵"现象，其成员不乏博学多才，以国民为己任之士。宗教改革后，下议院地位上升，下议员被视作"社会贤达""民族精英"，代表英国国民形象和整体利益，同时，他们也代表某些地方利益。因此，在

---

① 姜德福：《论都铎王权与贵族》，《东北师大学报》2005 年第 2 期，第 27 页。

② 阿萨勃里格斯：《英国社会史》，陈叔平等译，第 127 页。

③ 刘新成：《"乡绅入侵"：英国都铎王朝议会选举中的异常现象》，《中国社会科学》2008 年第 2 期，第 189 页。

④ John McGurk, *The Tudor Monarchies*, *1485 - 1603*, Cambridge University Press, 1999, p. 90.

拥护君主的同时，下议院的代表们也注重国家、民族和地方利益，成为君主团结的主要对象。

因此，国王不仅要团结传统贵族，也不能忽视进入下院的乡绅精英。

一般来说，都铎君主的主要统治手段有两种。首先是通过正式的官方政府机构来统治。在中央，国王的左膀右臂是枢密院和议会。枢密院成员往往是君主意志的贯彻者。比如出席下院议会的枢密大臣和下议长，他们总是想尽办法激起民众对君权的敬畏和热爱之情。宗教改革后，国王的威望空前提高，亨利八世等君主又特别喜欢并刻意追求豪华的排场、隆重的仪式来炫耀权威、显示高贵，这使得臣民不敢妄存忤逆王权的念头，即使有，也会立即遭受打击报复。玛丽一世的大臣佩吉特男爵就因在议会上"出言不逊"而失宠。[①] 1547 年，当有关解散小教堂的政府议案因金斯林和考文垂两市的反对而搁置时，枢密大臣议员专门找到这两个城市的议员，警告他们不要再对该议案发表任何反对言论或采取任何反对行动。1571 年，下议员罗伯特·贝尔在发表了反对女王无限制地颁布专利特许状的言论后，被枢密大臣议员召去，"并受到蛮横的对待，以至（当他回到下院时）神情恍惚。下议员们见状后面面相觑。此后 10 多天无人再敢轻谈国事，即使在涉及较一般的问题时，他们也要不厌其烦地反复声明，希望他们的言论不要引起误解。这种不正常的现象是枢密大臣粗暴压制下议员的结果"。[②]

当然，政府大臣和国王也会采用煽情的演说提醒臣民注意君主的功绩，强调君权的尊严，后者往往被这些演说弄得热血沸腾，感恩之情溢于言表。1571 年，掌玺大臣培根提请下议员不要忘记"我们正在恣意享受着和平……世上没有哪一位君主的双手（能像女王这样）毫无鲜血的痕迹"。1576 年财政大臣迈尔德梅在提出赋税议案时说："由于女王英明睿智，她治下的臣民都受到公正的对待……甚至连我们的敌人也不得不承认。公正是全民族的凝聚剂，它把各个阶层的成员如此紧密地团结在一起，使得我们的国家中没有暴力，没有压迫，也没有特权和徇私枉法，而

---

① M. A. R. Graves, *The House of Lords in the Parliaments of Edward VI and Mary I: an Institutional Study*, Cambridge University Press, 1981, p. 160.

② 刘新成：《英国都铎王朝议会研究》，第 229 页。

只有一视同仁。"当年赋税法一开头就写道，"当我们举目环顾四周，发现邻国都长期陷于困境时，我们，女王陛下的忠实臣民，深切地感受到上帝日复一日赐予我们的极大幸福和快乐"，赋税只是我们表达感激之情的"一点小小礼物"。1601 年的赋税法则为女王维护了上帝的荣耀和王权的尊严而大唱赞歌。① 这些政府大员的"征税总动员"一般收到良好的回报。作为女性统治者，伊丽莎白一世则深谙刚柔并济的统治之道，尤其擅长塑造其亲民形象。她认为君主不应该受制于礼仪，而应将礼仪为己所用，她经常在内室与臣下交谈或玩牌、下棋；而她所喜欢的大臣和朋友也获得她所赐予的绰号，比如伯利伯爵是她的"精灵"，莱斯特是她的"眼睛"，哈顿是她的"眼睑"，沃尔辛厄姆是她的"摩尔人"。这种饱含感情的绰号很自然地拉近了君臣之间的距离，对后者来说，不啻一种肯定和鼓励，其产生的抚慰感和感恩之情是任何赏赐都无法达到的。对于民众，伊丽莎白一世则通过演说塑造自己的仁爱形象。1588 年 12 月，一个学习法律的学生曾经写下自己难忘的一段经历："听说女王要来……有人告诉我，'如果你想见女王，就快点！'于是，我们飞奔而去……院子里挤满了人，我们等了一个半小时女王才出来，派头十足。我们高喊'上帝佑我女王！'女王转向我们说'上帝保佑你们，我的好子民'，'你们可能有过伟大君王，但你们从未有过像我一样爱你们的君主。'后来，女王站在人群中，环视一周，就走了……回来路上，我们一直谈论女王如何迷人，无论如何我们愿意赴汤蹈火为她服务。"② 这种亲民行为产生了现代意义上的"明星效应"，无形中强化了君权在民众心目中的崇高地位。

在地方，都铎君主的主要代理人有两种。一种是权贵，他们是根据地产和地方名望获得这样的头衔，以国王的名义为王权服务；另一种是郡治安长官（Lord Lieutenant）。这个官职来源于亨利八世的任命，是联系中央和地方的重要官职。这个官职虽然大多赐给国家重要官员，但依赖地方精英集团的支持。他们由国王直接任命，并因此获得声望。③ 由此可见，地方精英集团是都铎君主十分重视的阶层。可以说，君主和统治阶层之间重

---

① 刘新成：《英国都铎王朝议会研究》，第 177—178 页。

② T. A. Morris, *Tudor Government*, p. 36.

③ Ibid. , pp. 72 – 73.

要关系的进展不存在于议会中，而是在地方上，在那里贵族和绅士在国王的命令下进行管理。[1] 下议院则是地方向中央和君主表达其声音和政治愿望的机构，因为下议院被视为"替天行道"的上帝代言人。16 世纪的下议员兼有法官和律师的身份。按照时人的政治理念，各级法官或律师都是上帝派遣到人世间来主持正义的。下议院创议的法案中，"秉承上帝意志""依据上帝的律法""不制定该法律，上帝的怒火将会降临这块土地"等字眼频繁出现[2]。地方上的民众通常向下院求助，寻求庇护，而下院也希望在地方代表所提出的议案上花费时间，以增进后者的利益。因此，都铎君主十分重视下议院的调和作用，伊丽莎白一世曾让上院议长向下院转达："虽然对议会讨论的所有事情，女王都可以独断专行，但是出于对下院德高望重、贤达之士的信任，她不愿就任何未经下院认真审议和充分辩论的重要事项作出决定。"[3]

其次，除了上述行政管理方式外，一些非正式的政治因素也推动着政治运转，其地点一般在宫廷和地方，其依托方式是庇护制。在中世纪的英国，一直存在着与庇护制相关的制度，学界一般称之为附庸制。一般而言，在封建的西欧，封建主和附庸、仆役之间的关系以军事服役为中心，附庸通常有义务为主人战斗，而主人则为附庸提供经济、政治和社会地位的保护，在附庸制下，存在着极强的个人依附关系。[4] 与中世纪的君主不同，都铎君主很少亲自骑马打仗或平定叛乱，因此其宫廷成为比较稳定的政治生活中心，形成另一种非正式的权力中心。

王国内具有庇护能力的人包括国王、贵族和朝臣。其中王权是所有庇护能力的源头，所以国王是王国内庇护能力最强者。许多朝臣权贵拥进宫廷，希望接近君主，得到其恩宠。都铎君主最大的成功是，其宫廷在很大程度上成为贵族世界的中心。[5] 在宫廷，君主通过庇护制实现对社会和经

① Michael A. R. Graves, *Elizabethan Parliaments*, *1559 – 1601*, p. 19.

② Great Britain, *The Statutes of the Realm*, Vol. 4, p. 443；David Dean, *Law Making and Society in Late Elizabethan England：the Parliament of England*, *1584 – 1601*, Cambridge University Press, 1996, p. 15.

③ 刘新成：《"乡绅入侵"：英国都铎王朝议会选举中的异常现象》，第 192 页。

④ ［法］马克·布洛赫：《封建社会》，张绪山译，商务印书馆 2004 年版，第 249—379 页。

⑤ T. A. Morris, *Tudor Government*, p. 20.

济领域的统治。曾有学者说道："庇护制令近代早期的世界翻天覆地。具有庇护能力的人具有权力——控制他人、控制政治和事物的权力；恩赐权力和荣誉的权力。"①

首先，国王通过赐封爵位的方式来满足精英集团对荣誉的追求。亨利七世很少封赐贵族，但亨利八世在其统治后期，提升了较多贵族。这一势头在爱德华六世时期有增无减。1509—1553 年，有 47 名贵族被提升或被恢复。伊丽莎白一世统治时期，为了保持贵族数量和质量，采取了谨慎甚至吝啬的封爵政策。在伊丽莎白即位初年，全国大约有 600 名骑士，到 16 世纪 90 年代，其数量反而跌至 550 名，其中还包括埃塞克斯在军事远征中借势提拔的。其次，国王赐封官职给某些朝臣或贵族。这些被赐封的官职包括：教会中的职位，王室、司法、中央和地方行政官吏、军队、特别是海军以及王室土地管理者的职位等。都铎时期的许多行政官员、治安法官通过贵族和朝臣的庇护获得地位，进入下议院。更为直接的方式是，国王给某些贵族或宠臣发放年金。对那些王室小官，国王会将王室土地及其出租权转让给他们。同理，获得国王庇护较多的贵族或官员也具有庇护能力，也使其庇护对象获得政治和经济上的实惠。与之相应的是，君主通过这种方式维持了君权的至高权威。这样一来，庇护关系在王国内形成一种关系网络，涵盖了宫廷内外的政治世界，君主的某项政策很可能牵一发而动全身，所以，与其说君主是在跟某些朝臣或权贵打交道，不如说他是跟中央和地方的所有精英集团周旋。

通过上述两种统治方式，都铎君臣之间的关系中，合作处于主流，这主要得益于双方都认同的互惠关系。在注重荣誉、地位和金钱的社会里，精英集团对君权具有强烈的认同感和敬畏感，他们一般认同"决策权是君主的特权。议会并不试图将统治阶层的政策强加给君主。如果贵族、主教和绅士试图改变国王的政策，他们通过在宫廷和枢密院进行游说的方式。他们不会利用议会，因为它并不是王室政府的延伸，而是为王室政府提供补助金或通过法令的不定期会议"。② 但在重大问题上，出于对君主江山社稷的关心，下院也会表达其态度。对此，有专制君主之称的亨利八

---

① T. A. Morris, *Tudor Government*, p. 21.

② Michael A. R. Graves, *Elizabethan Parliaments*, *1559 – 1601*, p. 18.

世采取宽容态度。当时，曾有下议员批评政府的税收和外交政策，甚至有人公开指责国王"在婚姻大事"上不够慎重，但国王并没有降罪于他们。

玛丽一世当政后，下议员因与女王观点相左而获罪的事件却屡屡出现。伊丽莎白一世统治期间则不然，她一贯保持谨慎态度，即便认为自己的特权受到侵犯，她也会审时度势，必要的时候妥协退让求得君臣和谐。在她即位之初，她的宗教倾向是极其敏感的政治问题，关系到国家稳定和人民安定、和谐生存。于是，伊丽莎白一世为自己塑造了一个中立形象，刻意隐藏自己的宗教倾向。她的宗旨是：不打击天主教徒，恢复亨利八世时期所建立的英国国教会，以此为基础团结英国所有基督徒。后来通过的《至尊法令》既不像亨利八世的"教会领袖"那么强硬，又颇具新教姿态。其中称伊丽莎白为"英国宗教和世俗事务的最高管理者"。天主教徒对此也能接受，因为女王只是想管理教会，而不是教会的领袖，因为教会的真正领袖是耶稣基督。1559 年，一本收有 12 个布道的《布道集成》出版问世，全面批驳了教皇把伊丽莎白称为宗教异端的说法。这个小册子与教皇的敕令针锋相对，宣扬英国基督徒只尊奉《圣经》，不尊奉任何其他权威，从而使教皇的敕令成为一纸空文。值得注意的是，一篇 1559 年的布道书特别提到了《圣经》中以色列王大卫的故事："大卫可以杀死他的仇敌扫罗，但他都饶了扫罗的命，大卫不是不知道扫罗的罪恶，但作为上帝所宠爱的，他不杀他的故主扫罗。他要听上帝的旨意。"这说明伊丽莎白的克制态度赢得了英国社会的支持。①

伊丽莎白一世时期，王位继承问题也是举国瞩目的政治问题，女王和下院因此问题而摩擦不断。1543 年的王位继承法规定，伊丽莎白是最后一位法定继承人。据此，如果伊丽莎白死后无嗣，英国王位将由亨利八世之姊玛格丽特的后代苏格兰女王玛丽·斯图亚特继承，而后者是天主教徒，这是英国新教徒无法容忍的。于是，新教徒利用一切机会敦促女王尽早结婚生子。基于内政和外交方面的考虑，伊丽莎白一世迟迟不愿结婚。1562 年，女王罹患天花险些丧生，王位继承问题的重要性更加凸显，新教国民十分忧虑。1563 年，伊丽莎白一世的首席国务大臣威廉·塞西尔

---

① 朱孝远：《国家稳定的一个步骤：论伊丽莎白一世的宗教宽容政策》，《学海》2008 年第 1 期，第 112 页。

不顾女王的意愿，就王位继承问题写出一个法律议案，提交到议会讨论。[1] 议案中，塞西尔提出一个计划，即女王一旦驾崩却无子嗣继承王位，首先要建立一个国务委员会（council of estate），按照常规命名为枢密会议，以便掌握和处理王国公共事务。也就是说，即使女王无嗣而终，王国不是由一个君主来治理，而是由王国的官僚机构治理。[2]

1566 年 7 月，苏格兰玛丽生下一子詹姆斯，斯图亚特家族统治英国的可能性随之增大。在当年召开的议会上，下院更加强烈地敦促女王明确继承人。当枢密大臣议员提议说，女王已经着手进行联姻谈判，下院应暂时把王位继承问题放一放，先讨论议会补助金议案时，下议员们回答说："不！不！我们受到人民明确的嘱托，在女王对我们的要求做出肯定答复以前，我们什么也不能批准。"女王得知消息后，坚决谴责这种"造反"和"背叛"行为，她宣布，下院根本不该干预她个人的私事，她也绝不会屈服于任何压力而提名王位继承人。她禁止下院再谈论此事，并告诉下议长，如果有人对此禁令不满，就"把他们交付枢密院处置"。下院并没有退却，议员兰巴德在演说中驳斥了女王所说的不能确定继承人的各种借口，并建议用批准赋税来换取女王的明确答复。最后，女王担心僵持下去下院真的会拒绝批税，于是作出让步，表示"一定在适当的时候"，"对这个问题给予适当的考虑"。[3]

在臣民"自由言论权"的争论上，伊丽莎白一世也表现出从强硬到妥协的态度。1566 年，女王禁止下院辩论王位继承问题，当命令传达到下院的时候，有议员当场质问："女王陛下的命令……是否侵犯了上帝赐予下院的言论自由权？"在之后起草的请愿书中把言论自由提高到法律高度，它写道，言论自由"是一项渊源久远、合理合法、值得称道的古老惯例，它不应该受到侵犯"，女王不应该因下院行使其言论自由的权利而对下议员们不满，也不应该"削弱或剥夺这一自由"，相反，她应该"提倡、至少是承认它"。最后，女王只得让步，撤销禁令。在争取言论自由的行动中，著名的彼得·温特沃斯比较激进，曾经多次指责女王。1587

---

① John Guy, *Tudor England*, Oxford University Press, 1988, p. 270.

② Alford, "Early Elizabethan Polity", in John F. Mc Diarmid, ed., *The Monarchical Republic of Early Modern England*, pp. 87 – 88.

③ 刘新成：《英国都铎王朝议会研究》，第 265 页。

年，科普因在议会上提出宗教议案被拘捕，温特沃斯再次就言论自由问题仗义执言。另一位议员乔布·斯洛克莫顿对女王限制下院讨论范围的行为也表示不满，结果，女王更加强硬，亲自下令逮捕了这两个大胆的议员。这一次，下议院没有退让，立即组成专案委员会，搜集自爱德华三世以来的所有相关的宪章、法案、议会日志、编年史和法律报告，等等，证明下院言论自由的合法性和必要性，而女王对两人的逮捕是错误的。① 迫于巨大压力，女王最后释放了被拘禁者。

　　总体来看，宗教改革后，都铎君主这种软硬兼施的统治方式，对待不同意见的强硬—妥协模式取得了成效。伊丽莎白一世时代的英国不仅在军事上打败了宿敌西班牙，创造了长期的和平，君臣之间的政治互惠关系也维持了相对和谐和均衡局面，从而为国内工商业的发展提供了稳定的环境。另外，宗教改革后，英国臣民对宗教问题、王位继承问题的关注以及争取言论自由的行为反映了君权观的变化：其一，国家利益和人民利益高于君权，议会职责的神圣性和合理合法性得到张扬和强调。其二，君主的尊严和特权虽然不可侵犯，但在精英集团眼中，在君主行为损害国家和人民利益时，下议院可以进行干预，可采取请愿方式谏请改正。由此可见，臣民的参政热情更加高涨，下院的地位上升，这成为 17 世纪的君臣斗争和审判查理一世的必要条件。

---

① 刘新成：《英国都铎三朝议会研究》，第 272 页。但米歇尔·格雷夫斯认为，女王的逮捕行为在下院没有引起普遍反响。参见 Michael A. R. Graves, *Elizabethan Parliaments*, *1559 - 1601*, pp. 50 - 51。

第 三 章

"王在议会"政治实践的失败

早期斯图亚特王朝的统治处于英国内战爆发的前夜，不过，这个时期的君臣无法想象国家会走向内战，因为"和谐"与"均衡"是大多数人孜孜以求的政治目标。然而，在实际统治中，君主对秩序的狂热追求、对议会的厌恶以及政治上的腐败无能最终导致君臣之间的均衡被打破，于是冲突不断，最终导致内战爆发。与此同时，"国王无过错"这一传统信条遭到现实和理论的双重冲击，议会主权得到张扬，不同君权观之间的冲突已见端倪。本章要解决的问题是，斯图亚特王朝早期的统治是如何打破君臣之间的均衡的，君权观在此时期又出现了怎样的变化。

第一节 詹姆斯一世治下的君权观与政治实践

每到王位更迭的关键时刻，英国臣民都十分紧张，因为君主的个性、宗教信仰和统治风格与国家的安定与繁荣密切相关。斯图亚特王朝的第一位君主是来自苏格兰的詹姆斯一世，后者对英格兰既有的政治传统不是非常熟悉。他继位的时候十分年轻，并且是个少有的博学君主，喜欢著书立说，宣传绝对君权理论。英格兰人对新来的国王十分警惕，甚至到了过敏的程度，时刻担心国王会触犯或者侵害自己的自由和权利。所以，詹姆斯通过各种方式建立君主权威。

詹姆斯一世一反都铎王朝谨慎的封爵政策，大肆封爵以笼络人心，试图建立精英阶层对其执政的信心和对君权的依赖感。据生活在 16 、17 世纪之交，托马斯·威尔森（Thomas wilson）留下的文献显示，1600 年，英格兰拥有世袭爵位大贵族（Peerage）数量为 1 位侯爵（marquis）、19

位伯爵（earl）、2 位子爵（viscount）和 39 位男爵（baron），共计 61 人，拥有非世袭爵位的小贵族骑士（knight）为 500 人。[①] 1603 年 3 月，詹姆斯一世前往伦敦即位途中就封授了 46 个骑士爵位。在加冕后的四个月内，他所加封的新骑士达到 906 人。到 1604 年 12 月底，新加封的就已达 1161 人之多。这意味着英国骑士阶层的人数在短短不足两年的时光中，骤然扩大了近 3 倍。此后，詹姆士一世继续保持着慷慨作风，年年都封赐相当数量的骑士爵位，如 1610—1614 年，年均封授 31 人，1615—1619 年，年均 120 人，其中尤以 1617 年为最多，达 199 人。[②] 除此之外，詹姆斯一世还增设了一个新爵位——从男爵（baronet），其地位介于男爵与骑士之间，其封号可以世袭，但无列席国会上院的特权。该爵秩始设于 1611 年，到 1649 年时，斯图亚特王朝早期的两代君主共封授了 417 位从男爵。[③] 封爵政策是英国君主维持社会等级的途径之一，它一方面可以对社会成员的流动形成制约，同时也可以顺应并承认社会阶层的流动。詹姆斯一世的慷慨政策虽然顺应了这种流动趋势，新君主得到了家境富有、威望较高的社会阶层的依赖和拥护，但他没有把握好封爵政策的适度性。詹姆斯一世时期，受封者的数量和质量没有得到很好的控制，全凭国王的主观愿望而定。据说，詹姆斯一世常常连跪在他面前的受封者的姓氏都叫不出来。大批根本不具备资格的"小人"混入受封者队伍之中，连王后女洗衣工的丈夫、某位伯爵的理发师、小客栈的老板甚至犯有前科的被释囚犯也都统统被这位君王封为骑士。[④] 封爵泛滥所导致的严重后果之一是爵位价值的严重贬值。爵位本来体现的是传统社会秩序，标志着拥有者的政治和社会地位、经济实力、个人品质等，也是社会价值观的评判标准，而詹姆斯一世的过度封爵行为使原有的社会价值观遭到冲击，造成时人心理上的混乱，反而无益于君主形象的建设。

另外，詹姆斯一世试图将苏格兰的君臣关系移植到英格兰，实现绝对君主统治。其表现之一是，国王及其宠臣大力鼓吹"君权神授"、"君权

---

①　转引自王晋新《论早期斯图亚特王朝的封爵政策及其后果》，《东北师大学报》1998 年第 5 期，第 15—16 页。

②　Lawrence Stone, *The Crisis of the Aristocracy 1558 – 1641*, Oxford, 1965, pp. 41 – 43.

③　Ibid., p. 90.

④　Ibid., p. 42.

至上"等理论，全力打造以父权主义为基础的等级制度。詹姆斯一世不希望人们将君权界定得很清楚，以免限制他的行动自由。根据首席男爵弗莱明（Chief Baron Fleming）的说法，君主特权有两个方面，以对应法律上的不同分类。詹姆士同意这种分类方法，1616 年他告知法官，他有"双重特权（previleges），一种是平常的权利，跟他的个人利益有关，每天都可能在威斯敏斯特大厅被讨论。另外一种是性质更高的权利，涉及帝国的权力和主权，不应该以庸俗的观点来进行讨论或对待"。① 1610 年，剑桥大学教授约翰·考埃尔（John Cowell）在《解释》（Interpreter）中界定了法律上国王权力和议会角色的关系："他由于自己的绝对权力而高于法律；但是为了更好制定法律以及公平进行，在制定法律时他允许三个等级进入议会讨论，僧俗贵族和平民，但这是……因他的仁慈，或者由于他在加冕时候的诺言……虽然他在加冕时宣誓不改变本土法，但是如果某项法律损坏了公共财产的时候，他可能会改变或者废止它。"② 当时还是苏格兰国王的詹姆斯六世亲自著书，他在《真正法律》中公然宣称："国王是法律的权威和制定者，而不是法律造就了国王"，"国王高于法律"。③他的御用文人兰巴德（Lambarde）认为，君主权力是一种自然现象，其权威来自最初父亲在家庭中的权威。他的宠臣培根也赞同这样的观点，在加尔文案件（Calvin's Case）上，培根认为，和服从法律相比，服从君主"是自然的、也更古老"的现象。另外一个杰出的普通法律师，大法官埃尔斯米尔（Ellesmere）认为上帝"赋予国王为其臣民制定法律的权威和权力；因此国王首先制定法律，然后根据法律来统治，并且为自己及其臣民的利益，可以视情况不断改变法律"。如果出现法律学家不能解决的复杂问题的话，应该由"这个王国或岛国最虔诚、最博学和公正的国王来判决"。④ 这些臣民的主张充分显示出他们对君权的崇拜和对詹姆斯一世的信任。

---

① Roger Lockyer, *The Early Stuarts: A Political History of England 1603 - 1642*, Longman, 1999, p. 28.

② Roger Lockyer, *The Early Stuarts: A Political History of England 1603 - 1642*, pp. 23 - 24.

③ J. P. Sommerville ed. , *Political Writings*，见《国王詹姆斯政治著作选》（影印版），中国政法大学出版社 2003 年版，第 73、75、181 页。

④ Roger Lockyer, *The Early Stuarts: A Political History of England 1603 - 1642*, p. 7.

有了宠臣和御用文人的吹捧，詹姆斯一世试图在统治过程中绕开令其反感的议会，依赖传统的庇护制进行统治，这是他希望实现绝对君权的表现之二。如康拉德·拉塞尔（Conrad Russell）讲的，17世纪上半叶英国议会"不是一项制度，而是因事临时召开"的。在詹姆斯一世统治的22年中，议会召开的时间只有36个月。国王只召集过四次议会：1604—1611年、1614年、1621年和1624年。① 在每次议会召开的时候，议员们都对君主权利的错误界定作出反对和抗议，同时强调英国臣民的权利。1604年的《辩护方式》（Form of Apology）中，议员们强调，"英格兰三国内所有民众"均享有"古老的祖先毋庸置疑地享有的权利和自由"。② 1606年，在讨论比特案件（Bates' Case）时，弗莱明男爵的发言十分精彩，他说：

> 普通的权力是为了个别臣民的利益，为了执行市民正义，为了决定物之归属；这是由普通法的法官执行的，罗马法学家称其为私法，我们则叫普通法；不经议会同意，这些法律不得被修改，虽然其形式和程序会有变化和终端，但其实质却不能改变。国王的绝对权力不是专规私用或为了个别人利益的权力，而只是为了人民的普遍利益而使用的权力；人民是其身体，国王是其头脑；……这就是它的一般原则，所有符合此类原则的情事皆为合法。③

面对议会颇具自豪的声明，詹姆斯一世起初还比较克制，他明白议会的作用。如1610年，他向两院发表演说，指出："人民在召开议会时候向国王提出抱怨的两个特殊原因。首先，和召开议会时期相比，在其他时期国王不能如此听到抱怨，后者是整个王国的代表。其次，议会是最高司法法庭，因此这是通过制定好的整体的法律来使得他们的怨恨得到适当解决的最合适的地方。"④ 不过，詹姆斯一世仍旧难以掩饰自己所崇尚的君权

① Graham E. Seel and David L. Smith, *The Early Stuart Kings*, *1603 – 1642*, London：Routledge, 2001, p. 33.

② Graham E. Seel and David L. Smith, *The Early Stuart Kings*, *1603 – 1642*, p. 40.

③ [美] C. H. 麦基闻：《宪政古今》，翟小波译，贵州人民出版社2004年版，第106页。

④ Roger Lockyer, *The Early Stuarts*：*A Political History of England 1603 – 1642*, p. 79.

神授思想："君权是人间至高权，因为国王不仅是上帝在人间的代理人，坐在上帝赋予的王位上，甚至上帝也称之为神。"但重要的是，尔后他区别了"国王最初的地位……和这个时代统治世俗王国而建立的国王地位"。后者的特点是在法律范围内进行君主统治。这种法律"可能只由国王制定，但是通过人民提出的法案，国王才获得认可，所以，国王受到法律约束，在他宣誓服从王国基本法之后，受到后者的束缚：不言而喻，作为国王，要受到保护人民和王国法律的约束，在他的加冕仪式上已经对此作了明确表达。所以……每个公正的国王都受到那个协定的约束，这个协定由他的法律为其人民而制定，此后其统治才被承认"。① 由此可见，詹姆斯一世的内心充满着矛盾，一方面想伸张君权，另一方面又要照顾英格兰本土的政治传统，依法而治。

所以，詹姆斯一世对议会的感觉是愤怒而无奈。每次议会召开时，针对国王提出的要求和建议，议会总是讨价还价，横加阻挠。当国王在1614年议会上的要求遭到拒绝后，詹姆斯一世忍无可忍，告诉西班牙大使，由500人组成的下院没有首脑，"投票没有秩序，除了叫喊、大叫和疑问，什么也听不到"，而且很惊讶"他的前辈怎么会允许这样的东西存在"。然而，他又补充了极有意义的内容，"在他来的时候他建立了它，那么他不能抛弃它"。②

不过，詹姆斯一世也以实际行动表达自己对议会的不满。1621年，议员们讨论外交政策。对此，詹姆士一世区分了国家事务和决策权，下院可以讨论国家事务，但决策权只属于国王。在1621年对下院的发言中他明确摆出了自己的观点，"不要随便抱怨你们的国王和教会，也不要随便干涉国家事务以及君主的特权"。③ 然而，1621年12月18日，议会坚持认为，他们有权利讨论"与国王、捍卫王国和英格兰教会有关的艰险和紧迫的事情"。当下院将这份日志呈给詹姆斯一世时，国王十分生气地撕掉这页日志，愤而解散了议会。④

---

① David L. Smith, *Constitutional Royalism and the Search for Settlement*, *1640 - 1649*, Cambridge University Press, 1994, p. 22.

② Roger Lockyer, *The Early Stuarts: A Political History of England 1603 - 1642*, p. 77.

③ Ibid., p. 86.

④ Graham E. Seel and David L. Smith, *The Early Stuart Kings*, *1603 - 1642*, p. 40.

鉴于这样的统治方式，有学者认为，在詹姆斯一世统治时期存在着将近十年的个人统治，其特点是避开议会，实行某种意义上的专制统治。1619 年 12 月，据威尼斯外交使节报告说，即使詹姆斯一世无钱打仗，但仍旧"厌恶召开唯一能够获得金钱的议会"。同一天，萨伏依的代表也向上级报告，詹姆斯想方设法避免召开议会。① 詹姆斯的顾问们都知道国王讨厌议会，其中一些顾问同意并鼓励他的做法。而支持议会的大臣可能太担心詹姆斯生气，所以也支持国王的行为。1615 年罗利（Ralegh）顾问不理会与他对话者的主张，指出他和他的同事"不敢建议国王召集议会；因为……我们建议的话，会失去国王的恩宠。如果国王被逼到墙角的话，我们可以告诉他，因为我们发现他一听到议会就极端不满，所以我们认为最好不要有这个想法"。② 由此可见，面对国王的过激行为，大部分臣民是不敢直言进谏的，这说明君主的权威已深入人心。

但正直的议员们利用每次召开议会的机会跟国王据理力争，希望规范国王的行为，在此仅以征税为例略予申说。是否批准税收是议会制约国王的主要手段之一，也是国王讨厌议会的重要原因之一。1610 年召开的议会上，下院通过了一项反对征税的议案，声称这些税收侵犯了臣民的财产权，"没有议会的同意"，国王不能带走"任何人的财产"。他们也向詹姆斯请愿，告诉他征税侵害了财产权以及"陛下王国的政治制度"。③

关于是否能够征收新税的争论持续了很多天。下院认为国王征税应该与议会协商，由议会进行审查，这是议会古已有之的权利。黑克威尔（Hakewill）表达了议员们的担心：现在的问题是国王是否可以根据自己的喜好，依据国王的特权，不经议会同意对进出口货物及商人征税和收费。"首先，我觉得有必要考虑，根据普通法国王是否应该这么做。其次，如果普通法认为应该征收的话，那么其税额是否恰当，不能因国王的

---

① Andrew Thrush, "The Personal Rule of James I, 1611 – 1620", in Thomas Cogswell, Richard Cust and Peter Lake eds., *Politics*, *Religion and Popularity*, Cambridge University Press, 2002, ch. 4, p. 98.

② Andrew Thrush, "The Personal Rule of James I, 1611 – 1620", p. 99.

③ J. P. Sommerville, "The Ancient Constitution Reassesse: the Common Law, the Court and the Languages of Politics in Early Modern England", in R. Malcolm Smuts ed., *The Stuart Court and Europe*, *Essays in Politics and Political Culture*, Cambridge University Press, 1996, p. 59.

喜好或其他原因而增加。再次，如果普通法认为应该征收的话，那么……是否不经议会同意，以他（国王）绝对权力摊税，还是要受到议会法令的约束？"同时，他强调了君主的义务，"普通法和这个共和国的政治框架要求臣民忠实，服从君主，同样它也要求君主保卫臣民不受任何错误和伤害的侵害……因此，普通法不但给予国王很大特权……但在保护其臣民方面也付出必要代价"。① 怀特洛克（Whitelocke）的发言就没有那么客气，他直接指出，"首先，这（征收新税）违背了这个王国的基本框架和制度……颠覆了王国基本法并引进新的政治制度形式。其次，这违背了国内法（Municipal Law）……是财产法和个人权利法。再次，这违背了在这一问题上约束国王的各种法规。最后，这违背了我们共和国的先例……后者是约束国王特权和臣民自由罪中庸的规章"。② 除此之外，议员们还抱怨，"君主的特权似乎很容易而且日益增加；而臣民的特权大多永远不变"。上帝确实"慈悲地赐予我们一个智慧虔诚的国王"，但同样的事实是"上帝……在不高兴的时候也会允许伪君子和暴君的出现"。③

　　而国王的理由也很多，詹姆斯一世声明他有权征收税，"所有基督徒国王，不论是选举还是继承而来的国王，都有权征税"。④ 国王及其支持者认为所征收的货物税是出口的货物，是来自王国外的税收，因此对英国财产没有影响。⑤ 由此可见，国王紧紧抓住这一观点：进口货物不属于英格兰人的财产，所以无所谓侵犯其财产权，这就有点狡辩的嫌疑了。

　　詹姆斯一世发现，在征税问题上，一些下院成员是"从人类理性出发"来考虑，如果一个国王可以征税，"他有可能将王国内所有金钱都装进自己腰包"。他们于是得出结论国王不应该征税。詹姆斯否认这种观点。他说道，事实上，一个国王有可能滥用权力，但并不意味着他就不能拥有权力。因此，正如下院成员所恐惧的，詹姆斯一世声明，尽管他打算

---

① J. R. Tanner ed. , *Constitutional Documents of the Reign of James I*, Cambridge University Press, 1930, pp. 247 – 251.

② Ibid. , p. 260.

③ Ibid. , pp. 222 – 223.

④ J. P. Sommerville, "The Ancient Constitution Reassesse: the Common Law, the Court and the Languages of Politics in Early Modern England", p. 60.

⑤ Glenn Burgess, *Politics of the Ancient Constitution: an Introduction to English Political Thought, 1603 – 1642*, Macmillan Press, 1992, p. 142.

谨慎行事，但自己有权"将王国内所有金钱都装进自己腰包"。① 从詹姆斯一世的振振有词可以看出，在他眼里，议会对国王的不信任达到了过敏程度，所以才对他十分苛求。但是，无论臣民信任与否，他都具有压倒一切的权威。

看看臣民是如何为国王开脱的。温特沃斯认为，按照詹姆斯的理论，抵抗国王压迫的最好的方式是消极等待："我们必须依靠仁慈和慷慨的国王的仁慈（比如在征税方面）。"正如詹姆斯自己所说的，如果"一个国王一定会是一个暴君，你们做任何事情都无法阻止他。你们只好向上帝祈祷，他是个好国王，如果他是的话，你们就感谢上帝"。一个国王可能会滥用其权力，但臣民无权"对他的权力加以限制"。② 在 1610 年的议会上，约翰·霍巴特（John Hobart）爵士认为，"根据普通法"国王可以摊派税收，"如果不是根据法律，那么必须确定他是根据国家理性"。戴维斯（Davies）认为国王摊税的权力是"统治方面的专有权"，不能受"议会法令限制或界定的"。弗莱明（Fleming）认为，国王在"政策和政府"事务上凭自己智慧而行，而不受普通法法规引导。③ 由此可见，詹姆斯一世所宣扬的君权至上观念在重要的征税问题上得到一些议员的响应，一些议员还用"国家理性"和"统治"必要性来为其辩护。同时，捍卫臣民权利的声音也不绝于耳，有些议员以普通法和政治传统为武器，对抗绝对君权理论，并向时人敲响警钟。1614 年 5 月 21 日，埃德温·桑兹（Edwin Sandys）爵士在下院对税收予以有力抨击。他说，"英格兰税收日益加重"，"好像来自专制政府的税收一样"。同一天，法学家托马斯·温特沃斯（Thomas Wentworth）告诉下院，《圣经》本身就谴责税收，法国国王亨利四世被暗杀就是因为征收类似赋税而遭到天意惩罚。但他又加了一句，"但是这样的惩罚无论如何也不能降临到我的陛下国王身上"。④ 看

---

① J. P. Sommerville, "The Ancient Constitution Reassesse: the Common Law, the Court and the Languages of Politics in Early Modern England", pp. 60 – 61.

② Elizabeth Read Foster ed. , *Proceedings in Parliament 1610*, Vol. 2, Yale University Press, 1966, pp. 103, 108.

③ J. P. Sommerville, "The Ancient Constitution Reassesse: the Common Law, the Court and the Languages of Politics in Early Modern England", pp. 62 – 63.

④ Maija Jansson ed. , *Proceedings in Parliament 1614*, *House of Commons*, The American Philosophical Society, 1988, p. 316. （http: //books. google. com. hk/books）

来，温特沃斯只是警告自己的国王，不要走向专制君主的末路。

从征税与否的争论中可以看出，国王及其支持者开始运用国家理性或者政府利益来为自己的行为辩护。同时，一些精英人士对自由和权利的渴望、对专制君主的恐惧也日益增强，到了查理一世统治时期，这些观点上的冲突日益尖锐，以至于议会与国王之间的关系日趋紧张。

第二节　查理一世治下的君权观与政治实践

查理一世的即位十分顺利，臣民对这个新君主怀着极大信心和期望。第一届议会上，本杰明·拉迪亚德爵士曾说过，从此以后，切勿忽略维护君民之间的完全和谐："因为"，他说道，"既然他做了国王，我们对他有什么期望呢；他天生性格和善，没有恶习，他曾经游历外国，他受过议会的教育，因此前途是大有希望的"。[①] 这里的"大有希望"是指有可能与议会和谐共处，接纳议会的建议。但如诸多学者所揭示的那样，查理一世的个性固执，缺乏统治者应有的素质。[②] 同时，查理一世及其追随者相信，诸如清教徒和普通律师之类的"民主"政治煽动家迎合民众，联合其他团体反对王权，试图推翻王权政府，将民主政府引入英国。这种理论在查理脑海中深深扎根，深刻地塑造了他的政治思想。[③] 确实，围绕着征收强制借贷和船税问题，议会和郡区部分政治精英的言行确实变得日益大胆激进，对自由和权利的呼声也高涨起来。

查理一世即位之初，就在强制借贷问题上与议会出现分歧。在第一届议会上，议员们希望新君能够革除国家积聚已久的许多弊端，所以对查理一世要求的款项批准很少，只决议供给关税一年，上院还不肯批准这项议

---

① ［法］基佐：《一六四〇年英国革命史》，伍光建译，第 17 页。

② 关于查理一世性格的分析和争论，参见 Russell, *The Causes of the English Civil War*, Oxford: Clarendon Press, 1990, pp. 207, 212 – 213; Kevin Sharp, *The Personal Rule of Charles I*, Yale University Press, 1996, pp. 198 – 205; idem, "Private Conscience and Public Duty in the Writings of Charles I", *The Historical Journal*, 40 (1997), pp. 643 – 645; M. Kishlansky, "Charles I: A Case of Mistaken Identity", *Past&Present*, 189 (2005), pp. 41 – 80。

③ Richard Cust, "Charles I and Popularity"; Andrew Thrush, "The Personal Rule of James I, 1611 – 1620", in Thomas Cogswell, Richard Cust and Peter Lake eds. , *Politics, Religion and Popularity*, Cambridge University Press, 2002, pp. 102, 255.

案。这一决议令国王十分愤慨，他认为议会侵犯了君主权力，而"君权是仅仅属于他一个人的，众议院已经侵犯了他的君权，他是绝对不会容忍他们向君权问鼎的"。① 下议院也毫不示弱，抗称他们是效忠于国王的，但绝不愿意放弃他们的自由权。国王回敬道，他尊重他的臣民的自由，但是他要自己来治理国家，对此议员们不得横加干预。由此可见，国王和臣民所强调的"自由"是不同的。前者指的"自由"是基于国王恩赐的"自由"，后者要求的则是"自古以来"就有的"自由"。

查理一世于是命令各郡长官强制借贷。对此，国王的支持者在一次布道中向民众宣传：

> 基于正义和必要（Necessity）的双重义务，臣民将服从（国王的命令，笔者注）；除非他们是叛乱者或罪犯，或者为他人事务而奔忙，正如圣彼得所言……如果君主的命令违背上帝或自然法，或其命令是无法实现的，臣民可能不服从，但将遭受辱骂或责骂的惩罚，不得不服从……如果君主强加一项过分而不公正的税收，臣民应该服从，如果不服从，不履行责任，他们的良心好似受到原罪的鞭笞……②

这个布道所宣扬的君权观结合了基督教原罪说、自然法理论和国家必要性原则，说明以国王为主体的精英阶层所坚持的绝对君权理论也与时俱进，具有世俗化倾向。但其主旨并未改变：强调君主权利和权力的神圣以及不可反抗特质，强调臣民的服从责任，淡化并压制其政治能动性。

然而，当国王的专员向贝德福德郡（Bedfordshire）的自由民传达借贷消息时，民众表示了不满。警官（Constable）和治安法官（Justice）讨论并表述了不满原因：

> 他们（自由民）问了一些问题，即现在的程序是否违法。他们认为这个行为（借贷）不是建立在好的先例基础上，担心这种行为

---

① ［法］基佐：《一六四〇年英国革命史》，伍光建译，第31页。
② Christopher W. Daniels and John Morill, *Charles I*, Cambridge University Press, 1988, p. 21.

将来会引起危险。他们坚持认为，通过议会来借贷是最公平、最合适的方式……他们声称，如果出现任何差错的话，通过议会，其抱怨会得到安抚。他们的共识是，如果通过议会借贷的话，所有人都会尽力做出贡献。①

这段言论显示出贝德福德郡的自由民的传统观念是，法律高于君权。再者，他们表达了对议会的信赖甚至高于对君主的信任。在这个王国中，议会是限制王权、为民请命的代表和伸张正义的机构。这个郡的反应还是相对克制的，坎特伯雷的市议员则没有如此客气，他们直接道出心中的愤懑：

> 如果国王的命令和要求超出臣民对他应尽的义务范围的话，我们可以不服从并拒绝之。高贵的臣民在自己的位置上有责任不赞同并挫败粗俗的暴君，这些暴君不处死亚甲（Agag）② 相反却为之辩护，并与议会决裂，摊派强制借贷和税收……否认（我们，笔者注）权利和自由，压迫并压榨人民……③

同样的，一本无名氏写的小册子《来自理想国（Welwisher）的人写给所有英国自由农的话》更对强制借贷展开了猛烈抨击：

> 任何不经过议会的税收将被抛弃，（它）并不是为了共和国（commonwealth）④ 的利益或安全……而是为个人所用，为了满足宠臣的野心和愿望……唯一的方法就是拒绝（交税），只有在议会，共和国的水蛭才能得到惩罚。⑤

---

① Christopher W. Daniels and John Morill, *Charles I*, Cambridge University Press, 1988, p. 22.
② 这里指白金汉公爵。
③ Christopher W. Daniels and John Morill, *Charles I*, Cambridge University Press, 1988, p. 23.
④ 这里的"共和国"泛指"国家"，不是内战后建立的无君主的"英格兰共和国"或现代意义的"共和国"。
⑤ Christopher W. Daniels and John Morill, *Charles I*, Cambridge University Press, 1988, p. 23.

这两段话表达的精神是十分激进的，说明此时的臣民已经意识到自己的"责任"不再是盲目地服从国王的命令和要求，而是要慎重考虑这些税收的去向和用处，是为了"国家利益"还是用于国王个人私利。如果是用于后一目的，作为臣民，他们"有责任"去挫败这种企图，其方式是"拒绝"。这恰恰说明了，此时臣民心灵中的"公民"意识已经觉醒，希望在政治活动中表达自己的观点，其方式也从建议、请愿上升为具体行动，即弹劾宠臣和拒绝交税。

1628 年 3 月 17 日的议会上，为了筹措款项，查理一世进一步恐吓议员："现在人人都得凭着良心办事，由于现在国家有很多需要，如果你们不肯各尽其责（这是上帝所不允许的），贡献国家所需，我为对得起良心起见，只好采用另外的方法（这是上帝交与我的），以弥补可能因某些人的愚蠢所造成的损失。你们不要把我这几句话当作恐吓（我从不恐吓任何人，除了与我平等的人以外），而只当作是一种劝告，因为我从本性与责任出发，都是以你们的安全与繁荣为己任的。"掌玺大臣接着说："国王陛下已经告诉你们，他选择这样的供应国库的方法并不认为这是唯一的方法，而是最适合的方法；并不认为别无他法可想，而是认为这既最符合于他的恩情德义，又切合人民的愿望和福利。你们若耽延不予供应，国家的急需和敌人的刀剑将逼使国王使用其他的方法。记住陛下的劝告吧。我说，记住吧。"[1] 后来，他又通过大臣告诉议员们："我不能不遗憾地告诉你们，我已经察觉到，下议院好像不但要限制君权的滥用，而且要限制君权的本身：这就侵犯了国王，而且侵犯君权所支持的大臣们。让国王听取关于任何权力滥用的诤，国王会乐意听我们的。但我们千万不要反对君权的扩大；如果我们只干预权力的压制和它的滥用，而将我们的活动局限在这个范围内，那么我们将要享受国王从未给过的最大满意。"[2]

在这里，查理一世试图利用恩威并施的方式迫使议会屈服，实际上反映了国王及其追随者的君权观：国王拥有凌驾于其人民权利之上的权力和征税权，这都是来自上帝的神圣权力。同时，国王是正义的化身，是为人民谋福利的，所以，因为公共利益的缘故征税，臣民更应该感激涕零，无

① ［法］基佐：《一六四〇年英国革命史》，伍光建译，第39—40 页。
② 同上书，第43—44 页。

条件地纳税。如果不是这样的话，上帝曾经赋予国王监禁和处死臣民的特权。在这样的君权观下，臣民的自由和权力来自国王的恩典，很明显是消极的，毫无能动性的。对此，B. 拉迪亚德爵士说道："我很谦卑地请求议会要特别警惕与小心，避免一切的抗争，无论是个人的抑或是真实的抗争。国王们的胸襟是广阔的，正如他们的财富那样广大。我们向他们让步，国王自然会向我们让步。要做到让国君们面上光彩，臣民们甘拜下风，这才不失体面和体统。让我们给一条路与国王走，以便他好做国王。因为我十分相信他是盼望我们给他这个机会的……我们信任国王，这样就可以使国王也对我们产生信任。"① 其他议员被其言论打动，满足了国王的要求，同时向国王提出《权利请愿书》中，要求"自今而后，非经议会法案共同表示同意，不宜强迫任何人征收或缴付任何贡金、贷款、强迫献金、租税或此类负担；亦不宜因此等负担，或因拒绝此等负担，而对任何人命令其答辩，或作答辩之宣誓，或传唤出庭，或加以禁闭，或另加其他折磨或困扰；亦不宜使任何人因上述种种致遭监禁或扣押"。这一请愿实际上意味着议会的权利应该高于国王，法律的权利要高于国王；意味着国王和大多数臣民在国王特权和议会地位问题上的观点出现了分歧。这是查理一世所无法容忍的，但在各方压力之下，他批准了这个请愿。

妥协和退让并不是查理一世所欣赏的统治方式，最终他解散议会，开始长达十年的个人统治。对此，查理一世发表了声明：

> 除了对上帝，君主不必对任何人为他的行为作出解释；但为了满足我亲爱的臣民的感情，我认为发表这个声明是有好处的……我必须说，（供养法案）迟迟未能得到通过，有时是由于别有用心的让人毫无理由的嫉妒所引起的，这大大降低了供养的名誉和真实性……②

> 我郑重声明，我将保护我的臣民古老而公正的权利和自由……但不允许任何人大胆滥用这种自由，使之成为放肆行为，不允许将《权利法案》曲解为无法律约束的自由……以对抗合法或必要的权

---

① ［法］基佐：《一六四〇年英国革命史》，伍光建译，第41页。
② Christopher W. Daniels and John Morill, *Charles I*, Cambridge University Press, 1988, p. 31.

威。因为朕会好好维护我臣民的公正的自由，因此我希望他们服从并对我的国王特权尽责，准备好服从我的权威和命令……①

虽然查理一世不像其父亲那样留下大量政治著述，方便后人研究其政治思想，但从其发表的声明中，足以看出他的固执、强硬和对议会的深深怀疑。他用自己的政治逻辑来解读君臣之间的权利和义务，强调臣民的权利和自由完全来自对君主权威和命令的无条件服从，否则一无所有。

但如前所述，近代早期的精英阶层受到契约论，古典政治思想的熏陶和启发，他们的君权观已经发生变化：君权来自人民的委托，其权威来自双方对契约的共同遵守。这样的君权不仅受到上帝法的制约，也受到契约和本土习惯法的制约。在这样的契约下，人民也是具有权力和自由的，这个权力不是来自国王的恩赐，而是自然法所赋予的。早在1610年，托马斯·赫得利爵士在下院作了著名演讲，认为国王的特权会将自由人民的财产置于"其他人的绝对权力和命令支配之下"。而如果"为了他个人或者财产而剥夺人民的自由"，那么"你就是不加区别地将一个自由人和一个受束缚的奴隶相混同"。② 而且，对一个君主来说，经常依赖个人权威会形成政治危险。正如亨利八世和伊丽莎白所欣赏的，最好是通过其他代理人来试试自己的意志，如果出现冲突的话，后者可以代罪。查理似乎从未理解这个道理，强制征收船税事件则显示出他的行为所带来的危险。

十年后，查理一世强制征收船税的行为引起更加激烈的争论和抗争。他在颁发的敕令中保持其一贯的腔调："为了保护王国……为了我臣民的安全，为了船舶、商业的安全……"然而，在反对者眼里，这种无视事实和民意的空洞言论与暴君统治无异。下院议员约翰·汉普登率领民众拒绝缴纳20先令的船舶税，结果被起诉，他的律师在法庭上与支持国王的法官据理力争，列出种种理由证明该税收的非法性。支持汉普登的法官认为，"（征收船税的敕令）没有经过议会的同意，所以违反普通法"，同时也"违反若干成文法"，"以任何特权、王权、必要性或危险作为借口都

---

① Christopher W. Daniels and John Morill, *Charles I*, p. 32.

② Quentin Skinner, "States and the Freedom of Citizens", in Quentin Skinner & Bo Srath ed., *States and Citizens: History, Theory, Prospects*, Cambridge University Press, 2003, p. 12.

不能令其有效"。他们翻遍了司法记录，除了"对这些敕令的合法性作出反对，没有任何支持的先例"。"我们在这里的判断不是根据便利（conveniency）或国家政策，而是根据普通法或英国习惯法"，"英国普通法给予臣民人身自由，给予他们在货物和地产方面真正的财产权，因此没有他们的同意（他们个人同意或议会中的同意），不能带走他们的财产。就此普通法而言，它区别了奴隶和自由人，前者的地产受主人的支配，后者的财产则是无人能够侵犯的，我们这里讨论的案件是不经臣民同意就带走其财产，因此是违法的"。① 对此，总检察长只做了一个简单的回应，称这种观点是一种民粹主义："政府如果引进民主主义，结果将是如何？"②

支持国王的法官罗伯特·贝克莱承认在通常情况下，国王未经议会同意不得侵犯他人的财产，但如果在紧急状态下，国王仍旧无权这样做的话，将会带来"全然的毁灭和颠覆"，在法庭上，他振振有词：

> 法律没有约束国王的政策，法律本身是国王年老而可靠的仆人；是他用以统治人民的工具……我们的法律的基本方针是：国王有权获得资助捍卫王国，人民有义务服从国王。当议会支持（国王）的话，不仅是人民的仁慈，而且是他们对国王所尽的义务和公正行为……③

他甚至强调："君主即法律是常识也是真理……国王不会犯错。"④

由此可见，国王及其追随者极力将该税收视作国王特权，在特权和法律面前，后者次之，因为"君主即法律""国王不会犯错"，臣民的反对则被视作"民主主义"阴谋。这种极端君权观和阴谋论自然引起其他精英分子的反感。正像克劳利在反对国王下令征收船税时所说，国王将法律强加给了臣民，征收船税是国王个人意志进行统治的体现。法学家理查德·克里谢尔德也说，如果我们的国王被允许拥有这样的权力，那么也就

---

① Christopher W. Daniels and John Morill, *Charles I*, p. 82.

② ［英］杰弗里·罗伯逊：《弑君者》，徐璇译，第44页。

③ S. R. Gardiner, *Constitutional Documents of the Puritan Revolution*, *1625 – 1660*, pp. 114 – 115.

④ ［英］杰弗里·罗伯逊：《弑君者》，徐璇译，第44页。

意味着我们将受到奴役。① 普通法理学家乔治·皮尔德（George Peard）在短期议会上挺身而出，抨击法官说，国王不经过议会的同意而征税"不仅带走了我们的财产"，而且使我们每个人从自由的人民蜕变成为奴隶。② 亨利·帕克批评国王征收船税的专断性，等于将自己的意志强加于人民之上。如果允诺国王具有这样的权力，我们"将成为世界上最卑劣的奴隶"。③

即便如此，国王的许多法官为了保住自己的地位，决定向国王投降，首席法官芬曲在最终裁决书中写道：作为"上帝"之国王的臣民，"没有人会比我们更幸福"；国王对公共利益拥有任意决定权，他的主观意志不容挑战，他怀着不容置疑的善意来决定国家是否处于紧急危险状态。④ 最终，在船舶税问题上，国王一方胜利了。但实际上，查理一世已经打破了君臣之间应有的平衡。在议会对其宠臣斯特拉福德伯爵的审判中，国王对司法的任意干涉更令议会反感。

1640 年，为了得到议会拨款以发动苏格兰战争，查理一世召开了停开 11 年的议会。但议会的第一个议案却是以叛国罪控告国王的财政大臣兼首席大臣斯特拉福德伯爵，后者被议会称为"大叛教者"。实际上，这次控告关系到两大政治势力之间的对抗：一方面，斯图亚特国王试图仿效法国，扩大君权；另一方面，一些议会人士努力捍卫并伸张议会权力。具体而言，这次控告关系到斯特拉福德伯爵及其对头约翰·皮姆谁的人头会落地的问题。⑤ 民众也广泛参与到控告中，当时的日记作者报道了伦敦城内的"极大喧闹"，另外一个人警告"在审判过程中可能会出现有人试图发动的军队叛乱或骚乱"。而其他人则描述群众聚众滋扰贵族的马车，想

---

① 李宏图：《英国革命时期革命者对"自由"的理解》，《史学集刊》2010 年第 3 期，第 16 页。

② Quentin Skinner, "Classical Liberty and the Coming of the English Civil War", in Martin Van Gelderen and Quentin Skinner, eds., *Republicanism: A Shared European Heritage*, Vol. II, Cambridge University Press, 2002, p. 15.

③ Quentin Skinner, "Classical Liberty and the Coming of the English Civil War", in Martin Van Gelderen and Quentin Skinner, ed., *Republicanism: A Shared European Heritage*, Vol. II, p. 16.

④ ［英］杰弗里·罗伯逊：《弑君者》，徐璇译，第 45 页。

⑤ Craig S. Lerner, "Impeachment, Attainder, and a True Constitutional Crisis: Lessons from the Strafford Trial", *The University of Chicago Law Review*, Vol. 69, No. 4, 2002, p. 2058.

知道他们是如何投票的。①

对斯特拉福德伯爵的审判始于 1641 年 3 月 22 日，约翰·皮姆指控他参与"反对国家的天主教阴谋"，并"计划毁坏"人民的"法律和自由"。② 更加可怕的是，斯特拉福德伯爵通过言论、建议和行动引进专制政体，极力推翻王国的基本法，粗暴对待陛下臣民的生命、自由和财产。③ 下院原以为对斯特拉福德伯爵作出叛国罪判决是轻而易举之事。然而，审判所遭遇的法律盲点和证据不足令法官们左支右绌，不得不拓展叛国罪的定罪范围，在一定程度上，该审判影响了人们对君权的看法，为日后审判查理一世积累了经验。

当时对斯特拉福德的叛国罪定义基本上参照 1352 年成文法，这个法令所规定的叛国罪内容包括以下几条：密谋杀害国王、王后或其长子，抑或想象他们死亡；冒犯王后、未婚长公主，或继承人的妻子；发动反对国王的战争；支持国王的敌人。另外，伪造国玺或私印、伪造钱币、走私假币，杀害大法官、财务大臣或任何正在执行公务的法官也属于叛国罪。④ 这个叛国法令主要保护王权和贯彻王权的器物。很明显，斯特拉福德伯爵是国王的忠仆，不可能有叛逆或谋杀国王之心。而议会的某些指控是荒谬或者没有法律先例的。比如，第 28 条指控说伯爵应该为丢失一个堡垒负责。但即使这个指控是真的，以此为叛国罪的证据是荒谬的，最终这条指控被撤销。⑤

对其他大部分指控，斯特拉福德或表示否认，或声称是奉行国王的命令或得到国王的赞同而行事。另外，他也可以找出许多先例来支持许多指控。即便如此，议会仍认为这些罪行的"累积"足以构成叛国罪。斯特

---

① C. V. Wedgwood, *Thomas Wentworth, First Earl of Strafford 1593 - 1641: A Revaluation 372*, Jonathan Cape, 1961, p. xxii. 关于这方面的最近研究参见 Peter Lake, Steven C. A. Pincus eds., *The Politics of the Public Sphere in Early Modern England*, Manchester University Press, 2007。

② Maija Jansson ed., *Proceedings in the Opening Session of the Long Parliament: House of Commons: 3 November - 19 December 1640*, Vol. 1, Rochester University Press, 2000, p. 104. (http://books. google. com. hk/books)

③ *Journal of the House of Lords*, volume 4, 1641, March, (1767 - 1830), pp. 196 - 204. (http://www. british-history. ac. uk/)

④ Great Britain, *The Statutes of the Realm*, Vol. 1, p. 320.

⑤ Earl of Birkenhead, *Famous Trials of History*, Garden City Publishing, 1926, p. 43.

拉福德伯爵十分鄙视议会的逻辑，他不断反问："一千次轻罪不会累积为一项重罪，那么28条轻罪能够累积成叛国罪吗？"至于指控他颠覆基本法，引进违背法律的专制政体，他说：

> 我诚心诚意地提出我的建议，向国王诉说我心中真诚的想法，这是我的职责。确实在不同时刻我给出不同的建议，但人们的建议不会一以贯之。深思熟虑通常会纠正一些错误……因此，我认为特权原则，即"在绝对的和不可避免的情况下，必要性不受法律所支持的普通补救办法阻碍……陛下的绝对权力不受普通规章的制约，可能（正如必要性所允许的适度方式）利用所有方式和方法来捍卫自己和他的王国：因为在公共利益就是最高法律这一极端原则下，只要这个特权不受虚伪的，不是用于其他目的……（就是公正的），否则就是不公正的"。①

在这里，斯特拉福德认为他的行为符合臣子的职责，言外之意，不仅不应该受责备，反而应该得到嘉奖。同时，他强调了国王特权与法律的关系。需要注意的是，他用"公共利益"作为特权的保护伞，而不是诉诸传统君权观中的上帝。但皮姆也针锋相对地引用自然法、理性和社会法则，认为伯爵的叛国罪"超出了任何描述或定义"，是史无前例的罪行。②但王国的基本法是什么？在当时没有确切的定义。议会也避而不答，只是强调"改变既定的政府制度就是叛国罪"。这里暗示斯特拉福德伯爵打算改变政治制度，令国王权威建立在自己的意志之上，不受任何束缚。这样的权威是暴力权威，将遭到人民的厌恶乃至反抗。所以，引进专制政府会有引起内战的危险，因此会导致国王之死。③即便如此，议会的推理体现为语义上的诡计，其法律基础十分薄弱，而快捷有效的策略是证明个别指控属于叛国罪范畴。

---

① Earl of Birkenhead, *Famous Trials of History*, Hutchinson, 1926, pp. 39 – 40.

② William R. Stacy "Matter of Fact, Matter of Law, and the Attainder of the Earl of Strafford", *The American Journal of Legal History*, Vol. 29, No. 4, 1985, p. 325.

③ Conrad Russell, "The Theory of Treason in the Trial of Strafford", *The English Historical Review*, Vol. 80, No. 314, 1965, p. 34.

　　在众多指控中，第 23 条的指控对伯爵最为不利，他被指控在 1640 年 5 月 5 日，向国王建议"他不收任何政府章程的限制……在爱尔兰他有一支军队……他可以利用这个军队令这个王国驯服"。① 诺森伯兰（Northumberland）伯爵和亨利·文恩爵士②证明斯特拉福德的"不受限制"话语，但只有文恩证明伯爵曾经建议国王利用爱尔兰军队"令这个王国驯服"。"这个王国"的含义晦涩模糊，立即遭到罗伯特·萨维尔（Robert Savile）③ 和克莱尔（Clare）和南安普顿（Southampton）伯爵的质疑。他们质问文恩是否能够证明伯爵所说的"这个王国"是指英格兰还是苏格兰，后者无法给予明确回答，并且在重复自己的证词时，文恩进一步证实自己的怀疑。

　　斯特拉福德伯爵援引爱德华一世的法律，要求必须有两个证人同时证明嫌疑犯的某项罪名。但议会找不到直接而具有说服力的证人来证明文恩的证词，于是，怀特洛克（Whitelock）试图利用传言和其他指控来证明，"通过这些语句，并且跟其他语句进行比较之后，很明显斯特拉福德的意图是利用军队驯服这个王国"。基尔恩（Gyln）声称"**民众的声音（vox populi）**"或者民众的传闻可以作为文恩证词的必要补充，他也力图运用一般证明具体的方法来证明，因为伯爵要想颠覆英格兰法律和政府，必需利用爱尔兰的军事力量，因此，他必定意图在英格兰利用爱尔兰军事力量。梅纳德（Maynard）简短强调了当天的指控，特别指出第 23 条指控证明伯爵力图颠覆法律，并离间国王及其人民，因此他们构成反对国王和王国的叛国罪。同时，法官们从久远的司法先例和法令中苦苦寻找，试图证明在有疑点的案件中，议会有权灵活处理。④

　　叛国罪法律上的困窘和证据上的捉襟见肘促使指控者们寻找更加灵活

---

①　William R. Stacy, "Matter of Fact, Matter of Law, and the Attainder of the Earl of Strafford", p. 328.

②　这里指的是小亨利·文恩。他的父亲老亨利·文恩爵士曾经记录下斯特拉福德伯爵建议国王从伦敦强制借款支持苏格兰战争。正是小亨利将此消息透露给皮姆，令议员们失望之极。

③　议会指控斯特拉福德伯爵曾经签署一个命令让陆军士官萨维尔将士兵安排在爱尔兰臣民家里作为他们违抗总督对请愿书所做出的决定。这个起诉是有缺陷的，因为伯爵成功地拿出一个令状副本作为证据。

④　William R. Stacy, "Matter of Fact, Matter of Law, and the Attainder of the Earl of Strafford", pp. 329, 335 - 336. 加粗部分的原文为斜体。

的定罪依据。最终发现，1352 年法令的附加条件给予议会在任何法律上没有明确规定的叛国罪中进行决断的权力。这个附加条件的大致内容是，鉴于目前法律无法涵盖所有叛国罪内容，将来出现新的叛国行为时，可以呈递到议会中的国王面前，以决断是否判定为叛国罪或重罪。① 于是，副检察长奥利弗·圣·约翰（Oliver St. John）坚持认为，根据这个附加条件，议会保留了一定的叛国罪决断权。② 另外，5 月 1 日，国王公开干涉审判进程。他以个人身份向下院保证，斯特拉福德伯爵没有引进爱尔兰军队进攻英国的计划，也未向他建议建立专制政体。但下院还是以 204：59 的压倒性多数通过了褫夺法。③ 通常情况下，弹劾仅限于违反"既有的已知的法律"，褫夺法等于使被褫夺者不受法律保护，变成"狼头"，任何人都可以像打死一头狼那样打死他而不负任何责任。对审判斯特拉福德伯爵来说，褫夺法可以用来弥补法律程序的不足。奥利弗·圣约翰强调，褫夺机制允许议会惩罚斯特拉福德，尽管在事实上他没有违反任何既有法律。因为议会以前曾经利用褫夺法惩罚那些威胁到国家利益、却未触犯 1352 年法律的罪犯。④ 当上院将这个问题提给国王的法官的时候，许多人忌惮于下院的弹劾，于是给出了简洁的回答：

> 我们认为你们的投票是正当的：**根据法律**，斯特拉福德伯爵应该受到最高叛国罪的惩罚。⑤

可以看出，上院的回答是巧妙而含糊的。它虽强调了"法律"，但没有明确指出是通过 1352 年的叛国罪法，还是普通法或基本法。最后，上院在法官建议基础上进行投票，最后以 26：19 的微弱多数通过了处决伯

---

① Great Britain, *The Statutes of the Realm*, Vol. 1, p. 320.

② A. Hast, "State Treason Trials during the Puritan Revolution, 1640 – 1660", p. 42.

③ Earl of Birkenhead, *Famous Trials of History*, Hutchinson, 1926, p. 45.

④ W. D. Macray ed., *The History of the Rebellion and Civil Wars in England*, ed., by W. D. Macray, Clarendon Press, 1888, Vol. 1, p. 307.

⑤ William R. Stacy, "Matter of Fact, Matter of Law, and the Attainder of the Earl of Strafford", p. 342.

爵的决议。① 国王在压力和谣言之下也被迫签字。5 月 12 日，斯特拉福德伯爵被公开处决。

本章关注的焦点是审判斯特拉福德伯爵为审判查理一世提供的政治和司法方面的借鉴。奥尔（Orr）认为叛国罪是"政治和司法概念"，这次事件毋宁说是对斯特拉福德伯爵的弹劾合法的审判，不如说这是大众在正式场合下"运用政治词汇将极端的政治行为过程合法化"。② 确实，就政治层面而言，对斯特拉福德伯爵的审判的实质是议会剪除政治对手的手段，这在斯图亚特早期并不是新鲜事。③ 从另一个角度去看，这次审判体现了君权和议会权威之间的力量对比。斯特拉福德伯爵威胁到议会权威，即使他奉行的是国王命令，也被当作叛国者处决。从司法层面看，这次审判具有创新点。叛国罪的内容得到了拓展，叛国罪原本包括对国王的不忠，而这次审判中引进了阴谋或改变现行政府体制和颠覆基本法的内容，同时也包括对国家进行政治攻击，如践踏法律或滥用权力。在后来审判劳德主教的时候，下院认为"反对王国和反对国王都构成叛国罪。"④ 叛国罪内涵的丰富引起的后果在审判查理一世的时候体现出来。如果因为查理阴谋危害自己生命而判处他叛国罪是荒谬的，因此只有借口他反对国家而审判之。审判查理一世时的新观念是"国家"（the State）和"人民"（the People），这二者是可以互换使用的。

因此可以说，从多方面来看，对斯特拉福德的审判结束了新指控和旧指控之间的联系。⑤ 旧指控主要是指反对国王，新指控主要是针对阴谋引进专制政体或改变现有政体。另外，在叛国罪证据苍白和法律基础薄弱的情况下，定罪的程序中引进了褫夺法，这样一来，审判就可以绕开国王，

① 当日上院的平均出席人数从 80 人降低到 45 人。Anthony Fletcher, *Outbreak of the English Civil War*, New York University Press, 1981, p. 14; William R. Stacy, "Matter of Fact, Matter of Law, and the Attainder of the Earl of Strafford", p. 340。

② D. Alan Orr, *Treason and the State: Law, Politics, and Ideology in the English Civil War*, Cambridge University Press, 2002, pp. 58, 100.

③ 关于议会和国王利用叛国罪指控惩治对手的研究，参见 A. Hast, "State Treason Trials during the Puritan Revolution, 1640 – 1660", pp. 37 – 53。

④ *Journal of the House of Lords*, volume 7, 1645, January 1, (1767 – 1830), p. 125. (http://www.british-history.ac.uk/)

⑤ Conrad Russell, "The Theory of Treason in the Trial of Strafford", p. 46.

避免其权威的干涉，更加灵活地实施司法。这既是与国王斗争策略的需要，更体现了近代早期君权观中统治主体权威的下降，统治客体政治能动性的增强。1649 年对国王的审判就是这种能动性发挥到极致的表现。但需要注意的是，该审判只是止步于清君侧、锄佞臣，并未超越"国王无错"等政治信条。

本章从政治理论和政治现实出发，考察了审判查理一世的历史背景。总体来看，到内战爆发前，英国君权观呈现如下变化：建基于命定论和父权主义的绝对君权理论受到契约论和抵抗暴君论的挑战。前者认为主权由君主独享，强调统治主体的权利和统治客体的服从义务，旨在抑制后者的政治能动性，以实现有序和谐的统治。这体现在"君权神授""国王不会犯错""不可反对暴君"等政治信条中，对君权的限制仅局限于道德和理论层面。后者则认为主权属于人民，张扬统治双方在权利和责任上的对等关系，其表现为宗教和政治思想领域的"反暴君"理论、君权人授论等。双方论证的基础突破了传统的神权政治文化窠臼，从宗教理论扩展至自然法和理性。在政治实践中，"王在议会"混合主权观也得到许多精英人物的认可，这种君权观潜藏着紧张关系，要求君主在施政过程中谨慎地维持君主特权与普通法、臣民特权之间的平衡关系，以便政治机制有序运转。但是，詹姆斯一世扩张君权的欲望引起议会的警惕和不满，查理一世任意征税、解散议会、影响司法审判等行为促使议会权威观念的发展，英国政制架构中的和谐逐渐被打破。以议会为主导的精英团体甚至以实际行动锄佞臣，从司法和政治层面向传统君权观挑战，这些都为审判查理一世积累了理论和实践经验。

第 四 章

内战期间的"君主双重身体观"

　　笔者所讨论的内战时段是从军事角度出发，其间，英国政治舞台上的精英人物纷纷表达自己的政治立场，学界通常从宗教层面将议会和军队分别冠以"长老派"和"独立派"称号。本书主要关注精英人物对君权的观感和思考，因此以他们对查理一世的态度为标准，将之分为两大阵营：保王阵营和反王阵营。① 前者是以国王为核心，其中包括坚决拥护王权的极端君主主义者，比如国王查理一世和迪格比勋爵（Lord Digby）、杰迈纳（Master Jermaine）、皮尔斯（Master Peircie）等。也包括相对温和的君主主义者，比如卡尔珮柏（Culpepper）、杰明（Jermyn）和阿什伯恩汉姆（Ashburnham）等。反王阵营也并非铁板一块，具体包括保守派和激进派，他们分布在议会、军队和民间精英集团中。保守派是以约翰·皮姆为代表的，激进派分属三类，议会中以亨利·帕克、亨利·马顿为代表；军队中以克伦威尔、亨利·艾尔顿为代表；民间团体以李尔本为代表。随着英国内战的爆发和发展，两大阵营对君权的看法出现变化，这体现在双方对"君主双重身体"的不同理解中。另外，人们对"杀人犯"（man of blood）理解和争论也冲击着君权的神圣特质。本章从这两个角度揭示查理一世如何一步步走下神坛，成为被谴责、被惩罚的自然人。

　　英国内战期间，两大阵营基于不同的君权观相互口诛笔伐，其中浮现出性质迥异的"君主双重身体观"。对于这个问题，国内学界关注较少，

---

　　① 这里的"反王阵营"是就军事层面而言，支持发动反对查理一世的战争，但并不意味着"反王阵营"绝对反对王权。

本章主要探讨两大阵营对"君主双重身体"的认识，从而揭示其君权观的变化。

第一节　保王阵营的"君主双重身体观"

传统君权观具有浓重的基督教神权政治文化色彩，依据《圣经》传说，俗世国王受膏于上帝，成为半人半神之身，同时获得神圣的统治世俗王国的权力。作为自然身体的俗世国王又是王权的承载者，可谓一身二体，无法用有形的或具体的方式将两种身体分割开来。对 17 世纪的英国人来说，上帝及其决策的神圣性和无误性是毋庸置疑的，因此，俗世国王成为神圣、完美并永远不会犯错之人。

到了近代，法理学家将命定论和法律解释结合起来阐述君主双重身体论，从而令传统君权观更具说服力。英国著名法学家爱德华·柯克（Edward Coke）认为，国王具有两种身体：自然身体（body natural）和政治身体（body politic）。自然身体是由万能的上帝创造，因此国王具有自然界生物的特点，会生老病死。但作为政治身体的国王是永恒、无形的抽象存在。柯克将作为政治身体的国王与法律联系起来。根据柯克的理论，法律构成政治体的"灵魂"或某些"肌肉"。这个法律就是英格兰法律，自然法也是其中一部分。虽然国王的自然体终有一死，但他的职位是永恒的。英国王权通过君主之死而自动延续至其子孙后代，不需要加冕仪式。① 由此可见，国王的政治体是法律的构成物，法律不会出错，所以作为政治体的国王也不会犯错。虽然国王的政治身体与自然身体有所区别，但二者是不可分割的，作为自然载体的国王也不会犯错。相应地，对政治身体的犯罪就是对自然身体的犯罪，1352 年的叛国法法令保护的不仅是国王的政治身体，而且是自然身体。

英国内战期间，保王阵营对上述君权观和君主双重身体观的坚持是一以贯之的。在英国内战爆发之际，保王阵营理论家坚守命定论和绝对

---

① 　D. Alan Orr，"The Juristic Foundation of Regicide"，in Peacey ed.，*The Regicides and the Execution of Charles I*，New York：Palgrave，2002，p. 119.

主义信条，宣传君权神授和国王无错理论，并以秩序和安全为目标，强调君主对政治和社会架构的重要性，试图影响舆论，阻止内战。保王阵营中的约翰·布拉姆霍尔（John Bramhall）① 写出《阴险的奴隶》（The Serpent-Slave），规劝人们服从国王。他认为，臣民有必要服从"神圣的陛下"，因为"神圣的君主不再神圣之后，可怜的王国只剩下骚动和迷茫"。因为臣民曾经发誓服从、效忠国王以及合法的王位，所以他们没有权力用武力恢复他们先前的自由，或起兵改变已有法律。甚至，如果"君主的命令是不公正的，臣民不服从并武装反抗他也是违法行为"。② 亨利·弗恩（Henry Ferne）也认为，只有在"实践过程中"，国王的权力受到限制。但这种限制并不是"强制性的，而是法律上和道德上的约束"。当国王违反了这个限制，臣民可以不服从国王，但不具有反抗权利。③ 可见，在保王者眼中，君主所具有的神圣特质是至关重要的，它关乎王国的秩序和安全。一旦作为自然身体的国王遭到反抗，君主的政治身体的神圣性相应地遇到质疑，臣民思想迷茫混乱的结果将会导致可怕的无政府状态。传统君权观所强调的是，君主的双重身体是合二为一、密不可分的。因此，在任何情况下，臣民都不能反抗作为自然载体的国王。

那么，如果国王犯了错误，发布"不公正命令"，"超越了限制"，臣民该怎么办呢？弗恩求助于个体的"良心"，他期望"每个人听从良心的劝诫……不仅克制自己不抵抗（国王，笔者注），而且要帮助陛下为了这个目的而奋斗"。④ 对弗恩来说，个体的良心就是保持与国王联盟，告诉个体不要抵抗上帝选中的国王，直到国王和两院之间的敌对结束，政治制度中的均衡以及国王在议会中的权威恢复。

达德利·迪格斯（Dudley Digges）⑤ 则认为，臣民可以有怨言，但要

---

① 布拉姆霍尔是著名的保王阵营布道者和理论家。1634 年，他任爱尔兰温特沃斯的牧师，1635 年任德里（Derry）主教。

② John Bramhall, *The Serpent Slave*, 1643, p.9.（http://eebo.chadwyck.com.home）

③ Henry Ferne, *A Reply unto Severall Treatises*, Oxford : Printed by Leonard Lichfield, 1643, pp. 13、17 – 18、29 – 30、37.（http://eebo.chadwyck.com.home）

④ Henry Ferne, *A Reply unto Severall Treatises*, p. 4.

⑤ 迪格斯是著名的法官、外交官和议员达德利·迪格斯爵士的儿子。1633 年，他进入牛津，时年 20 岁。1641 年 3 月进入伦敦格林律师公会。1643 年因患斑疹伤寒，英年早逝。

相信"陛下的英明可以让我们摆脱"这些困扰。[①] 迪格斯甚至承认，王权源自人民，但这不是一个契约式的君主制，人民一旦将权力交给其他人，就无法重新收回，国王的权威也不会"因未履行抽象的契约而丧失"。这是一个法律上受限制的君主制，其中国王"要维护臣民的权利和自由"。[②] 再者，国王将捍卫其人民不受"任意权力"（arbitrary power）统治，自己"永远不会实施这样的统治"。由此可见，在保王者眼中，作为政治身体，君主拥有至高无上的权力，不受法律和道德的强制性约束。臣民应当十分信任作为自然身体的国王，因为后者为了王国和人民的利益，不会滥用这些权力。因此，在任何情况下，臣民都不应该发挥自己的能动性，不能指出国王的错误，更不能武装抵抗。

不论精英人物如何努力，英国内战最终爆发了，这至少从事实层面证实，作为自然身体的国王会犯错。臣民可以武装反对国王，无论这个"国王"是政治身体还是自然身体。面对新情况，两大阵营的精英分子开始为各自的政治立场辩护，由此显现出不同逻辑的"君主双重身体观"。反王阵营的激进派亨利·帕克发表了著名的《对陛下新近观点的评论》，强调议会在王国政府中的重要地位。他认为，议会和君主追求同样的目标，即维护公共安全和自由，上帝和法律都支持这个观点。没有议会，君主无法克服政府的缺陷。[③] 帕克甚至明确指出，"国家主权属于议会，国王没有否决权。这个权力的目的是，一旦国王受佞臣蛊惑，议会可以拯救王国"。"因此，发动反对国王个人命令的战争并非发动反对国王的战争。只有发动反对国王权威的战争才是发动反对国王的战争。如果出现前者的情况，说明国王受到诱惑而自我堕落。"[④] 帕克在这里似乎承认国王无错、罪在佞臣传统观念，但这里的国王指的是作为政治载体的国王。而作为王权自然载体的国王也具有自然生物的特性：易受诱惑、自我堕落，而不是

---

① Dudley Digges, *An Answer to a Printed book*, *Intituled Observations upon Some of His Majesties Late Answers and Expresses*, Oxford : By Leonard Lichfield, 1642, p. 1. (http://eebo. chadwyck. com. home)

② Ibid. , pp. 1, 7, 11. (http://eebo. chadwyck. com. home)

③ Henry Parker, *Observations upon Some of His Majesties Late Answers & Expresses*, London, 1642, p. 5. (http://eebo. chadwyck. com. home)

④ Ibid. , p. 45.

保王者所说的那样，应该相信国王，国王永远会为公共利益着想。所以，帕克的辩护是建立在君主双重身体可以分离的基础上的。

对此，著名的保王主义法官大卫·詹肯斯（David Jenkins）予以严厉的抨击和批驳。他从法律角度论述国王双重身体理论，并阐明议会发动战争的行为属于严重叛国罪。因为"国王的政治身体和自然身体是不可分割的统一体，而不是一身多体……自然法、上帝法和人类法律规定了臣民对君主的忠诚，任何手段和方法都无法没收或否认它，无法将之与自然身体分离开"。① 接下来，詹肯斯解释了国王无错的原因。由于"共和国事务不是以国王的命令进行的，而是依据成文法，成文法则是由法官实施的"，所以，"法官们和高级律师从来不会说国王会犯错"。② 换言之，国王政治身体是由法律构成的，法律无错，所以国王无错，那么错误只能归咎于实施法律的"法官"、顾问和大臣们。詹肯斯的双重身体理论实际上沿袭了柯克的套路，只不过其目的是否定议会具有向国王发动战争权。作为绝对保王主义者，詹肯斯不断强调君主双重身体不可分离的特点，这是他的立论基础。另外，詹肯斯强调，"陛下的所有臣民应该根据其肩负的责任为国王的战争效力，这才能证明，战争权掌握在国王手中"，国王用战争权"捍卫他的人民，而两院对此没有任何发言权"。③ 因此，议会发动战争的行为不仅出师无名，没有法律和道德保护，而且构成了叛国罪，因为"爱德华三世的叛国法令指的就是国王的自然身体，任何图谋国王财产、伪造国玺，向国王发动战争的行为都是叛国罪"。④ 除此之外，詹肯斯也运用君权神授理论证明议会的行为属于严重叛国罪。

但保王阵营的政治观点并非整齐划一。17 世纪上半叶，基于英国政治文化传统的共同同意原则、契约论、反抗暴君论和公共利益观念已经为保王理论家所熟知，他们虽然以这些理论为工具捍卫传统的君权观，但也开始进一步思考君主双重身体之间的区别。比如布拉姆霍尔，他虽然极力

---

① David Jenkins, *Lex Terrae*, in *The Works of That Grave and Learned Lawyer Iudge Ienkins, Prisoner in Newgate upon Divers Statutes Concerning the Liberty and Freedome of the Subiect*, London, 1648, pp. 21 – 22. （http：//eebo. chadwyck. com. home）

② David Jenkins, *Lex Terrae*, p. 17.

③ Ibid. , p. 20.

④ Ibid. , p. 12.

强调传统君权观，但也试图区分"抽象的权力"和"具体的权力"，前者（政府本身）来自上帝，后者（政府形式）取决于具体情况，可能来自人民。上帝是合法权威的来源，"但是这个特殊的人具有这个权力和利益的权利及其具体运用在大多数情况下来自人民的授予和同意。所以，上帝是主要权力拥有者，这个人只是个工具"。① 从布拉姆霍尔对权力的思考中可以看出共同同意原则对他的影响，他大致能够区分权力本身、执行者与人民之间的关系。这些观念上的变化对保王阵营的政治行为也造成一定影响。

从实践层面看，内战中，两大阵营的和谈一直没有中断过。1643 年 2月至 4 月的牛津谈判中，议会要求国王"解散"军队，在两院建议的基础上"处理"教会管理和军队问题；为 1642 年 1 月 10 日国王对议会的冒犯而"道歉"；"恢复被罢免的两院成员的职位"。② 查理一世听到这个建议后，直接表示拒绝，认为起草这些建议的人根本没有和谈之心，他的谈判条件是，"恢复他的供养、军火库、船只和港口"。③ 双方胶着不下，1643 年 4 月 14 日，牛津谈判失败。

牛津谈判后不久，迪格斯写出《臣民拿起武器的违法性》一文，认为议会的建议损害了宪政原则。废除主教制度威胁到国家基础，因为长老派政府对君主制是一种威胁。再者，国王曾经"发誓维护整个教会的权利和豁免权"，因此不能同意"削弱或废除它们"。对国家官员的提名是"他毫无疑问的权利，他的祖先一直享用这项权利"，而议会军队的要求无疑"毁灭了基本法，基本法将这个权力委托给国王一个人，国王有权保护他的臣民和法律"。④

但保王阵营中以卡尔珮柏为代表的温和派认为"国王在这次谈判中过于严格"，海德曾经建议查理"在军事问题上屈尊"。但查理拒绝了，

---

① James Daly, "John Bramhall and the Theoretical Problems of Royalist Moderation", *The Journal of British Studies*, Vol. 11, No. 1 (Nov), 1971, p. 28.

② S. R. Gardiner ed., *The Constitutional Documents of the Puritan Revolution, 1625 – 1660*, Oxford: Clarendon Press, 1906, pp. 262 – 267.

③ David L. Smith, *Constitutional Royalism and the Search for Settlement, 1640 – 1649*, Cambridge University Press, 1994, p. 113.

④ Dudley Digges, *The Unlawfulnesse of Subjects Taking up Arms against Their Soveraigne, in What Case Soever*, Oxford: 1643, pp. 163 – 167.

很明显是因为他曾经向妻子许诺，"除非她介入调停，否则永不和平"。①1644 年 1 月，温和派希望进一步推动和谈，卡尔珮柏建议，"在这次战争开始之前，陛下可以通过一项反对天主教徒的法令，将之定义为叛国者，并移交给两院，但陛下仍旧是军队指挥者"，卡尔珮柏的建议遭到国王及极端保王者的反对，"迪格比大人、杰迈纳、皮尔斯、温德班克秘书（Secretarie Windebank）等都不赞同这个行动，王后陛下对此也十分生气"。②几天后，赫特福德（Hertford）、林赛（Lindsey）、多斯（Dorse）、里士满（Richmond）、南汉普顿（Southampton）、西摩（Seymour）等 44个贵族与海德、卡尔珮柏和斯特兰韦斯（Strangways）等 118 个下院成员共同起草了一封长信给埃塞克斯伯爵③，请求后者加入他们，"将国家从战争灾难中拯救出来，建立和平"。④

保王阵营的鲁伯特在纳斯比战败后，也写信给里士满（Richmond），请求他劝说国王，因为现在"除了谈判，否则无法保留他的子孙、王国和贵族"。里士满将信呈给查理看，查理马上就回复。他回答说，"倘若我为之奋斗的是别的事情，而不是保卫我的宗教信仰、王位以及我的朋友，你的劝告是很有道理的。我承认，如果以一个军人或政治家的身份来说话，除了毁灭之外，我已别无出路。但是，如果我以一个基督教徒的身份发言，我应该告诉你，上帝绝不允许叛逆得逞，不允许上帝的事业被人推翻。无论上帝准备怎样惩罚我，他都会让我心安理得，而不会要我停止战斗去与敌人握手言和"。⑤由此可见，查理一世坚信国王这一职位的来源是上帝，因此具有神圣特质。相信自己是上帝之骄子，占据宗教和道德制高点，任何挫折都无法动摇他与生俱来的神圣君权。

1646 年 7 月 13 日，议会向国王呈递了纽斯卡尔建议。保王阵营对这

---

①　W. D. Macray ed.，*History of The Rebellion and Civil Wars in England*，Vol. 3，pp. 9 – 11.

②　David L. Smith，*Constitutional Royalism and the Search for Settlement*，*1640 – 1649*，p. 117.

③　他曾经跟查理一世保持私下联系，查理对他印象极好，曾经放言，他"不会跟上院或下院通信"，只跟"埃塞克斯伯爵谈判"。

④　W. D. Macray ed.，*History of The Rebellion and Civil Wars in England*，Vol. III，pp. 294 – 297.

⑤　W. D. Macray ed.，*History of The Rebellion and Civil Wars in England*，Vol. IV，74 – 75；[英] 约翰·吉林厄姆：《克伦威尔》，李陈河译，中国人民大学出版社 1992 年版，第 107—108 页。

个建议的态度是多样的。卡尔珮柏（Culpepper）、杰明（Jermyn）和阿什伯恩汉姆（Ashburnham）建议国王将这个建议作为谈判的基础。他们乞求他"不要毁灭你自己和你的子孙"，必要的时候在教会管理上应该妥协以求得苏格兰的支持，因为"现在的问题是，你是选择做长老派国王还是不做国王"，他们的观点得到伦敦主教贾克森（Juxon）以及布赖恩·杜帕（Brian Duppa）[①] 的支持，后者向国王保证，这样的让步不会违背他的加冕誓言和良心。[②] 但查理毫不妥协，1647 年 9 月，他拒绝了纽斯卡尔建议，私下里却积极跟苏格兰人秘密谈判。然而，随着战争中保王阵营的节节失利，等待国王的将是司法审判。

由上观之，查理一世所代表的极端保王主义者的言行是詹金斯理论的绝佳诠释。他们的逻辑是，依据传统的君权神授理论，主权属于国王，国王拥有任命官员、掌握军队、发动战争等所有权。另外，君主双重身体是合二为一、不可分割的，任何反对君主个体的行为都可视为叛国。但阵营中的温和派通过言论和行动表明，为了王国安全和人民利益，在坚持君权的至高性和神圣性基础上，可以根据实际情况，对议会的要求做出让步。内战的爆发、温和派的妥协愿望都在客观上默认了，查理一世违反了君主应有的道德规范，其失范行为破坏了国王自然身体的神圣完美特质，臣民对他的反抗具有合理之处。这样一来，传统君权观所强调的君主双重身体不可分割而且神圣不可侵犯的特质开始瓦解。

第二节 反王阵营的"君主双重身体观"

如保王阵营一样，反王阵营也存在保守派和激进派。保守派对查理一世的态度随着战争进程逐渐变化，对君主双重身体的认识也是不断深入的。随着内战进展，激进分子纷纷利用公共利益、契约论、大众主权论和反抗暴君论来为自己辩护，并颠覆传统君权观中的君主双重身体理论，认为二者是可以分离的。

反王阵营中的保守派约翰·皮姆在 1643 年的演讲中首先表达了对国

---

① 曾任多赛特（Dorset）牧师，当时是索尔兹伯里（Salisbury）的主教。

② David L. Smith, *Constitutional Royalism and the Search for Settlement, 1640 - 1649*, p. 129.

王陛下的恭敬之情，但毫不留情地批判国王之前的文告中对议会行为的诽谤。他告诉人们："如果反对者是忠诚的，或者他的判断建立在理性基础上，他将不会忽视必要性，将会从这个誓言中得到利益。"① 这里的反对者就是指议会和军队，皮姆认为他们的行为是出于对国王和王国利益的忠心，他们的判断不是基于对上帝的信仰，而是基于对理性的信任，所以，"根据我效忠职责、陛下高贵的身体、尊严和财产以及议会的权力和专有权、臣民的合法权利和自由，所有人都提出这个抗议"。② 可见，皮姆的态度比较谨慎，认为议会和军队的判断是基于理性，但又坚持君主神圣和无错观念，忠诚地希望拯救国王和王国。这里的国王既指政治身体，又指自然身体，这说明皮姆承认君主双重身体是密不可分的。

1643 年 9 月 25 日，议会发布《神圣盟约》为自己辩护："我们以财产和性命担保，努力维护议会的权利和专有权以及王国的自由，维护并捍卫国王陛下的生命和权威，以及王国真正的宗教和自由，世人将会看到我们忠诚的良心，会明白我们没有一丝削弱陛下公正的权力和伟大的想法……我们将努力寻找煽动者和实施邪恶的工具，他们阻止宗教改革，离间国王及其人民的关系，离间王国之间的关系，在人民中拉帮结派，反对盟约。他们将得到公共审判和应得的惩罚……"③ 伦敦官员约翰·古德温（John Goodwin）也认为，议会的目的是"捍卫陛下的生命（royal person）、尊严和财产"，因为后者被"卑鄙小人所包围"，"处于万分危险之中"。对于议会的军事行动，古德温是这样解释的："臣子应该服从国王不合乎法律的命令，但如果臣子拿起武器反抗的话，就不是反对国王，而是反对他的错误命令。在这种的情况下，臣子的行为不仅是合法的，而且履行了对上帝的职责和服从义务。"④ 由此可见，反王阵营的主流团体仍旧坚持"国王无错""罪在佞臣"的传统信条，想方设法避免"反对国

---

① John Pym, *Master Pyms Speech in the Guild-Hall in Answer of His Majesties Message*, *Sent by Captaine Hearn*. London, Printed for I. H. and W. White, 1643. p. 7. （http: //eebo. chadwyck. com. home）

② John Pym, *Master Pyms Speech in the Guild-Hall in Answer of His Majesties Message*, *Sent by Captaine Hearn*. p. 8.

③ S. R. Gardiner ed. , *The Constitutional Documents of the Puritan Revolution*, *1628 - 1660*, p. 269.

④ John Goodwin, *Anti-cavalierisme*, London, 1642, pp. 5, 10.

王"的叛国罪名。然而，他们无意中将作为自然身体的国王与作为政治身体的国王分离开来，默认了前者会犯错，会发布不公正的命令，在这种情况下，臣民的服从并非服从这个命令，而是服从了作为政治身体的国王。但在某些情况下，臣民不得不维护自己的利益，从而反抗作为自然身体的国王，而此时的反抗并非反对"国王"这一职位或者反对王权，相反是为了拯救一身二体的国王。事实上，反王阵营理论家的解释相当于掩耳盗铃，他们实际上否认了传统君权观中的双重身体不可分割的逻辑。

几个月后，查理一世在发布的王家文告中称议会军队为"叛乱者"，皮姆在下院的演说语调激昂起来。他说：

> 首先，我要向你们说明，这个文告充满了诽谤，它将这个城市的某些行为说成丑行，而事实上不仅可以证明后者是正当的、值得赞美的，而且可以证明你们在目前和将来的时代具有美德、虔诚和诚实的品质……你们表现出保卫议会不受任何武力威胁的精神。你们被称为叛国者、大叛乱的首领……实际上，你们的行为是高尚的、正义的和负责任的。你们关心着公共和平……国王的某些行为，表面上光辉灿烂，实际上对你们来说是无益的，甚至对你们和王国都有危险。国王表面上渴望达成和解协定，但实际上是个陷阱，是为了收买人心，瓦解议会力量。文告中要求通往牛津的贸易自由，实际上是为了加强你们的敌人的力量。[1]

很明显，这段言论的目的是反驳国王对议会事业的诋毁和污蔑，用王义和美德强化反王阵营的作战信心。皮姆完全摆脱了之前的谦恭态度，直言国王是"诽谤者"，这说明，失范的查理一世破坏了君主政治身体的神圣完美形象，无形之中，他已经将君主双重身体分离开来。

接下来，反王阵营的激进分子亨利·马顿上校的演讲更像一个战斗檄文。他号召人们相信下院，拿起武器，为"保卫我们的宗教、我们的法律、自由和财产"而战斗，并警告人们，"你们的敌人不会宽恕你们当中

---

[1]　John Pym, *Three Speeches Delivered at a Common-hall, on Saturday the 28 of July*, London, 1643, pp. 11 – 13. (http：//eeto.chadwyck.com.home)

任何人，他们的子弹不长眼睛，他们将令你们所有人都挨饿"。① 在这里，马顿直接将国王为首的保王阵营视作"敌人"，他后来说过，国王和上院的存在只是"装饰品"，"人民将信任委托给下院，这象征着人民的普遍同意，它是我们所有的等级的重要凝结物，也只有它能够创建法律"，②或者说，国王只不过是"工艺品（an artificial thing）"。③ 那么，当这个装饰物侵害人民利益的时候，自然成为其敌人。

一些激进分子诉诸公共利益、大众主权和契约论，证明抵抗、废除甚至处决国王的正当性。由于国王与人民订立了契约，国王的统治必须依据共和国的公共利益，如果国王失职，人民则有权反抗。1642 年，法学家彼得·布兰德（Peter Bland）提出一个修辞学问题："难道没有人听过议会曾经废除过国王吗？"他的回答是"不，听说过"。他声称："便利（Convenience）和公共利益"令废除行为变得合法。④ 内战初期，反王阵营主流团体仍旧认可君主神圣不可侵犯观念，这些言论得不到反王阵营主流团体温和派的认可。

但激进思想不可遏制地流播着。威廉·普林（William Prynne）在《议会的统治权和王国》小册子系列中，用王国的档案记录"证明议会指挥军队、要塞、船只和军火库、任命王国重大官职、不经过国王同意可以适度征税捍卫王国的权利"；"为了公共安全"，议会有权"逮捕并限制那些危害公众的危险人物"；"各种各样的历史和国外权威都证明，在古罗马王国，罗马人，希腊人，德意志帝国……最高统治权（soveraigne power）不属于皇帝或国王，而属于整个王国，属于元老院、议会、国家、人

---

① John Pym, *Three Speeches Delivered at a Common-hall, on Saturday the 28 of July*, pp. 17 – 18.

② C. M. Williams, "The Anatomy of a Radical Gentleman: Henry Marten", in Donald Pennington and Keith Thomas（ed.）, *Puritans and Revolutionaries*, *Essays in Seventeenth-century History Presented to Christopher Hill*, Oxford: Clarendon Press, 1978, p. 130.

③ Henry Marten, *The Independency of England*, London: Printed for Peter Cole, 1648, p. 15.

④ Peter Bland, *Resolved upon the Question*, London: Printed for Matthew Walbancke, 1642, p. 16. 在同年的另一本著作中，布兰德认为废黜国王违背了普通法，但是议会可以根据需要暂时废除国王的任何权利，参见 Peter Bland, *A royall position*, London, 1642, pp. 8 – 9.（http://eebo. chadwyck. com. home）

民……"① 在这段话中，普林否认君权的至高性，将"王国安全"放在首位。更为重要的是，普林寻找证据证明国家的最高统治权属于抽象的国家和人民，而议会是全本人民和王国利益的代言机构，所以，国家的最高统治权属于议会。因此，议会绕过国王行使行政权的行为就是公正合法的。

普林的激进并非空穴来风，早在内战爆发前，他就在小册子中重新解读《圣经》中的话，得出大胆新颖的结论。上帝说："不可难为我受膏的人，也不可恶待我的先知。"② 保王阵营将这句话解释为，臣民不可反对国王，普林认为这是错误的。因为"这个神圣命令是针对国王而不是针对臣民的"，这句话的目的是"禁止他们伤害和压迫上帝的仆人及其臣民，后者和国王一样都是上帝的受膏者。国王劫掠并起兵攻打臣民的行为比臣民为捍卫自己起兵反对国王更加违法"。③ 普林在这里将臣民和国王的地位等同起来，赋予后者神圣地位，按照他的逻辑，国王的职责本应该是保护臣民，如果前者非但没有恪尽职守，反而侵害被保护的对象，那么就是违背了上帝赋予他的使命，所以比后者反对他的行为更可恶，更违法。这样的推理看似另类，实际上深受契约论的影响，内战的进程促使这种异端君权观进一步传播。

反王阵营运用公共利益、大众主权和契约论驳斥保王阵营的同时，将议会的专有权和权力、王国的安全和自由放在首位，君主的安危和权威反倒其次。论战不仅为反王阵营的军事行动造势，而且加深了他们对君主双重身体的认识。如前所述，内战爆发后，反王阵营的激进派亨利·帕克为议会的军事行为辩护。他认为，最初的人类是自由的，他们自愿结成社会，权力属于人民，法律只是工具。1644 年，塞缪尔·拉瑟福德（Samuel Rutherford）写出《法律即王：法律与君主》，在这个小册子中，传统君权观中的命定论遭遇大众主权理论的冲击。他认为国王这一职位"是在

----

① William Prynne, *The Fourth Part of the Soveraigne Povver of Parliaments and Kingdome*, London, 1643, A1.（http://eebc. chadwyck. com. home）普林在内战初期支持议会事业，后来发现自己倾向长老派，于是从 1644 年开始，攻击独立派。1647 年，他攻击军队和克伦威尔，后被清洗出去。1648 年他是康沃尔郡纽波特谈判中长老派成员。

② 《赞美诗》105：15。

③ William Prynne, *A vindication of Psalme 105. 15*. London, 1642, A1.（http://eebo. chadwyck. com. home）

人民中逐渐产生的，不是根据正式的机构产生的。人民根据理性，设计了这个权力。上帝见证了这个权力"。所以，"王权存在于人民手中"，"通过自由捐赠，他们将王权赠给这个人，而不是让这个人以此来凌驾于他们之上的"。他们捐赠权力的目的是让这个执政官来保卫自己，如果后者没有做到这一点，他们"可以根据情况收回已经捐赠出去的权力"。[①] 这时候的君权由于上帝的确保而仍旧具有神圣性，但国王似乎不再是受膏者，而是处于人民监督之下。帕克也借助宗教的威力增强论证强度，因此又说，最初的政治权威属于上帝，但上帝将之归于人民，人民将之授予国王，上帝只是确认这一行为，因此，君主并不控制臣民，而受臣民控制。他希望，国王不仅受誓约束缚，而且受职位和君主尊严所约束。[②]

反王阵营理论家对王国最初权力来源的重新思考促使他们将君主双重身体分离开来。拉瑟福德利用理性和自然法来解释人类最初的契约。正如"所有生物在根本上具有自我保有权以保卫自己不受侵害一样，我们看到狮子有爪子，有些野兽有角。人类是理性生物，他们结成社会，以更加理性和可敬的方式将这个权力交给一个或多个管理者，通过执政官来保卫自己"。[③] 接着，拉瑟福德对国王及其官职作了区别，指出世俗执政官（civil magistrate）只是"国王"这一职位的执行者。"作为政治身体，他的官职和王权来自上帝和人民，但作为自然人，国王对其臣民实施暴政的话，是否可能在国王个人及其官职、权力之间作出区分？"[④] 答案是肯定的，服从世俗执政官的真正内涵是服从其官职所赋予的权威，但不能引申为统治者可以专制行事。这样一来，英国传统政治文化中的契约论也出现了变化，它原本通过议会法令或古已有之的习惯法体现出来。国王加冕时的宣誓也是契约的主要证明，1616 年出版的天主教著作声称国王"由一个双方的相互的誓言"与"其臣民联结在一起"。内战前夕，苏格兰人罗伯

---

① Samuel Rutherford, *Lex Rex*: *the law and the prince*: *a dispute for the just prerogative of king and people*, London, 1644, pp. 9, 10 – 11. （http：//eebo. chadwyck. com. home）拉瑟福德在 17 世纪 40 年代写了经典的加尔文反抗理论，他的这个小册子是回应主教约翰·马克斯韦尔（John Maxwell）的《基督教国王的神圣特权》（*Sacrosancta regum majestas*）而作。

② Henry Parker, *Observations upon Some of His Majesties Late Answers & Expresses*, pp. 1 – 2.

③ Samuel Rutherford, *Lex Rex*: *the law and the prince*: *a dispute for the just prerogative of king and people*, p. 10. （http：//eebo. chadwyck. com. home）

④ Samuel Rutherford, *Lex Rex*: *the Law and the Prince*, p. 265.

特·贝利（Robert Baillie）认为誓言是"国王与其臣民之间……真正的契约或公约"。1628 年，议会中的约翰·皮姆持类似观点。[1] 而激进派所认为的契约论是建立在自然法和理性基础之上的，加冕礼上的誓言只是其表现方式之一。

即便如此，正如查理一世所津津乐道的那样，内战中许多中下层民众仍旧相信国王是上帝的受膏者，是遭到佞臣蒙蔽的受害者。那么，查理一世是如何逐步失去有利阵地，沦为众矢之的的呢？

1645 年纳西比战役后，国王的大批辎重和保密资料落入反王阵营。结果，国王的密信被公开宣读，信件从不同角度触怒听众，比如他与爱尔兰、罗马天主教徒的秘密关系，消息一出，舆论一片哗然。这些信件被结集成册，以《国王密柜》为名广为传播，查理一世的意图受到公众审查，人们对他个人品质的怀疑削弱他所拥有的信任。人们认为国王是一个骗子，[2] 自此，国王的公信力骤然下降。

《国王密柜》开头对读者的公告是这样的：

> 我们敢大胆地说，没有一个英国国王像他那样毁灭他的人民，而不是加以保护和尊敬；没有一个英国国王像他那样不保卫王位和议会，而是反对之……读者们，我们来看这些信。你们也许是我们的朋友和敌人，如果你们赞同我们，即英格兰和苏格兰议会的自由和宗教事业，那么现在就继续反对对欧洲天主教徒，特别是爱尔兰的暴虐老虎，以及英格兰教长和宫廷党派的某些人。你将很高兴看到这些信件，因为你会看到宫廷是如何被天主教徒和宫廷**传染**（Caialde）的。如果你是议会和改革的敌人，并且处于仇恨中……你将否认这些信件是由国王亲笔书写……议会从来不会犯伪造之罪，这些国王信件是被截获的……所有的密码、信件，所有的时间背景、事实以及签名会为我们作证，无法伪造。如果说我们的评论和注解不够明白和诚实的

---

[1] J. P. Sommerville, *Royalists and Patriots: Politics and Ideology in England 1603 – 1640*, p. 64.

[2] Sarah Barber, *Regicide and Republicanism: Politics and Ethics in the English Revolution, 1646 – 1659*, p. 14.

话，那么人类中没有公正的可以信赖的人存在了。①

从这段话可以看出，此时的反王阵营不仅清楚君主双重身体论，而且改变以往为君者讳的做法，直接控诉查理一世作为王位的自然载体，没有履行保护王位的职责。1646 年，下院议员托马斯·查洛纳（Thomas Chaloner）对"国王"的双重身体作了定义，将国王的自然身体和政治身体分离开来。他说："'国王'有很多含义，有时表达的是抽象含义，指的是王权、国王职能和官职；有时表达的是具体含义，指的是被称为'国王'的个体"。前一个意义上的"国王""不仅可以延续万年，而且不会被欺骗，也不会犯错，从这个层面上讲，我们是为了国王和议会而战"。② 可见，查理一世作为君权的负载者，如果没有履行义务，必须受到谴责。正如另外一个小册子所说，"作为国王，他应维护人民的利益和安全。而他的所作所为损害了他的臣民，这不是国王应该做的事情"。③ 言外之意，查理一世没有履行自己的责任，那么他就不配被称为"国王"了。

更为重要的是，此时君主和臣民地位发生了变化。君主不再是神人合一，受到盲目崇拜的对象，而是可以公开反对的自然体。"人民"一词频繁出现说明，臣民不再是消极服从的统治客体，而是与君主具有同等地位的对象，应该要求统治主体履行相应的责任和义务。查理一世被苏格兰军队俘虏后，查洛纳在议会发表演讲，他说道：

> 正如丈夫是对其妻子而言，国王也是对其臣民而言，因此我们无法接受所谓苏格兰国王来到英国的事实，除非我们可以同时臣服于两个国王。④

---

① Henry Parker, *The Kings Cabinet Opened: or, certain packets of secret Letters & Papers, written with the Kings own Hand, and taken in his Cabinet at Naseby Field*, London, 1645, A3. 文中加粗字体在原文中斜体。(http://eebo. chadwyck. com. home)

② Thomas Chaloner, *An Answer to the Scotch Papers*, London, Printed by Francis Leach 1646, p. 4. (http://eebo. chadwyck. com. home)

③ Thomas Chaloner, *Resolves Concerning the disposal of the Person of the King*, London, Printed by Iane Coe, 1646, A2. (http://eebo. chadwyck. com. home)

④ Thomas Chaloner, *An Answer to the Scotch Papers*, p. 8.

在这里，国王和臣民被喻为夫妻关系，但其关系不是服从与被服从的关系，而是平等关系。因为此时的"国王"是丈夫，"臣民"是妻子。但说到英格兰对查理的处理方式时，查洛纳又将臣民比作丈夫，国王比作妻子：

> 正如所有丈夫都对其妻子负责一样，任何臣民对其统治者也具有服从的义务。丈夫可以因妻子的某些行为而抛弃她，比如犯了重罪，谋杀或者背叛，法律会惩治她……这对国王也适用，他离开他的王国，或被其敌人俘虏，他的臣民就解除了曾经对他的服从，让他接受敌人的处置。[1]

这时，国王又成为妻子，臣民是丈夫。查理既然抛弃了他的臣民，后者自然没有再对他效忠的义务。

反王阵营理论家也用"王在议会"原则论证自己的君主双重身体理论。根据"王在议会"君权观，国王只有在议会中才具有至高权，当他与议会分离的时候，"已经不再是国王"。[2] 也就是说，查理一世离开伦敦的行为意味着"国王"的政治身体与自然身体在现实中的分离。在此情形下，查理一世擅离职守，等于自动放弃了"国王"这一职务，议会已经承担起国王的行政职能，前者已不具有君主的权力、神圣性和权威。亨利·马顿认为，此时的国王只是一介"平民"（private man），而不再是君主。换言之，他现在是"向两个王国代表发动长期战争的人"，而不是"国王"这一"维护和平与正义"职位的自然载体。[3]

甚至有极端反王者声称，国王现在的地位相当于被废黜。这个词汇通常用在王位拥有者受到监护、智力衰弱或者年老的时候。[4] 看来，在反王阵营的某些激进派眼里，查理虽然不具备上述生理条件，但其行为已经严

---

① Thomas Chaloner, *An Answer to the Scotch Papers*, p. 9.

② G. G., *A Reply to a Namelesse Pamphlet, Intituled, An Answer to a Speech without Doors*, London, Printed for R. Leybourn, 1646, p. 5. (http: //eebo. chadwyck. com. home)

③ Sarah Barber, *Regicide and Republicanism: Politics and Ethics in the English Revolution, 1646 - 1659*, p. 35, 注 60。

④ Ibid., p. 16.

重违背正常的王权执行者的道德规范。对此，保王阵营的一个小册子恐吓道，"你们居然敢大胆争论如何处置神圣的国王，好像他是个未成年的孩子，是个受监护者，或者是白痴。当上帝显灵的时候，赋予国王的智慧、判断力和正直会比赋予你们所有人的都多。我听到救世主为作为自然身体的他祝福，令他成为不会犯罪之人"。① 他认为，查理一世是双重身体的结合体，反抗查理，就是反抗神圣的王权。因此，他大声疾呼："让国王查理体面安全地回家，这样的话，我们所有人都可以平静地生活，我们确信这符合上帝的意愿，符合国家的安全和安宁。'国王万岁'与'共和国万岁'不仅仅是孪生兄弟，而且是不可分割的个体。任何分裂他们的人都受到诅咒，联合并再次团结他们的人受到保佑。"② 看来，保王阵营虽然也承认君主的双重身体之间的区别，但不遗余力地强调国王个人、个人能力及其权威之间的神圣结合。国王的利益等同于王国利益，因此，国王安全的话，王国也会安然无恙。

还有一些非主流的小团体，他们在议会和军队之外，以人民拥护者的形象出现，猛烈攻击君主制度。其中影响深远的是平等派，这个小团体集中运用小册子和文学海报来散布自由思想。李尔本在自己的小册子中强调了君主双重身体的区别。"作为查理·斯图亚特的查理·斯图亚特与作为国王的查理·斯图亚特是不同的"，前者只是"自然人"（mere man）。③ 作为自然人，他是以国王及其特权的名义来行动的，如果他违法，就应该受到相应的惩罚。可见，对自由和法律的向往促使部分精英集团对君主双重身体理论有了跨越式的认识。君主的双重身体不仅可以分离，而且被剥离后的自然身体不再具有神圣性，应该受到惩罚。李尔本强调，在历史上，人民的生命和财产以及特权只是委托给国王来保护，人民可以赋予国王这些，也可以从某个国王手中收回这些。④ 并且历史证明，同意权的收

---

① Anon, *Lex talionis. Or, A Declamation against Mr. Challener*, London, 1647, p. 2. （http: //eebo. chadwyck. com. home）

② Anon, *Lex talionis. Or, A Declamation against Mr. Challener*, p. 9.

③ John Lilburne, *Regal Tyrannie Discovered: or, a Discourse, Shewing That All Lawfull（approbational）Instituted Power by God Amongst Men, Is by Common Agreement*, London, 1647, p. 10. （http: //eebo. chadwyck. com. home）

④ John Lilburne, *Regal Tyrannie Discovered*, p. 34.

回最终导致废黜英国君主。① "我们的法律、生命和自由比那些将自己的节操出卖给太阳底下任何一个有着无限**欲望**、令人恐惧的**斯图亚特**更珍贵"，"我们既不是傻瓜也不是懦夫，也不是背叛自己或背叛子孙的人，不背叛我们的法律或自由，因为如果以我们和孩子的流血换来对专制党派的征服的话，就像索厄河流向泥潭，狗再次呕吐。"②

总之，反王阵营已经明确区分君主的双重身体所具备的特性：作为政治身体的王权和国王是不会犯错的，但作为王权执行者具有可责之处，当其错误违背了君主之责，臣民为了王权和王国利益，可以反对之，而议会就是执行这一任务的重要机构。查洛纳提醒人们注意国王与臣民之间的契约："契约要求你们首先保护议会权威和王国自由；其次才保护国王个人及其权威，并且只有确保前者而不是确保其他。我请求你们思考，请回他是否辱没你们自己，是否质疑你们所有的行为，要警惕，不要因为安全地带他回来而危及共和国，他的自由归来不能导致英国人民丧失自由，沦为奴隶。"最后，查洛纳再次说道："我请求你们将共和国的尊严、安全和自由放在首位，其次是国王的，后者要跟前者一致。"③ 可见，查理一世在某些激进分子眼中的地位已经排在王国利益和人民自由之后，这与传统君权观中君主地位至上的观念是不同的。

最后，查理一世在军队控制权和宗教问题上的顽固刺激了反王阵营。具体而言，查理对"军队建议"、四法案的拒绝，及其与苏格兰的秘密谈判令反王阵营无法忍受。1648 年下院的激烈争论标志着反王阵营对查理一世态度的转变。克莱门特·沃克（Clement Walker）④ 描述了这场争论。其中，愤怒的议员托马斯·罗斯（Thomas Wroth）是这样推理的，"疯人院（Bedlam）是为精神病人而设的，而地狱（Tophet）⑤ 是为国王们而设，可是近来我们的国王们所作所为却好像他们只配被送到疯人院。我提

---

① John Lilburne, *Regal Tyrannie Discovered*, pp. 7, 20, 27, 32, 58 – 61.

② John Lilburne, *An Vnhappy Game at Scotch and English*, Edinburgh ［i. e. London?］, Printed by Evan Tyler, 1646, p. 10. （http: //eebo. chadwyck. com. home）加粗部分原文为斜体。

③ Thomas Chaloner, *An Answer to the Scotch Papers*, pp. 14 – 15.

④ 他在宗教和政治意义上都属于长老派，强烈支持君主特权。

⑤ 参见《旧约·以赛亚书》30：33。

议抛开国王，我不管你们建立什么形式的政府，只要没有国王或魔鬼就行。"① 艾尔顿立刻支持这个建议，因为查理的愚蠢的行为表明，他"好像……是个白痴"。而只要君主像个白痴，那么他就应被罢免或应该去疯人院。② 托马斯·梅认为，这场争论"很激烈，是关于共和国的政府和国家的争论；许多演说直率表达了对国王的厌恶以及人民的长期忍耐之情；可以肯定，国王这次拒绝丧失了他保护英格兰人民的责任……如果说议会现在背叛了毫不妥协的敌人（指国王，笔者注）的话，这是非常不公正和荒谬的，因为他们及其朋友曾经舍生忘死、英勇奋战，现在他们要做的至少保护自己以及朋友的安全，并且建立没有国王的共和国（Commonwealth）（除此之外别无他法）"。③ 这里的共和国似乎不再是泛指的国家，而是政治学意义上的共和制政体。看来，臣民已经无法忍受如此无道的君主，后者的地位岌岌可危，并且威胁到作为政治身体的王权的存在。

内战期间两大阵营的君主双重身体理论具有本质上的差异，但都默认这样的事实和道理：查理一世本人及其统治具有可责之处，传统君权观中"国王无错"这道坚实的理论之墙出现了缺口。另外，在双方的争论中，查理一世的神圣外衣被强行剥去，蜕变为自然人。罪在佞臣的传统观念也被打破，以血肉之躯承受反王阵营的指责和抨击。这种身份的转变影响了时人对君权的观感，君权的神圣性和不可侵犯性减弱，并刺激共和思想的流播，甚至威胁到传统君主制的存在，这也为进一步谴责和审判查理一世提供了理论契机。

---

① Clement Walker, *Relations and Observations*, *History and Politick upon the Parliament begun Anno Dom*, London, 1648, pp. 69 – 70. (http：//eebo. chadwyck. com. home)

② Anon, *Lex Talionis*, p. 9; Clement Walker, *Relations and Observations*, *History and Poliricke*, *upon the Parliament*, *begun Anno. Dom. 1640*, London, 1648, p. 17. (http：//eebo. chadwyck. com. home)

③ Thomas May, *A Breviary of the History of the Parliament of England*, London, Printed by Rob. White 1650, p. 108. (http：//eebo. chadwyck. com. home)

第五章

君主形象的破碎

——关于"杀人犯"的讨论

    17世纪的英格兰人已经受了漫长的基督教文化浸润，对他们来说，《圣经》是无人能够反驳的权威。"血罪"（blood guilty）在基督教文明社会中具有悠久的历史，是内战期间英格兰人所接受的常识。根据《圣经》，任何人不公正地杀死另外一个人的话，就犯了血罪，成为杀人犯。上帝会补偿受害者，惩罚杀人犯。正所谓"凡流人血的，他的血液必为人所流"。另外，"血是污秽地的。若有在地上流人血的，非流那杀人者的血，那地就不得洁净"。① 上帝要求人们身心洁净，如果杀人犯不受处罚的话，整个土地会因为不受补偿的无辜鲜血所污染，必将遭受上帝的复仇。问题是，人们容易判断日常生活中的直接谋杀者，对之实施司法惩罚。而辨别政治生活中的杀人犯是相对困难的。在政治秩序稳定的封建社会里，杀人犯的定义权往往由统治阶层独享。在英国内战期间，两大阵营以"杀人犯"为工具，相互攻击，谴责对方应该为血罪负责。最后，关于"杀人犯"的争论演变为射向阿喀琉斯之踵的那支箭，查理一世被冠以"杀人犯"的称号，其神圣光环随之消失殆尽。在此情境下，审判国王便成了名正言顺之举。

第一节　谁是杀人犯？

    英国内战爆发初期，人们对流血原因的理解是多样的。原因一，宗教

---

① 《创世纪》9：6；《民数记》35：33。

冲突说。此时的英国人曾经目睹过宗教改革的血腥，有些人将现实与《圣经》故事联系起来，认为内战是全国人的灾难，必定是上帝对国人的神圣惩罚，报复的原因可以追溯到16个世纪宗教改革引起的杀戮。托马斯·比尔德（Thomas Beard）于1597年创作的《上帝审判戏剧》（*Theatre of Gods Judgments*）在17世纪被重印数次。[①] 这本书涉及法国宗教改革，作者认为圣巴塞洛缪大屠杀导致的惩罚不仅降落在屠杀制造者身上，而且降临在整个法国。上帝将授予尘世间某人或某些人复仇之剑，惩罚杀人犯。这容易令英国人联系到本国的宗教冲突和正在进行的内战。

原因二，社会风气败坏说。这种说法将流血的责任推向抽象的人群。比如，1642年布尔斯特罗德·怀特洛克在下院说道，和平年代的腐败和道德败坏导致上帝"通过内战对我们进行惩罚，让我们自己实施上帝的复仇"。[②] 克拉伦登在其史书中也谴责整个社会风气，认为英格兰王国"长期的繁荣、傲慢和过度膨胀"的道德现象必然导致"上帝的惩罚"。[③] 克拉伦登的观点是值得怀疑的，因为他写这段评论的时候斯图亚特王朝已经复辟，他的观点无法避免为君者讳的嫌疑。但怀特洛克的观点与其类似，这至少说明内战初期有一部分人持这样的观点。

原因三，战争引起血罪。内战中的两大阵营基本都承认战争是上帝发怒的原因之一，而战争的制造者应该为血罪负责。于是，双方都将战争起因归结于对方，谴责对方是杀人犯。国王在1642年8月告诉议会，如果后者拒绝他的和平建议，"我们将履行我们的责任，上帝将宽恕任何必须的流血行为"。[④] 其言外之意是，议会如果拒绝，将沦为战争的挑起者，应为将来的流血负责。反王阵营约翰·古德温（John Goodwin）则认为保王党是杀人犯。议会是凭着良心做事，发动战争是为了捍卫自己的生命、自由、财产和家人，捍卫宗教和虔诚的统治者，即可敬的议会，因此，即

---

① Patricla Crawford, "Charles Stuart, That Man of Blood", *The Journal of British Studies*, Vol. 16, No. 2, 1977, p. 47.

② Bulstrode Whitelocke, *Memorials of the English Affairs from the Beginning of the Reign of Charles the Firt to the Happy Restoration of King Charles the Second*, Vol. 1, Oxford University of Press, 1853, p. 176. (http://books. google. com/books)

③ W. D. Macray ed. , *The History of the Rebellion and Civil Wars in England*, Vol. I, pp. 1 - 4.

④ *Journals of the House of Commons*, Vol. 2, pp. 741, 841. (http://www. british-history. ac. uk/)

使面对上帝也不会感到羞愧。保王党首先挑起争端，国王陛下被佞臣环绕，议会也是为了捍卫国王陛下的生命、荣誉和财产而迎战。[①] 在这里，传统君权观中为君者讳的惯性让古德温将血罪归于查理一世身边的邪恶臣子，这是时人容易接受的"罪在佞臣"原则。

在议会之外，有些小册子和布道辞中也将国王的追随者视作杀人犯。1643 年 1 月，爱德华·鲍尔斯（Edward Bowles）反对同国王进行和平谈判，原因是后者没有对血罪进行补偿："谈判怎能洗净这个土地上的血……不对这些嗜血成性的人们实施审判，上帝不会使任何谈判获得成功……如果人们，尤其是议会不尽最大努力清洁这个土地上曾经洒下的无辜而珍贵的鲜血；我担心……他们将遭到血的报复，当他们看到谈判变成暗杀的时候，他们将会相信这些。"[②] 在鲍尔斯眼中，保王党是杀人犯，议会不对他们进行惩罚，王国就无法获得和平。1644 年，秘密出版的《士兵问答集》（*The Souldies Catechisme*）在军队中传播，这个小册子告诉士兵们，保王党是"举兵反对耶稣基督，是我们的敌人，他们以陛下的名义发动反对教会和上帝子民的战争"，因此应该为所有的流血牺牲负责，士兵应该"将国王从他和王国共同的敌人手中解救出来，维护陛下的荣誉及其特权"，[③] 二帝号召士兵们为这个土地上的流血复仇。看来，第一次内战期间，反王阵营中的大部分人仍未跳出"罪在佞臣"的观念窠臼，不敢将战争的罪责推到查理一世身上。然而，有些人的君权观也发生了一些变化。当时反王阵营中温和派的态度是：国王不会犯错，罪在佞臣。并且，上帝曾经将这种实施他命令的责任国王的名义实施的，国王具备实施血罪惩罚的权力。而在《士兵问答集》中，原本属于国王的复仇权转移到站在国王对立面的士兵手中，小册子认为后者应该肩负起这个神圣职责。

总体来看，查理一世在两大阵营的论战中占据了道德优势，但他在谈判中多次表现出强硬和傲慢的态度，这引起反王阵营一些激进分子的反

---

① John Goodwin, *Anti-cavalierisme*, London, 1642, p. 5. (http://eebo. chadwyck. com/)

② Edward Bowles, *Plaine English: or, A discourse Concerning the Accommodation, the Armie, the Association*, London, 1643, p. 18.

③ Robert Ram, *The Souldiers Catechisme: Composed for the Parliaments Army*, London, 1644, A3, p. 3. (http://eebo. chadwyck. com/)

感，后者逐渐将血罪推到国王身上。1645 年 1 月，国王和议会共同派遣的谈判专员在阿克斯布里奇（Uxbridge）进行谈判的时候，克里斯托弗·洛夫（Christopher Love）在布道中谴责国王的使者。洛夫说道："只有通过法律之剑，或者剑之律法（Law of Sword）偿还了血债，进行复仇之后，杀害许多无辜生命的杀人犯才有资格跟我们谈判，否则和平是不安全的，也是不公正的。"① 此时，洛夫所说的杀人犯是复数，可能指代的是保王党，显然不利于和谈，因此遭到议会逮捕。但一个月后，谈判破裂，洛夫又被释放。这表明，议会并非完全否定洛夫的观点，逮捕只是权宜之计。有意思的是，洛夫没有指明国王是杀人犯，但埃德蒙·拉德洛在多年后的回忆录中说出了洛夫的暗示："洛夫先生……认为，国王是杀人犯，除非对所牺牲的无辜者进行补偿，否则要想承蒙上帝的恩典与之达成和平谈判是毫无希望的。"② 作为共和党人，拉德洛对查理一世也深恶痛绝，一直希望创建"美好事业"，实现共和理想。他对洛夫的揣测有一定的可信度，同时也说明，当时的反王阵营中，大多数人仍旧受传统君权观左右，只敢谴责国王的追随者是杀人犯，只有少数激进分子私下里讨论国王的责任，但尚未有人敢明确指责国王背负血罪。这是正常现象，因为传统君权观对英国人思维方式的统治是根深蒂固的，要想撼动它，公众还需要进一步的刺激。

1645 年 7 月 3 日，国王密柜信件被曝光后，公众的情绪被点燃了。在反王阵营的心目中，查理一世的形象跌入谷底。

查理在写给妻子的信中，一再强调"宗教和军队的处理是谈判的首要问题……我永远不会放弃主教制度以及上帝赐予我手中的利剑"。③ 由此可见国王在宗教问题上的固执，无疑会使坚持宗教改革的长老派不满。

1645 年 2 月 19 日，查理一世向妻子私下保证："不要担心我会信任叛乱者，我不会冒如此低级、如此愚蠢的危险前往伦敦，或在和平到来之前解散我的军队。因为你对我来说更加珍贵，我会佯装智慧而不是屈服于

① Christopher Love, *Englands Distemper. A Sermon Preacht at Uxbridge*, 1645, p. 37.（http://eebo.chadwyck.com/）

② C. H. Firth ed., *The Memoirs of Edmund Ludlow*, Vol. I, Clarendon Press, 1894, p. 118.

③ Henry Parker, *The Kings Cabinet Opened: or, Certain Packets of Secret Letters & Papers, Written with the Kings Own Hand, and Taken in His Cabinet at Naseby Field*, p. B, 7.

背信弃义的叛乱者手中。"① 看来，查理将自己和亲属的利益而不是王国利益放在首位。如此注重私利、不顾大局的想法，在 3 月 13 日的信中更加明显："现在如果为了达成协定而作出对我自己或朋友不礼貌或危险的事情的话，错误将归结在我一个人身上，因为我承认在我写上封信的时候担心被迫作出一些卑鄙的建议来重新制定协定。但现在我向你保证，如果更新协定的话，将是建立在我的荣誉和利益上，现在我从卑鄙的地方和暴动中解放出来了（也就是说，从这个杂种议会中解放出来）。"② 查理对议会的污蔑语气如此严重，被侮辱的对象怎能不气愤？

再者，密柜信件揭露了查理对天主教徒的友好态度以及他在爱尔兰和苏格兰之间挑拨离间的行为。1644 年 12 月 15 日，他写给奥蒙德的信中说："**为了证明这不是空谈，我向他们保证，停止实施针对罗马天主教徒的刑事法令，和谈正在进行，他们继续保持应有的服从。再者，当爱尔兰向我提供曾经允诺的帮助，镇压这次叛乱时，我应该重新获得我的权利，并且从法律上废除它们**（指那些法令，笔者注），但必须保留所有反对罗马和藐视王权的法律。"③ 1645 年 3 月 5 日，他又写信给妻子："**只要上帝保佑我能够这样做的话，我将以我的名义赋予某人（你认为适合的人）权力，取消所有对罗马天主教徒在英格兰的刑罚。**"④ 17 世纪的天主教徒在英国的地位十分敏感，这是宗教改革遗留下来的历史问题。国王对天主教徒的态度一直受到臣民高度关注，王后的信仰及其与天主教徒的暧昧态度长期令臣民担心。如今，查理的信件将他与天主教的亲密关系大白于天下，群情激奋可想而知。

面对因他而起的战争，查理一世毫无愧意，相反十分自信自己在和平谈判中不可或缺的地位。他告诉妻子，"达成和平协定的希望日益减少。但我可以肯定地向你保证，如果能够达成协定的话，应该邀请我们回去。因为我断言，没有我的参与，任何和平或安宁都无法达成"。⑤ 保王阵营曾经怀疑这些小册子的可信程度，对此，出版者在前言中曾信誓旦旦地保

---

① Henry Parker, *The Kings Cabinet Opened*, p, 6.

② Ibid., pp. 12 - 13. "杂种议会" 的原文为 Mungell Parliament.

③ Ibid., p. 19. 加粗文字原文为斜体。

④ Ibid., p. 7. 加粗文字原文为斜体。

⑤ Ibid., p. 6.

证过小册子的真实。正如保王阵营所怀疑的，反王阵营很可能有意夸大密柜信件带来的公共政治效应。

确实，国王密柜信件的披露成为扭转公众心理倾向的重要步骤。人们不得不相信，查理一世在此前谈判中所作的许诺纯属欺骗行为，与骗子达成和解的希望是十分渺茫的。密柜信件剥去了笼罩在查理一世身上的神圣盔甲，一个毫无诚信可言的人被强行暴露在公众面前，接受公众审查和谴责。无论保王阵营如何老调重弹，宣扬君主的神圣不可侵犯性，也无法挽回查理一世的君主威严。读了国王的信件后，保王阵营中的主和派沉默了，大部分议会人士虽然希望与国王继续谈判，但拒绝国王的非分条件，原因之一是"这场战争中，由于陛下您的命令和委托，众多忠诚臣民无辜流血……我们认为，只有在您的两个王国得到补偿以及获得安全的情况下，才方便同意您回来"。①

1645 年 7 月 5 日，苏格兰教会的全体代表大会（General Assembly）以对待杀人犯的口吻说道，"我们大胆地警告陛下，沾染在您的王位上的鲜血如此之多……如果不及时忏悔，只会导致上帝将愤怒施加于你自己以及你的子孙身上：因为你使成千上万忠诚的臣民流血"。议会的事业是"为了荣耀上帝，为了维护陛下的荣誉和幸福，以及王国的和平和安全"。② 不论苏格兰教会发布这段言论的目的如何，它首次公开将血罪归于查理一世，同时也为议会的行为披上了神圣外衣。实际上，苏格兰教会的本意是为了维护作为政治身体的国王及王国，但很明显也谴责查理一世是战争的制造者，背负着成千上万的血债。

虽然保王阵营并不认同国王是杀人犯的观点，但关于血罪的言论引起的严重后果是可以预见的。在血罪理论中，血是一种污秽的物质。在日常生活中，即使某个杀人犯能够证明自己是无辜的，他也因此成为污秽之人。虽然人们不再对之惩罚，但在某些仪式中，他会因其不洁净而被排斥在外。比如，一个人无意间杀了一个人，那么在教堂里进行授受神职仪式

---

① *Journals of the House of Lords*, Vol. 8, p. 99. （http：//www. british-history. ac. uk/）

② Church of Scotland, *The Remonstrance of the General Assembly of the Kirk of Scotland to his Majesty*, London, 1645, A3 – B. （http：//eebo. chadwyck. com/）

时他就不能参加。① 根据传统君权观，查理一世一旦接受了涂油仪式，就成为半人半神之身。但按照反王阵营的逻辑，如果国王是战争的制造者，成千上万的无辜者的鲜血就会污染查理一世血液的神圣和纯洁，杀人犯的说法会将他的神圣性释放得一干二净。

第二节　血债血偿

1647—1648 年，保王阵营的基本君权观仍保持了浓厚的神权政治色彩，希望保护查理一世的自然和政治生命，恢复其君权。他们指责反王阵营是杀人犯，笃信查理一世是上帝在人间的代理人，是人间上帝，政治制度和传统君权观是相互支撑、不可分割的统一体，君权不为世俗的理性分析所左右，而是以宗教权威和传统为基础的，这代表了传统君权观。反王阵营中不同政治集团围绕着是否与国王继续谈判而争论，而谈判的持续失败最终明确并加强了这样的观点：查理一世是杀人犯，根据血罪理论，应该对血罪负责。查理一世的君主形象在血罪理论的讨论中被彻底破坏，君主权威也遭遇重创。

在 1646 年夏天和秋天，查理一世反复强调纽斯卡尔建议中反君主制特点，认为后者的目的是改变政府，"这对王权来说是致命的毁灭"，"找不出任何长老派政府与王权和谐相处，不发生叛乱的先例……他们的基本原则是反君主制的（anti-monarchicall）"，因此，他"永远不会在应得的权力上让步，这是上帝法和本土法在他生来就赋予他的权力"。② 这说明，在保王阵营的极端派眼中，议会不仅要和国王争夺对教会和军队的管理权，否定王权及其神圣性，更可怕的阴谋是试图将君主制变成贵族制。而且，并非所有人都相信国王应该为血罪负责。普通民众对国王神秘而古老的力量还是充满敬畏和信任的，查理一世也充分利用这一神圣传统。1647年2月，查理一世在离开纽卡斯尔的路上，以手触摸那些患有国王病的人。对此，议会大惊失色，立即禁止人们接近查理，4月份议会声明称这

---

① Patricla Crawford．"Charles Stuart，That Man of Blood"，*The Journal of British Studies*，Vol. 16，No. 2，1977，p. 45.

② S. R. Gardiner ed．，*The Constitutional Documents of the Puritan Revolution*，1625 – 1560，p. 307.

种行为是迷信之举。①

1647 年 2 月，英格兰和威尔士议会发表《非谈判声明》，决定"不再接受或传递国王一方的信息"，因为"与三个王国成千上万自由臣民为亲人进行血泪控诉（强烈叫喊！）及其呻吟相比，与他谈判没有说服力"。② 这句话暗示，查理一世已经名誉扫地，除非对遍地哀鸿和流血作出解释，否则任何谈判都毫无意义。但议会和军队中的保守派仍对查理抱有一丝希望，其原因不仅在于传统君权观的根深蒂固，而且跟当时民众强烈的和平愿望密切相关。军队提出了一套解决方案（《军队提案纲要》），其主要内容是：废除议会三年法令，颁布两年一次召开议会的法令。根据平等原则或人口比例重新选举议员。议会控制海陆军权的年限从之前的 20 年变为 10 年。③ 这个提案虽然没有放弃对君权的削弱，但议会和军队也表示了让步。但查理一世无法容忍任何对君权的侵犯，在 9 月份拒绝了纽斯卡尔建议。而保王阵营的温和派希望国王能够就此与军队达成协定，10 月 7 日，保王阵营的贵族与军队会晤，共同讨论《军队提案纲要》。遗憾的是，两天后，谈判破裂了，原因不明。

反王阵营中的平等派不像军队和议会保守派那么乐观，他们广发小册子和廉价读物，利用血债血偿理论迫使主流政治集团采取新的行动。

李尔本在《论专制王权》中指出，"从入侵者和征服者威廉开始，英格兰就受到专制统治，与其祖先相比，现在的国王查理比被废黜的国王，如爱德华二世或理查德二世更邪恶、更专制，应该受到当今议会更加严厉的惩罚"。④ 接着，李尔本模仿基督教徒的语调，从《圣经》出发反驳不可惩罚国王的观念，他将上帝视作"所有惩罚的基础和合法源头"，他认为，"上帝是公正的上帝，即使杀人犯是国王，上帝也会为无辜流血者复仇"。但是，上帝通常不会亲自实施惩罚，而是将这个任务委托给"特别

---

① *Journals of the House of Commons*, Vol. 2, p. 151. （http：//www. british-history. ac. uk/）

② England and Wales, Parliament, *A Declaration of the Commons of England in Parliament Assembled*; *Expressing the Late Resolutions Touching No further Address or Application to be Making to the King*, London, 1647, pp. 6, 7. （http://eebo. chadwyck. com/）

③ 具体内容参见 S. R. Gardiner ed. , *The Constitutional Documents of the Puritan Revolution*, *1625 - 1660*, pp. 316 - 326.

④ John Lilburne, *Regal Tyrannie Discovered*, London, 1647, p. tp.

的或不平凡的集团"。① 在《公正人士的理由》（*The Just Mans Justifica-tion*）中，李尔本也大量引用圣经语言来支持血债血偿理论。他认为，上下两院应该"**考虑英格兰的主要凶手**（因为根据上帝的律法，**渔夫、皮匠、修补匠以及打扫烟囱工**……以及**国王、君主、公爵都**不能逃脱惩罚）"，议会应该"对造成英格兰无辜流血者血罪的人实施正义之审判，只有那些愚蠢疯傻之人才会谈论和平"。② 可以看出，针对查理，李尔本的基本观点如下：首先，他是一个不折不扣的专制者、失职者和杀人犯。其次，惩罚杀人犯是符合上帝意志的，因此是合法的。在上帝面前，人人平等。即使查理曾经贵为国王，但仍旧要接受上帝的审判。再次，惩罚的具体执行者是议会。

　　1647 年 10 月，在《英格兰自由人民对所有军队士兵的号召》中，约翰·怀尔德曼（John Wildman）进一步抨击那些跟国王进行和谈的军官："他们为什么对他下跪，亲吻他，奉承他？……哦，可怜的人！哦，违背上帝的罪恶！对于这个沾满了你们亲朋和战友鲜血的杀人犯，你们该对他做些什么呢？"他反复强调，除非士兵的无辜鲜血得到补偿，否则跟查理无法和谈。士兵们应该向克伦威尔表明，只有后者"讨厌国王，认为他是杀人犯"并停止与其谈判的时候，才能得到士兵的爱戴。③ 很明显，这个小册子告诉读者，王国处于战争是因为它受到血罪污染，因此，士兵们应该参与政治，只有采取政治行动洗净这块土地，王国才能出现和平。

　　除此之外，平等派还出版了著名的《人民公约》，它号召结束君主制度，宣扬消除等级差别，成年男子享有普选权等政治制度蓝图。该书所倡导的政治和社会理论符合社会下层民众的要求和愿望，销量一度达到 2 万册。同时，平等派成员帮助议会军士兵选拔鼓动员，组织起鼓动委员会，在士兵中宣传平等派的主张。2 月份议会决定解散军队时，平等派曾经坚决反对，并推动军队领袖克伦威尔采取强硬措施。

　　但平等派所代表的民众被排斥在政治权力中心之外，掌握政治话语权

① John Lilburne, *Regal Tyrannie Discovered*, London, 1647, pp. 57, 59.

② John Lilburne, *The Just Mans Justification*, London, 1647, pp. 10 - 11. 加粗文字原文为斜体。（http: //eebo. chadwyck. com/）

③ John Wildman, *A Call to All the Souldiers of the Armie by the Free People of England*, London, 1647, p. 2. （http //eebo. chadwyck. com/）

的主流团体并不认可他们的声音，甚至对他们加以诟病和嘲笑。反王阵营的保守派和军队的主要领袖克伦威尔和艾尔顿此时也不认同平等派，因为所谓的"人人平等"就是泯灭阶级差别，不要"统治者"，无疑会走向混乱的无政府状态，这并非各方所愿。因此，在 1647 年 10 月 28 日开始的普特尼争论中，艾尔顿考虑到平等派有可能带来的危险，从而将著名的平等派领袖怀尔德曼和李尔本等排除在外。

1647 年 12 月，保王主义者马奇蒙特·尼德汉姆（Marchamont Nedham）在他的小册子开头用打油诗来讽刺和谴责平等派：

> 平等派喊叫着，不要国王，
> 弹劾查理；
> 为了他的良心让他死去吧
> ……
> 不要统治者、大人或贵族命令我们：
> 我们所有人都将是平等的，
> 我们诅咒并杀死那些退缩的人。
>
> 走向国王，砍下他的头颅
> 不践踏他的躯体
> 我们的愿望不熄
> 必须用他的血洗去我们的污秽。①

在尼德汉姆眼中，平等派胆大包天，叫嚣着杀害国王，这是任何一个正常人都不该有也不敢有的想法。

然而，在普特尼争论中，军队中的保守派和激进派出现交锋，如何对待查理一世这个问题被明确提出来。辩论的主持者艾尔顿和克伦威尔希望军队能够团结一致，遏制人们对国王的攻击，在军队盟约的框架下评论人

---

① Marchamont Nedham, *The Levellers Levell'd. Or, the independents conspiracie to root out monarchie*, London, 1647.（http://eebo.chadwyck.com/）

民公约。艾尔顿甚至为自己与国王之间以《军队提案》为基础的谈判辩解。① 克伦威尔虽然说道："我认为国王之所以成为国王，是因为他签订了契约。"② 但他没有明确指责查理一世是杀人犯。而某些军队官员的态度非常激进，塞克斯拜（Sexby）尤甚，他的言辞体现出对查理的极端厌恶，他认为，人们一直在努力取悦国王，但现在"除非我们砍掉自己的脑袋，否则无法取悦他"。陆军中校（Lieutenant-Colonels Goffe）陆军上尉戈夫和约翰·朱布斯（John Jubbes）同意塞克斯拜的观点，但他们怀疑议会是否会宣布国王是杀人犯。戈夫认为"上帝很明显已经动摇了王国内最强大的力量，抛弃了这个城市的某个党派"，但并不是抛弃军队。③ 相反，他认为军队已经承担上帝所赋予的荣誉，需要证明上帝是否仍旧支持他们。军队主教乔治（George）直言查理是"杀人犯"，他认为王国处于濒危状态的原因是"人们抱怨杀人犯及其专制行为仍然受到保护，上帝通过其追随者明确表达了反对的态度"。④ 激进的观点对艾尔顿和克伦威尔产生了一定影响。莫里尔认为，戈夫的评论点燃了愤恨查理的导火索，克伦威尔感受到神意，其观点开始转变，认为上帝已经抛弃了命定的查理，很可能擢升军队为毁灭查理的工具。⑤

　　11月1日，怀尔德曼与艾尔顿相互交流，最终的结论是，如果恢复君主制，那么将由自由的人民将它授予恳请而来的国王——不必是查理一世。⑥ 可见，军队高层已经考虑绕开或抛弃查理一世来解决国内危局。11月11日，查理一世的逃跑彻底粉碎了艾尔顿等人对他的最后期望，后者真正认识到查理是杀人犯。托马斯·哈里森（Thomas Harrison）上校在

① David Farr, *Henry Ireton and the English Revolution*, p. 101.

② Charles Blitzer ed. , *The Commonwealth of English: Documents of the English Civil Wars, Commonwealth and Protectorate*, New York: GP. Puinam's Sons, 1963, p. 75.

③ John Morrill and Philip Baker, "Oliver Cromwell, the Regicide and the Sons of Zeruiah", Jason Peacey ed. , *The Regicides and the Execution of Charles I*, p. 19.

④ Patricla Crawford, "Charles Stuart, That Man of Blood", *The Journal of British Studies*, Vol. 16, No. 2, 1977, p. 53.

⑤ J. Morrill, "Rewriting Cromwell: A Case of Deafening Silences", *Canadian Journal of History*, No. 38, 2003, p. 569.

⑥ John Morrill and Philip Baker, "Oliver Cromwell, the Regicide and the Sons of Zeruiah", p. 19.

1647 年 11 月 11 日的军官委员会上明确道："国王是杀人犯，因此要取消盟约，并且起诉他。"①

12 月 9 日，怀尔德曼的《英格兰自由人民对所有军队士兵的号召》再次出版发行，号召弹劾查理一世，认为只有根据制度投票选举出来的议会才是自由的议会，只有这样的议会才能够跟国王达成和解。② 12 月 26 日，查理与苏格兰签下秘密协议，并埋在卡利斯布鲁克城堡的花园里。随后，查理拒绝军队发出的最后谈判条件四法案（Four Bills）。威斯敏斯特的下议院获悉秘密协议已经达成的消息后，在 1648 年 1 月 3 日投票决定与国王断绝一切联系。克伦威尔参加了辩论。据一位王党分子描述，他"站立起来，语气尖刻，开始进行猛烈抨击，就像撒旦用《圣经》中的话攻击救世主一样，克伦威尔也对自己的君主大肆攻击。他对议员们说：'圣经上曾记载，你们将不再蒙受一个伪君子的统治。'说完，他便用手握起宝剑。"③ 看来，克伦威尔对查理一世已经忍无可忍，他虽然没有明确表态如何处置后者，但其言行已经表达了"查理一世不配再做国王"的观点。

然而议会中的保守派仍旧坚持与查理谈判，对此，1648 年 1 月 9 日，艾尔顿发表声明提出警告。在声明中，艾尔顿强调不能用宗教和王国权利、自由和安全来换取与查理的谈判。他慷慨激昂道，尽管查理一世侵犯了王国权利和自由，根据自己的权力和意志支配王国，"我们仍旧亲切地对待他"，"在不背叛王国安全和自己的情况下"，议会"坚持追求王国利益"，而国王对此予以否认，所以，"我们看不到和解的希望"，"我们应该支持议会作出的非谈判决议，抛开国王来拯救议会和王国，反对国王，或与之进行斗争。"④

根据沃克（Walker）的记载，克伦威尔曾经说，查理是"顽固的人，上帝已经对他心冷"，因此，"议会应该用自己的权力来统治并捍卫王国"。艾尔顿则在议会中明确说道，"国王拒绝四法案，说明他拒绝履行

---

① Patricla Crawford, "Charles Stuart, That Man of Blood", p. 53.

② John Wildman, *A Cal to all the Souldiers of the Armie by the free people of England*, pp. 2, 3, 5, 6, 8.（http://eebo.chadwyck.com/）

③ ［英］约翰·吉林厄姆：《克伦威尔》，李陈河译，第 114—115 页。

④ 转引自 David Farr, *Henry Ireton and the English Revolution*, p. 122.

维护王国安全和保护人民的责任。而服从国王的条件是他保护其子民；他拒绝履行其责任，那么人民就不再服从他，并且抛开他来治理王国。"①作为保王主义者，沃克的记载很可能带着仇恨，故意渲染克伦威尔和艾尔顿的反君主制思想。但沃克是基于艾尔顿 1648 年 1 月 9 日的声明来叙述的，这至少说明，与普特尼辩论时期相比，1648 年的艾尔顿开始倾向于激进分子的主张，他认为查理已经打破自己与人民之间的"契约"，这意味着他们可以抛开国王来解决问题。血罪论则是抛开国王的论据之一。

　　军队、议会和民间激进团体对查理的态度虽然不尽相同，并且是不断变化的，但不同观点相互碰撞的最终结果是，查理一世被钉在"杀人犯"这一耻辱柱上不得翻身。1648 年 4 月 29 日，军队在温莎召开了祈祷会，军官们认为，这次上帝要告诉他们的是，由于跟国王进行"邪恶的会谈"，他们犯了罪，战争则是上帝发怒的标志。他们称呼查理·斯图亚特为"杀人犯"，根据《民数记》第 35 章 33 节，后者应该偿还血债。最后，祈祷会上的军官们一致同意，"如果上帝重新赋予我们和平的话，我们将有责任要求杀人犯查理·斯图亚特为他所犯下的血罪负责"。② 这次祈祷会的政治目的性很强，其意义在于稳定和凝聚军心。如果军队打败敌人的话，他们可以实现曾经许下的诺言，将国王送去审判。安德唐认为温莎祈祷会后，军队"失去控制了，克伦威尔和艾尔顿再也无法根据自己的意志来控制军队"，他的观点有些失实。③ 相反，这次会议后，军队团结一致称呼查理为"杀人犯"。伍登认为，军队"恢复了他的团结和活力"。④

　　用圣经典故比喻查理一世是杀人犯的说法在此后几个月一直流行。在

　　①　Clement Walker, Anarchia Anlicana: or, The history of Independency, 2vols (1648 – 1649), Vol. 1, London, 1660, pp. 71 – 72. (http://eebo. chadwyck. com/); David Underdown, Pride's Purge, p. 88.

　　②　William Allen, "A faithful Memorial of that Remarkable Meeting of Many Officers of the Army, 1659", in Sir W. Scott ed., Somers Tractors, London, 1809 – 1815, V, p. 501. (http://eebo. chadwyck. com/) Austin Woolrych, Soldiers and Statesmen: the General Council of the Army and its debates, 1647 – 1648, Oxford University Press, 1987, pp. 334, 335. (http://books. google. com. hk/ books?)

　　③　David Underdown, Pride's Purge, p. 96.

　　④　David Farr, Henry Ireton and the English Revolution, p. 126.

反王阵营眼中，第二次内战是检验谁是杀人犯的标准。1648 年 8 月 19 日的普雷斯顿（Preston）战争中，议会军大获全胜，第二次内战结束。克伦威尔将战争胜利视作上帝的意志，认为"上帝将打击他（Him），但不会厌恶他的子民，因为后者是上帝的宠儿。为了子民，上帝甚至可以责备国王，如果国王不称职，并给这个土地制造麻烦的话，应该迅速毁灭之"。① 这里的"他"很明显指的是查理一世，必须"责备"国王，因为他"给这个土地制造麻烦"，是"不称职"的国王。但克伦威尔没有明确表明所指，这是他的一贯态度或两面手法。虽然在处决了查理一世几年后，克伦威尔承认国王的死亡是"上帝对杀人犯的惩罚的著名见证"，② 但此时，他的态度模棱两可，经常声称要等待上帝的指示。③ 确实，关于是否审判国王的争论尚无明确结论，第二次内战中，议会军虽然胜利，议会却废除《非谈判表决》（Vote of No Further Addresses），在怀特岛跟国王进行更加深入的谈判。因此，要想撼动传统君权观的基础，英国人需要更激进的政治行动。

通过对内战期间"杀人犯"争论的考察，我们可以看出，内战期间人们对杀人犯的认识是不尽相同和不断深化的。内战初期，一些人将战争中的流血归于宗教冲突和社会风气的腐败，是上帝对有罪的国人的惩罚，那么杀人犯可以说是整个王国人民。随着内战的进展，两大阵营相互攻讦，指责对方为应为战争和血罪负责，杀人犯的范围缩小，并变得具体，所属的社会等级也逐渐明晰并上升。保王阵营中的极端君主主义者仍然坚持君权乃上帝之恩赐，神圣不可侵犯，战争的制造者、真正的杀人犯是向

---

① Wilbur Cortez Abbott ed. , *The Writings and Speeches of Oliver Cromwell*, Vol. I, Harvard University Press, 1937, p. 638.

② Wilbur Cortez Abbott ed. , *The Writings and Speeches of Oliver Cromwell*, Vol. I, p. 756.

③ 克伦威尔对审判查理一世的真实态度历来是学者们猜测和研究的对象。维基伍德同意克伦威尔在 11 月声称国王是"上帝见证的所反对的人"，由此作为证据证明他决定将查理付诸审判。参见 C. V. Wedgwood, *The Trial of Charles I*, London, 1964, p. 77。但是克伦威尔后来的行为令这一观点值得怀疑。安德唐则同意加德纳的观点，即在 12 月，克伦威尔试图秘密拯救查理的生命，而在公开场合，他支持激进派，军官和士兵的观点。参见 David Underdown, *Pride's Purge*, pp. 163 - 172；S. R. Gardiner, *History of the Great Civil Wars*, Vol. 4, pp. 281 - 287。最近的关于克伦威尔的研究参见 John Morrill and Philip Baker, "Oliver Cromwell, the Regicide and the Sons of Zeruiah", in Jason Peacey ed. , *The Regicides and the Execution of Charles I*, pp. 14 - 35。

国王发动战争者，也就是议会和军队。反王阵营对杀人犯的理解也存在一个发展过程。温和派起初宣称查理一世的追随者为杀人犯，前者只是受到后者的蛊惑，这体现了传统君权观中的罪在佞臣原则，其目的是为君者开脱罪责。而激进分子则挑去笼罩在君主头上的神圣面纱，跳出为君者讳的窠臼，从不同角度证明保王者和查理·斯图亚特都是杀人犯，查理一世作为保王阵营的指挥官和领袖人物，更应该受到惩罚。如此一来，"国王无错"这一传统信条遭到强烈冲击，实际上是从观念上对传统君权观的彻底颠覆。

本章考察了内战期间不同政治集团对"杀人犯"的讨论。其中，君主双重身体在理论和现实中的分离致使查理一世从半人半神形象蜕变为自然人，人们开始用新的眼光审视他的施政失误及其战争中的言行。"杀人犯"的称号不仅粉碎了查理一世的个人形象，而且损害了国王这一职位的神圣特质，"国王无错"遭遇理论和现实冲击，少数人甚至对君主制的合理性提出了质疑，这为审判查理一世提供了理论和道德上的支撑力量。

当我们仔细审视内战期间精英人物的言论时，就会发现，他们不约而同选择圣经故事、自然法和契约理论作为其论证依据。立论基础的重叠导致不同君权观之间的斗争复杂化，这也是审判查理一世过程中的特征之一。所不同的是，沐浴了宗教改革和文艺复兴之光，接受过人文主义洗礼的精英集团在传统政治文化中注入了新的理论元素，强调自然法和理性对自由和权力至关重要的作用，这样一来，原本用以维护君主权威的宗教语言和契约理论到内战期间成了反驳君主权威和神圣性的重要工具，激进分子在传统中挖掘出反传统的工具。正如钱乘旦所言，英国历史发展中的明显特点是，以传统作为改造传统的依据，同时对传统作出符合时代需要的解释。[①] 因此，1649 年，审判查理一世的高等法庭娴熟地运用《圣经》中的血罪理论指责国王。在宣判查理有罪前，法庭主席约翰·布拉德肖说得很清楚："先生，我将假定你熟读圣经，知晓上帝在《创世纪》和《民数记》中有关杀害无辜者的罪责是如何惩罚的。"尽管如此，布拉德肖还是清楚地告诉查理：鲜血玷污了土地，圣经指示，只有用罪人的血才

---

① 钱乘旦、陈晓律：《英国文化模式溯源》，上海社会科学院出版社、四川人民出版社 2003 年版，第 29 页。

能洁净它，没有人能够逃脱血罪惩罚，因为反对谋杀者的命令"扩及国王和卑贱的人民中最卑贱的农民"。在他们眼中，上帝就是"对人人一律平等的上帝，为无辜流血者复仇的上帝"，并且如果他们不对反对分子进行流血惩罚的话，上帝将降祸于他们。①

①   Anon, *King Charls his tryal：or A perfect narrative of the whole proceedings of the High Court of Iustice in the tryal of the King in Westminster Hall*, London, Printed by Peter Cole, 1649, pp. 4, 41 - 43. (http：//eebo. chadwyck. com/)《创世纪》9：5，6：流你们血、害你们命的，无论是兽还是人，我必讨他的罪，就是向各人的弟兄也是如此。凡流人血的，他的血液必被人所流，因为神造人，是照自己的形象造的。

第 六 章

是否审判查理一世

前文从理论层面和政治现实出发，为审判查理一世作了长长的铺垫，如果将英国内战比作一场政治话剧，审判查理一世则是该剧的高潮部分，它集中体现了不同政治集团之间最为激烈的冲突。但是，对内战末期的英国人来说，是否审判国王不仅是政治和道德难题，而且开创了法律上的先例。因此，关于是否审判国王的斗争、如何审判、审判的司法程序以及审判后的对抗都属于整个审判的重要组成部分，每个步骤都体现出不同君权观之间的博弈。

第二次内战结束后，英国主要政治集团围绕着是否审判查理一世这一重大政治命题展开激烈斗争。在此过程中，保王阵营和反王阵营之间矛盾凸显，反王阵营中不同派别之间的关系也十分紧张。保王阵营借助人们对传统君权观的惯性依赖，渲染反王阵营的政治阴谋及其可怕后果。与此相对，反王阵营中的激进团体着重强调查理一世的政治过失和审判的合理合法性，但该阵营的温和派仍旧寄希望于查理一世，相信后者的复位能够带来真正的和平。最终，在政治军事势力的庇护下，局势明朗，审判国王成为不可反抗的事实。可以说，审判查理一世是政治集团权力角逐的结果，同时又体现了不同君权观之间的较量。

第一节 《军队大抗议书》的出台

英国内战中，王权的低迷导致任何一种政治势力都不能单独控制政局，议会和军队曾因共同的政治目标而结成联盟，反对查理一世，是为反王阵营。但普特尼辩论之后，反王阵营政治军事化倾向趋显，军队插手政治的行为令议会不安。第二次内战中，议会中的长老派趁机活跃起来，重新控制了议会，试图遏制军队势力，于是，二者矛盾加剧。

第二次内战结束后，反王阵营所面临的问题是：是否继续相信查理一世？谈判是否应该继续？对此，该阵营的保守派和激进派出现分歧。议会中的长老派和军队中的费尔法克斯是保守派的代表，而拉德洛、亨利·马顿、理查德·奥弗顿、艾尔顿和克伦威尔则是激进派的代表。军队激进派认为，应该终止跟国王的谈判，查理一世应该为两次内战负责，能够确保和平的唯一办法是罢黜他的国王职位。他们的观点遭到保守派的反驳，威廉·普林指责军队的观点"颠覆了本土法"。跟大多数长老派一样，普林希望实施宗教改革，但无法想象没有国王的制度，并不愿意损害政体结构。①

军队领袖之间也是貌合神离。费尔法克斯对查理一世和议会抱有信心，希望二者达成妥善协定，安抚士兵，体面地解散军队。克伦威尔和艾尔顿则向激进团体——共和主义者和平等派的观点倾斜。1648 年 9 月，激进派成员拉德洛警告费尔法克斯将军，议会专员在纽波特继续与国王谈判，准备复辟王室并解散他的军队。费尔法克斯作出暧昧回应，称将为公共利益而行动。拉德洛对此回应不满，认为费尔法克斯在是否继续谈判问题上犹豫不决，于是告诉他，自己已经得到艾尔顿的同意，让军队干涉议会与国王之间的谈判。② 拉德洛的说法表达了两种可能性。艾尔顿确实授意于他，拉德洛以此警告费尔法克斯。艾尔顿也许没有同意拉德洛的建议，但后者故意利用军队高层之间的分歧，敦促费尔法克斯向激进方向转变。不论怎样，军队主要领袖之间的分歧是存在的。

1648 年秋天，30 多份来自军团和卫戍部队的请愿轰击费尔法克斯，谴责议会在纽波特与国王谈判，要求对"重要失职者"实施正义。起初，费尔法克斯试图压制这些请愿，努力满足士兵的物质要求，以减轻他们对国王的愤怒。③ 需要注意的是，这些请愿和抗议书的语调和要求是有差别的。有时候，请愿中所说的失职者是一个集体，并非单独指向查理一世。

---

① David Underdown, *Pride's Purge*, p. 126.
② Firth ed., *The Memoirs of Edmund Ludlow*, Vol. 1, pp. 203 – 204.
③ David Underdown, *Pride's Purge*, p. 191.

另外，实施正义不一定就是审判国王，而是呼吁灾难的制造者应该对此负责，至于如何负责，也是晦暗不明的。

但是，我们从当时的小册子中可以看出人们对君权的看法。在一份名为《为和平进行的抗议》小册子中，作者解释了君权的来源和地位，认为"君权高于所有个体，但并非凌驾于所有法庭（Courts）或集体机构（如议会，笔者注）"。① 也就是说，君权出自议会，但并非高于议会。小册子呼吁，"应该每年定期召开议会，而不是根据国王喜好召开。这样一来，议会可以及时倾听民声"。② 这份小册子说明，"王在议会"君权观已经成为许多人的共识。在对未来政体的设想中，议会成为掣肘王权的首要机构，绝对君权观所强调的君权凌驾于一切机构之上的观念已经被打破。遗憾的是，这份小册子没有讨论如何对待查理一世。

对保王阵营来说，审判国王是大逆不道的想法，一些保王主义者利用媒体传播一些有利于查理一世的消息，或振奋人心，或混淆视听，削弱反王阵营的气焰。10 月 10 日的保王党期刊《军事通报》（Mercurius pragmaticus）以肯定的口吻报道，费尔法克斯将支持议会与国王之间即将达成的协定，艾尔顿已经从领导中心退出。这对保王阵营来说，似乎是个好消息，因为费尔法克斯毕竟是议会军队的统帅，对查理还心存尊敬和希望。确实，在温和派陆军上尉约翰·格拉德曼（John Gladman）、威廉姆·斯坦斯（William Staines）和亨利·沃利（Henry Whalley）的支持下，费尔法克斯在 10 月继续反对军队武力干涉政治。③

11 月 15 日，圣—阿尔巴尼斯（St. Albanes）军团写给伦敦市民的抗议书出版发行，批驳保王阵营对军队的抨击。保王阵营曾经指责军队的目标和计划是颠覆所有君主制政府，毁灭和谈，用武力统治王国。这份抗议书辩解道，这个军团真诚地号召人们迎回国王，并派人到荷兰寻找威尔士王子和约克公爵，这表明"我们渴望真正的和平"。"对于目前国王与议会之间的谈判，我们最好不要妨碍和干涉他们，也许这个协定能够带来安

---

① *A Remonstrance for Peace between the Kings Most Excellent Majesty and his two Houses of Parliament*, London，1648，p. 5.（http: //eebo. chadwyck. com/）

② Ibid.，p. 6.

③ Andrew Hopper，'*Black Tom*'：*Sir Thomas Fairfax and the English Revolution*，Manchester University Press，2007，p. 94.

全和和平，所拖欠的军饷也许会发放，王国所受的重负也许会被消除，宗教问题也许会得到解决，臣民也许不再受任何暴政和来自君主或代表的压迫之苦"。"我们要重新拥立我们的君主为王，请回威尔士王子和约克公爵，消除宗教和政治分歧。"下面是军队代表的签名以及英格兰所有自由人（free men）的签名。① 这份抗议书认为，只要国王存在，不管是查理一世还是其他王位继承者，王国的政治和宗教分歧就有望解决，和平谈判才是正途。最后所谓的"英格兰自由人"签名暗示了，有独立理性的英格兰人都会赞同这样的态度。从他们对传统君权观信任和依恋程度看，这份抗议书很可能得到费尔法克斯的授意，借以表达军队保守派的政治观点。

　　在此期间，议会中的长老派开始活动，试图解散军队，这使许多军团惶恐起来，反王阵营的激进派鼓动军团向军队高层施压。保王派坚决认定军团捣乱的幕后主使者是艾尔顿这个"魔鬼"。10 月 16 日，苏塞克斯和汉普郡军团向费尔法克斯递交请愿书。这次请愿的主谋是否是艾尔顿，学界尚有争论。② 请愿书中说得很明白，"国王已经背叛了赋予他的信任，发动战争反对国家（nation），并奴役之。这违背了他的誓言，他践踏法律……在国内战争中，他犯下血罪……在议会和其他地方，仍存在支持他并掌权的傀儡，他们正在实施他的计划，努力使他复位，他们才是目前政局混乱的主谋"。对此，他们的对策是，"应该迅速并公正地处置有罪之人，尤其是那些极力阻挠议会事业的人，那些违背信托的人。将杀人犯放入精神病院，无辜流血者向天国呼吁复仇，我们应该与上帝和平相处"，③顺应上帝的旨意。

　　请愿的第三点明确说道，"同样的错误应得到相同的处罚，不管是国王或勋爵，还是最贫穷的平民"。请愿第四点说，"所有以国王名义说话

---

　　① *A Remonstrance from the Army to the Citizens of London*, pp. 2, 3. （http：//eebo. chadwyck. com/）

　　② 具体参见 David Farr, *Henry Ireton and the English Revolution*, p. 133。

　　③ Thomas Fairfax, *The True Copy of a Petition Promoted in the Army, and already Presented to His Excellency the Lord General, by the Officers and Soldiers of the Regiment under the Command of Commissary General Ireton*, London, 1648, pp. 4, 5 – 6. （http：//eebo. chadwyck. com/）

和行动的人都是叛国者，他们也应该为无辜流血者负责。"① 但是，请愿书也极力澄清，"我们的对手邪恶地诽谤我们阴谋颠覆执政官和礼仪制度（magistracy and propriety），而这正是我们一贯以生命和财产作保证，努力捍卫的"。② 这份请愿书言之凿凿，指责查理一世是杀人犯，他和他的追随者都是叛国者，应该接受正义之处罚。但如何处罚？请愿书并未指明。需要注意的是，这份请愿书针对的是国王的自然身体——查理一世，而不是国王的政治身体，抑或政体本身，相反，他们希望保留并捍卫君主制度。

保王阵营的一本小册子说道，军队的目的是"迅速审判国王陛下及其臣民，很明显虽然是审判，但他们意在取走陛下的性命。首先，他们希望严厉惩罚国王的朋友，然后图谋国王的性命。他们是魔鬼的后裔"。③ 更有甚者，他们的目示"不仅是毁灭国王的自然身体，而且是进一步毁灭其政治身体，即国王这一官职：他们叫嚣着，来吧，让我们砸碎铁链，解除绳索：扫除君主制，成为自由国民"。可见，在保王派眼里，军队才是叛国者，"他们已经用鲜血污染了王国，现在他们决心使其血流成海"。④ 作者劝诫人们，应该听从圣经指示，敬畏上帝，尊敬国王，国王是上帝命定的合法国王。举凡不尊敬国王的人都不敬畏上帝，犯了叛国罪。在他们眼里，独立派是魔鬼的化身，是亚当肋骨的产物。⑤ 看来，保王阵营将对待查理一世的态度与是否敬畏上帝联系起来，坚持传统君权观中的命定论，任何反对查理一世的人不仅阴谋弑君，而且阴谋推翻君主制，建立极端的自由攻府。作者试图借助宗教力量，搅动人们心底的恐慌情绪，唤起人们对君主以及君主制的美好回忆和信任。

保王阵营的舆论宣传无疑对反王阵营里的保守派产生了影响，这里的

---

① *The True Copy of a Petition Promoted in the Army*, p. 6.

② Ibid. , p. 7.

③ Lover of his Country, *Independency stript & vvhipt. Or, Iretons petition, and The Royall Project, Examined and Confuted. Together with the Character of an Independent.* London, 1648, p. 11. (http: // eebo. chadwyck. com/)

④ 原文 Come say they, let us breake His bonds asunder, and cast away His cords from us: let us make our selves a Free State, and raze out the very name of Monarchy. Lover of his country, *Independency stript & vvhipt*, p. 12。

⑤ Lover of his country, *Independency stript & vvhipt*, pp. 1, 14.

斗争也在继续。艾尔顿为军队起草了《军队大抗议书》，号召审判国王。
11 月 7 日，在圣—阿尔巴斯的军官会议上，费尔法克斯坚决反对艾尔顿
审判国王的要求，但查理拒绝转移奥蒙德在爱尔兰活动的军队，这使费尔
法克斯的努力白费。11 月 11 日，军官会议考虑了艾尔顿的《军队大抗议
书》草本。①《军队大抗议书》是以《人民公约》为蓝本而写就的，如前
所述，第一次内战中，平等派的观点得不到主流团体的认可和支持，但到
了 1648 年 11 月，他们成了军队激进分子和领袖艾尔顿联盟的对象。大抗
议书就是这次联盟的政治纲领，它为审判国王提供了理论指导。

大抗议书说道，"如果君主屈服于自己的意志和权力欲望的话，那么
公共利益、人民的福祉，安全和和平都让位于他的欲望，他会为之向人民
发动战争，很明显，君主已经这么做了，宗教也让位于君主的欲望"。②
这里所说的君主就是查理一世。

但是，大抗议书中的一段话引起学者误解。"国王是否犯了这些或更
多罪行，我们诉诸事实和证据：如果他没有犯罪，那么可以自我辩解并公
开其证据，证明他的所作所为不是基于自己的权力意志，并非违背其子民
的公共利益，或者证明王国内的议会或其他任何党派派兵继续战争是为了
私利，而不是为了王国利益……如果这样的话，在审判中可以宣布他无
罪，将由其他负罪之人担负罪责。"③

安德唐认为这段话是在概括查理一世对人民犯下的罪恶，很明显，后
者是不清白的。"如果他确实做了这些事，并且在这些事中是为了他个人
私利，违背了王国利益的话……我们可以得出结论，他是不正义战争的制
造者和继续发动者，犯下叛国罪，以及杀害无辜的血罪。"④ 但凯尔西指
出，"如果亨利·艾尔顿在 1648 年认为查理一世必须死，他很难说出这样

---

① 学界普遍认为，抗议书的作者很可能是艾尔顿，因为该抗议书的内容与他 1648 年 1 月 9
日声明的内容有所重复。

② *A Remonstrance of His Excellency Thomas Lord Fairfax*, *Lord Generall of the Parliaments forces*,
London, 1648, p. 29. （http：//eebo. chadwyck. com/）

③ Ibid. , p. 23.

④ Ibid. , pp. 23 – 24.

的话"。① 他认为，大抗议书公开表明，只要查理能够证明自己是清白的，那么对他的任何审判都会宣布他无罪。也就是说，艾尔顿并不情愿看到查理一世被处死。他的观点近来已遭到诸多批评。②

确实，我们应该将抗议书中所说的"如果查理能够证明自己是清白的，那么对他的任何审判都会宣布他无罪"。这些话放在上下文的背景中去考察，大抗议书的整体语调是激愤的。抗议书问道："如果不对他施以审判，如何满足王国对公共正义的要求，如何为无辜流血者、复仇者复仇，如何平息上帝的愤怒？""他与其子民之间最重要的法律纽带，以及在上帝面前发誓要遵守的和平契约都不能阻止他的欲望"，那么如何处置这样的君主呢？"你我的经历警示我们，应该审判他"。它甚至用"光明与黑暗，白昼与黑夜"的对比来表明不能再信任查理，和谈也是无望的，因为查理对自己的行为没有感到一丝悔恨。因此，笔者认同安德唐的观点，因为抗议书之前，查理已经被认为是杀人犯。神意也表明，国王的地位低于法律，应该被审判。③ 所以说，抗议书虽然说"如果查理能够证明自己是清白的，那么对他的任何审判都会宣布他无罪"这样的话，但很可能只是语义上的妥协，其目的是强调查理有罪的判断，也就是说，即使审判中法官给予查理机会来证明自己无罪，他也无法做到。现实和上帝的意志表明他负有血罪。

于是，抗议书号召人们：

> 首先，所有灾难的主谋和制造者，国王本人，应该立即以叛国罪、杀人罪被付诸审判。
> 其次，选择合适的时机迎接威尔士王子和约克公爵回来，并妥善

---

① Sean Kelsey, "The Death of Charles I", *Historical Journal*, Vol. 45, No. 4, 2002, p. 731; Sean Kelsey, "The Trial of Charles I", *English Historical Review*, cxviii. 447, 2003, p. 599; Sean Kelsey, "Politics and Procedure in the Trial of Charles I", *Law and History Review*, Vol. 22, No. 1, 2004.

② 参见 Clive Holmes, "The Trial and Execution of Charles I", *The Historical Journal*, 53. 2 (2010), pp. 305 - 306; David Farr, *Henry Ireton and the English Revolution*, p. 171. ［英］杰弗里·罗伯逊：《弑君者》，徐璇译。

③ *A Remonstrance of His Excellency Thomas Lord Fairfax, Lord Generall of the Parliaments Forces*, pp. 24, 29 - 30, 16. （http: //eebo. chadwyck. com/）

安置他们。如果他们不回来，则立即剥夺他们的统治权，以及对他们的信任……冠以叛国者和敌人的称号流放之。①

由此而见，这份大抗议书堪称反王阵营中激进派铿锵有力的宣言。有意思的是，诺曼征服理论曾经被用来证明君主制的合理性，现在大抗议书以其人之道还治其人之身，运用征服理论来证明审判查理一世的合理性。因此，两次内战中，王党都被打败，这表明上帝赋予人民权利来统治国王。"如果我们的国王声明其统治权来自征服（这里指诺曼征服理论，笔者注），那么上帝赋予你同样的权利反对他，根据他们对人民实施的武力统治，我们更有权统治他们，并且从奴役中解放出来。"② 这样一来，审判查理一世则是顺理成章之举，这再次体现了英国人从传统中挖掘新含义的特点。

战争的洗礼使人们对国王、议会和人民的地位作了深入思考，其君权观也产生了变化。大抗议书认为，人民高于君主（salus populi suprema lex），公共安全、法律赋予的权利和宗教自由高于对国王的义务，尤其是对于像查理这样的国王。③ 在近代早期，国王因为"信任"（trust）而具有统治权的观念是暧昧不清的，是上帝赋予他信任，还是人民赋予他信任，这些可以通过一致同意的法律来体现。而大抗议书明确指出，是人民委托给国王权力。国家的最高统治权属于人民，在法律上则属于人民代表，即至高议会（supreme councell）。"制定法律、任免官员，战争或和平的权力都属于至高议会，人民的安全和福祉，国内所有事务的处理都须经过至高议会。根据法律法规，作为人民代表的至高议会统治并管理国家。除了人民代表，任何权力都不能强迫人民，不能掠夺人民……人民是自由的，不受任何束缚。"④ 这里的"自由"呼声表明17世纪中叶的英国人自我认知程度之深，传统君权观对人们心灵的政治束缚开始瓦解，臣民色彩淡化，公民意识增强。由"代表人民的至高议会统治国家"的政

---

① *A Remonstrance of His Excellency Thomas Lord Fairfax, Lord Generall of the Parliaments forces*, p. 62.

② Ibid., p. 48.

③ Ibid., p. 4.

④ Ibid., p. 15.

体模式实际上是希腊民主制度的再现。当然，大抗议书也考虑到人民代表与人民之间无法绝对等同，在技术操作上不可能实现，因此要"平均分配选举权，尽力使下院成为所有选民的代表"。①

可见，大抗议书对未来的政体提出了创造性设想。但大抗议书并非否定君主制本身，"自由的人民"还需要国王，但"今后的国王必须由选举产生，必须得到人民的信托，对人民的代表，即下院的决定，国王没有否决权……这应以加冕礼上的誓言形式确定下来"。一旦制定了制度，它就以"普遍的契约（contract）或人民公约形式确定下来，他们服从之"，无人能根据"公约获取利益，人们不会同意并服从他，国王和其他人如果不对（公约）表示同意并服从的话，就不能获得王位或官职"。② 也就是说，统治者与人民之间存在一个契约（covenant），很有意义的是，作者用的词语是"covenant"而不是"contract"，前者比后者更具有宗教意义上的约束性。重要的是，真正的统治权力掌握在人民手中，如果他们发现契约将自己约束在国王身上而不是"维护真正的宗教和王国自由"的话，他们应该解放自己。确实，大抗议书认为，"议会及公共利益与上帝利益是一致的"，法律赋予国王有限权力来统治国家。如果国王辜负了信任，滥用权力，损害公共利益，并利用委托给他的权力成为专制者，那么人民就从与国王立下的契约中解放出来。如果国王落入他们手中，他们就可以对之实施审判。③ 如此一来，大抗议书为将来的政体也做了明确规划，未来的政治制度框架中虽然保留了君主，但其地位和神圣色彩较之内战前已经大为削弱，成为消极被动的受权方，传统君权观中的统治客体翻转为权力的施予方。实际上，大抗议书中限制君主的建议表明格劳秀斯的作品以及荷兰寡头制对英国精英群体的影响，这种选举君主制的提法在光荣革命后以法律形式确定下来。

通过分析，我们发现《军队大抗议书》的主旨是运用大众主权理论证明是否应该审判查理一世，并且为审判后的英国政体走向指明了道路。它出台后，相当多军团在印刷品上表示支持。乔治·科凯恩（George

---

① *A Remonstrance of His Excellency Thomas Lord Fairfax*, *Lord Generall of the Parliaments forces*, p. 66.

② Ibid. , p. 67.

③ Ibid. , pp. 21 – 22.

Cockayne)① 在 1648 年 11 月末的一次布道中宣讲了亚哈（Ahab）的故事："如果上帝指引你审判那些杀害无辜生命的主谋，你永远不要为了赢得他们的爱而赦免他们。"② 艾尔顿的助手休·彼得斯用各种各样的圣经故事支持《军队大抗议书》。③ 克伦威尔写信给费尔法克斯表示他的北方军队官员如何想"公正审判所有罪犯"，而"我发自内心地赞同他们"。④ 小册子《人民的回应》号召用"正义之剑"将邪恶的人们（亚甲们，意指保王党人）撕成碎片。在措辞上，小册子将查理比作亚甲。⑤

11 月 16 日，艾尔顿将《军队大抗议书》提交给军队会议。11 月 18 日在纽波特协定破裂的情况下，大抗议书得到军队会议一致的赞同。11 月 20 日，费尔法克斯派遣陆军上校伊萨卡·尤尔斯（Isaac Ewer）将大抗议书呈给下院，并附上私人信件，告知议会发言人伦索尔（Lenthall），这个抗议书已得到军队一致通过，他"谦卑地恳请"议会也赞同它。⑥

可以说，《军队大抗议书》与之前的请愿运动都是英国第二次内战的催生物，它的出台对审判查理一世来说是十分重要的政治举措，审判查理一世首次成为公开的政治口号。从舆论宣传角度看，《军队大抗议书》是在争取高层和民众的支持，因为并非所有人都对国王恨之入骨，广大下层民众对国王还抱有幻想或敬畏之情，毕竟推翻或颠覆君权至上的观念不是一朝一夕之事。但它至少表明，一部分掌握军事实权的精英人物极端厌恶查理一世，渴望将其付诸审判，以求得真正和平。

---

① 伦敦教区教会领袖。

② Sarah Barber, *Regicide and Republicanism*, p. 104.

③ 如《申命记》19：13、《民数记》25：4、《撒母耳下》21：3，5，6，14、《撒母耳下》23：3。

④ John Morill and Philip Baker, "Oliver Cromwell, the Regicide and the Sons of Zeruiah", in Jason Peacey, ed., *The Regicides and the Execution of Charles I*, Palgrave, 2002, p. 26.

⑤ *The Peoples Echo to the Parliaments Declarations*, *Concerning a Personall Treaty with the King*, London, 1648, p. 12. 这里的亚甲指的是圣经中亚玛力的国王，这个国王双手沾满了无辜者的鲜血，所以撒母耳在上帝面前亲手杀了他。

⑥ Andrew Hopper, "*Black Tom*": *Sir Thomas Fairfax and the English Revolution*, p. 95.

第二节　普莱德清洗

面对《军队大抗议书》的咄咄逼人之势，议会采取置之不理的态度。然而，议会的消极态度激怒了军队，军队无法容忍查理逍遥法外。1648年11月26日，军官会议向上帝祈祷，希望上帝指引他们"审判那些致使众多无辜者流血的人们"。在许多布道者中，要求补偿血债的呼声日益高昂。"任何杀人犯都不该恳求特权免于审判；当可怜的灵魂向上帝呼喊的时候，上帝会这么做的（审判，笔者注）。"而下院只能信赖上帝，后者会通过他的圣徒代理人来主持世俗审判。[①] "当人们实施公正审判的时候，上帝将转而不对国家进行审判"。否则，"审判就会降临到你头上"，因为"如果你们不实施审判，土地就被玷污了"。[②] 可见，要想实现王国和平，让王国免受上帝惩罚，必须让真正的杀人犯接受审判，而议会逆天而行，阻碍上帝旨意被贯彻执行。可见，关于血债血偿的宗教讨论就要转向政治危机。

在议会忽视《军队大抗议书》期间，费尔法克斯命令尤尔（Ewer）负责看管在怀特岛的查理，并逮捕陆军上校罗伯特·哈蒙德。11月29日，费尔法克斯再次请求伦索尔敦促议会讨论《军队大抗议书》，并给予警告。11月30日，陆军中校科贝特（Cobbett）监督士兵将国王从卡利斯布鲁克（Carisbrooke）转移到赫斯特城堡，对此，《军事通报》指控费尔法克斯试图通过"秘密谋杀，而不是正大光明的枪杀或毒药"来处置查理一世。[③]

议会仍不回应《军队大抗议书》，但又担心军队开往伦敦。伦索尔在11月30日写信给费尔法克斯，告诉他议会为军队准备了4万英镑，但命

---

① George Cokayn, *Flesh Expiring, and the Spirit Inspring*, London, 1648, pp. 11, 6 - 17. (http://eebo.chadwyck.com/)

② Thomas Brookes, *Gods Delight in the Progresse of the Upright*, London, 1648, pp. 16, 17. (http://eebo.chadwyck.com/)

③ *Mercurius Pragmaticus*, 5 - 12 December, London, 1648. (http://eebo.chadwyck.com/)

令军队不能开进伦敦。^① 在劝说议会未果的情况下，费尔法克斯带领军队于 12 月 2 日进入伦敦，军部设在白厅。

12 月 6 日，普莱德上校率兵控制了议会，将 110 名倾向国王的议员清洗出去，另外，大约 200 名议员自动退出议会，是为"普莱德清洗"。至于费尔法克斯对普莱德清洗是否知情，学界说法不一。^② 但这至少说明费尔法克斯对查理一世的态度并非十分明朗，对清洗事件也采取不闻不问、明哲保身的策略。

议会遭到清洗后，保王阵营通过印刷媒介传播对该事件的态度。清洗当天，塞缪尔·谢菲尔德（Samuel Shepheard）执笔在《辩论信使报》（Mercurius Elencticus）上发表诗歌，谴责伦敦人民在普莱德清洗的时候作壁上观：

> 哦，伦敦！虽然四面楚歌
> 陷于水火与骚乱；
> 但如果你冲破天罗地网，你的英名仍存
> 而你投降了，因此是可耻的。^③

同时，保王派谴责投降于军队的议会人士。那些被收买的议会人士没有"宗教或……任何道德虔诚心"，因为如果他们有的话，"会遵守某些准则"，"憎恶这种两面手法、虚伪、摇摆和行动上的反复无常"。^④ 再次，保王派对王国的未来持悲观态度。《辩论信使报》的作者哀叹，"目前的国王将被废黜或谋杀，其子孙的继承权也将被剥夺"，也就是说，所谓的"圣徒们"想要选举一个国王，这个国王将更可能顺从人民的意愿，这是很危险的，因为人民不知道如何维持等级秩序，他们选举出来的国王不仅

---

① *The Declaration of Major-Generall Brown Concerning the Lord Fairfax and the Army*, London, 1648, p. 2.

② 参见 Andrew Hopper, "*Black Tom*": *Sir Thomas Fairfax and the English Revolution*, Manchester University Press, 2007, p. 96; David Farr, *Henry Ireton and the English Revolution*, p. 171。

③ *Mercurius Elencticus*, Number 54, November 29 – December 6, London, 1648, p. 517. (http://eebo. chadwyck. com/)

④ Ibid. , p. 521.

心肠软，而且腐败。因为选举而来的国王不能将权力传给子女，他会盗用国家财富来满足家族，以备其死后继续供养之。只有那些具有雄心壮志的人才能够无情地粉碎威胁社会稳定的因素、抢劫者和教皇的代理人，这样的人才配做国王。① 可见，该作者认为，此时的人民智慧不足，尚不能担当起选择国王的重任，选举君主制并不适合英国国情。

保王派继续用"无序"恐吓民众。《军事通报》认为如果军队废除了国王，王国便陷入无序状态。因为如果人民不能按照自己的意愿改变政府的话，"国家的支柱——法律将不再安稳，只会根据每个新党派的心情而变化"。因此，"共和国将永远受到党派和分裂的困扰，因为每个人会嫉妒邻居比自己强大或富有；尤其当这个人掌权的话"，这种情形更加可能出现。"只要世界上存在野心，叛乱将永无止境"。最后，如果"上帝所禁止的""军队领袖能够在这个王国建立他们的专制"，"国家将在未来的专制统治压迫下呻吟"。② 不仅如此，保王派告诉读者，军队打算"摧毁贵族等级"，"他们坚决反对协定，可能会令自己的双手沾上更多无辜鲜血"。独立派之所以这么做，是为了"独占**王国**所有的地产，引进**专制政体**"。③ 这些人是"化威人形的恶魔，是专制者，其目的是增添新罪恶"。④ 保王党也警告独立派，他们的行为将带来恐怖的后果。如果错误的统治者统治这个国家的话，不仅人民有可能死去，而且将摧毁合理的社会结构。现在"汤姆、迪克和霍布"之流控制着法律，成为"我们生命和财产的法官"，因此，法律"将不再是法律"。⑤ 也就是说，军队的狼子野心将使英国人失去国王，社会等级架构也会随之崩溃，国将不国，人们的生命、财产、自由等将没有保障。这是时人所恐惧和深恶痛绝的。《公平信使报》（*Mercurius Impartialis*）就警告读者，"他们的剑马上就要谋杀（国王），他们的事业是叛国罪、渎圣罪和违背法律的"。⑥ 可见，保王阵

---

① *Mercurius Elencticus*，Number 54，November 29 – December 6，pp. 517 – 520.

② *Mercurius Pragmaticus*，Number［s］36，37，December 5 – 12，1648，Sig.

③ *Independency Stript&Whipt*，London，December 12，1648，pp. 1 – 2.（http：//eebo. chadwyck. com/）

④ *Mercurius Elencticus*，Number 56，December 12 – 19，1648，p. 538.

⑤ Ibid.，pp. 535 – 536.

⑥ *Mercurius Impartialis*，Number 1，December 5 – 12，London，1648，p. 1.（http：//eebo. chadwyck. com/）

营似乎确信普莱德清洗标志着查理一世被审判并处决的命运已经不可避免了。

但从另一个角度看，他们似乎故意渲染普莱德清洗所带来的无序状态，其目的也许是激起民众对查理一世的同情，并且唤起人们对传统君主制统治下和平安稳日子的美好回忆。一个无名作者写的小册子《对身陷囹圄的君主的哀叹》描述了国王所处的悲惨境地：

> 我们希望您活着，虽然您活着
> 但在一个狭小如坟墓的空间里活着
> ……
> 但您去世了吗，伟大的君主？
> 哦，只是在我们的想象中，因为我们知道，
> 您的去世，只不过是暂时缺席，
> 可以说，
> 您如同行尸走肉。①

可见，作者认为，在军队的控制下，国王犹如"行尸走肉"，生不如死。另外，《对独立派的抽打》（Independency Stript&Whipt）极力赞美国王的个性。查理的表现"说明他是真正的基督徒……什么时候才能出现一个比他更博学的教士"？② 如此善良虔诚的基督徒正遭受着牢狱之灾，甚至会丢失性命，怎能不令人产生怜悯之情？但保王阵营没有积极营救查理一世，他们只是向上帝祈祷，希望军队能够得到神的惩罚。"上帝是复仇之神，将向这些叛逆者问责，不论身份高低；他将在火焰中踩着他们的脖子，降灾祸于他们，为那些流血者复仇。"③

普莱德清洗后，反王阵营中的长老派比保王派更加愤怒。他们希望在英格兰建立主教制度，但并不愿意废除国王在社会等级架构中的领袖地

---

① *A Sigh for an Afflicted Soveraigne*, London, December 18, 1648, p. 2. （http://eebo.chadwyck.com/）

② *Independency Stript&Whipt*, London, December 12, 1648, pp. 3, 5. （http://eebo.chadwyck.com/）

③ *Mercurius Impartialis*, Number 1, December 5 – 12, p. 1.

位。最为关键的是，长老派在议会中的大权旁落，军队控制着政局。1648年12月11日，威廉姆·赛奇威克（William Sedgwick）的小册子出版，他的言论集中体现了长老派对政治形势的理解。首先，他从宗教层面谴责普莱德清洗。他认为，军队及其战争委员会的行为违背了"上帝旨意"。军队已经"狂暴地扼住国王和议会的脖子，控制了法律、契约、忠诚和特权，没有人可以与之匹敌"。只有上帝能够否定军队的行为，但作者非常怀疑军队是否会听从上帝的命令，因为他们不是基督徒，而是堕入"世俗野蛮事物"的人，受"情欲"和"口腹之欲"等情绪蛊惑。①

其次，塞奇威克认为，普莱德清洗已经剪断了将社会团结起来的纽带。要想拯救军队，必须求助于上帝。"在这个混乱并受人鄙视的秩序中"，只有上帝能"察觉任何对他们的打击"。塞奇威克确信，当军队"最后审视自己的时候"，将"悲痛不已"。因为他们损害了政治体系，也亵渎了上帝。②

再次，塞奇威克抨击《军队大抗议书》是罪恶的集中体现。他对抗议书的目的加以嘲弄，军队曾经声明，《军队大抗议书》"考虑到议会的特权和自由"。而塞奇威克认为军队的目的是将议会撕成碎片。他将国王与议会比作夫妻。议会是对其丈夫作出疯狂举动的妻子，因为前者通过了《非谈判决议》，拒绝跟国王对话。军队不应该因为妻子不合逻辑的行为而责怪丈夫；相反他们应该明白国王不能跟如此歇斯底里的女人一起高效率地工作。③

跟保王党一样，长老派对军队领袖进行人身攻击。其中最流行的小册子嘲笑议会事业的领导者以及他们对国王的指控。这个小册子指出，军队领袖如克伦威尔、艾尔顿、普莱德等"眼中没有上帝"，他们犯下的至少是叛国罪。他们忽视了"自己最近立下的神圣誓言和契约，后者号召捍卫并保护国王陛下生命、王位和尊严，议会权利和特权、基本政体，以及这个王国的法律和自由"。自1646年开始，这些人就"聚在一起密谋改变并颠覆古老的基本政体、英格兰王国的法律和自由"。他们攫取了"英

---

① Sedgwick, *Justice upon the Armie Remonstrance*, London, December 11, 1648, Sig. A1r, A2r, A3r. (http://eebc.chadwyck.com/)

② Ibid., 1648, Sig. A3v – A4r.

③ Ibid., 1648, pp. 4 – 5, 7 – 8.

格兰议会的权利、特权、自由和制度（constitution）"。普莱德清洗就表明他们"极力将之纳入自己手中"。①

不过，塞奇威克承认军队是维护王国和平的必要工具。他将之比喻成带领人民进入沙漠的摩西。上帝利用军队解放人民，目前，军队的使命已经完成。在真正和平到来之前需要解散军队。如果不解散，它反而会变成"土耳其的禁卫军"，后者将"流血、贫困、骚乱、疑惑、毁灭"蔓延至整个王国，现在的军队迷失了方向。② 他警告道，军队已经受到平等派的影响，"努力将民主和大众政府加于王国，将所有权力都赋予人民"。而塞奇威克认为人民没必要卷进政治，因为"议会和国王的源头——人民，自愿将自己及其财产交给议会和国王"，就不必扮演积极的角色。③ 可见，塞奇威克承认权力最初属于人民，但人民不具备参政的能力，所以放弃了自己的权力，将它交给议会和国王，而不是委托出去。在他看来，权力一旦交出就无法收回，民主和大众政府对于他来说犹如洪水猛兽，这也是传统君权观的影响使然。

另外，塞奇威克着重讨论"神圣之爱"的巨大威力。这里的爱是指上帝之爱。只有上帝这个神圣国王能够使所有"君主、贵族、绅士、大臣、法官、律师……团结在一起；团结在一个上帝、一个基督、一种精神、一个城市中"。如果所有英国人虔诚地将上帝放在心中的话，他们将解决蔓延在王国中的所有问题。上帝已经将英格兰"撕成碎片"，现在准备重建它。当英格兰的首脑与身体和谐相处的时候，国王和议会达成和平的时候，英格兰就会重建。再者，新英格兰需要建立在一个"正统的、具有新教精神的宗教"基础之上，确保所有英国人不受"压迫"。如果人们学会在国王面前自由地生活，彼此将和平相处。只有颁布一个赦免法令，"所有的罪恶都被抹去"，"国王将赦免议会反对他的罪恶，议会将宽恕国王抛弃议会的错误"，④ 才能实现重建。但是，要想实现这些理想，

---

① *Articles of Impeachment of High Treason*, *Exhibited by the Commons of England*, *in a Free Parliament*, London, December 19, 1648, pp. 3 – 4. (http: //eebo. chadwyck. com/)

② Sedgwick, *The Spirituall Madman*, London, December 20, 1648, pp. 1 – 2. (http: // eebo. chadwyck. com/)

③ Ibid. , pp. 4 – 5.

④ Ibid. , pp. 8 – 10.

最重要的事情是恢复查理一世的王位。塞奇威克相信，这个结果会令各个党派都满意，人民十分容易接受查理的复位，因为国王一直"生活在我们心中，从我们的心中冉冉升起，我们发自内心地给予他统治地位"。国王和王后将会高兴，王后的天主教信仰将不会伤害议会或国王，因为二者都在一个神圣国家里，他们不会被错误的宗教伤害。保王党"看到他们的国王恢复了荣誉，其祖先也恢复了伟大，因此也会满意"。①

塞奇威克的言论完美展现了内战时期新旧杂糅的君权观。他一方面承认君权源于人民的赠予；另一方面又否认人民具有参政的智慧和必要性，推崇传统君权观中消极无为的统治客体角色，宣扬君主所具有的宗教和政治号召力、凝聚力。同时，他又承认英格兰的首脑与身体应该和谐相处，这也是"王在议会"君权观的表露。最终，他的所有推理都指向一个结论：查理一世应该复位。塞奇威克的推理根植于时人对现状的焦虑、对无序的恐惧。连年内战造成的社会秩序混乱让人们渴望稳定和秩序，在大部分时人心目中，君主仍旧能够担当这一角色。而君主双重身体的被迫分离、君主自然身体有可能受到的损害令人们十分不安，因此，塞奇威克与许多人产生了共鸣。果然，他的小册子获得了巨大反响，12 月 21 日以《长老派的预言》（The Presbyterians Prophecie）之名再版。这个小册的迅速再版说明至少两个或三个长老派印刷作坊认为它销路很好。②

面对塞奇威克引发的和平与思君潮流，反王阵营的激进派马上做出舆论反击。T. 克利尔（Collier）在《为军队大抗议书辩护》中抨击塞奇威克"过分贬低并责备"军队的事业，这是"伟大的耶和华通过他的人民在这个国家建立的事业"。塞奇威克大力赞扬的那些人，曾经和现在都反对和平，"是上帝和人类的敌人"。克利尔以肯定的语气说，塞奇威克十分清楚上帝在战场上赐予军队的胜利，但却不理解这意味着上帝也赞同他们的政治目标。军队的所作所为是为了国家的利益，这是上帝的意志。③

针对塞奇威克对军队篡夺议会特权的指控，克利尔辩解道，议会的存

---

① Sedgwick, *The Spirituall Madman*, London, December 20, 1648, pp. 11 – 14.

② Amos Torvald Tubb, *Printed Revolutions: Print Culture and Political Culture During the English Republic*, A Dissertation of University of California, 2004, p. 116.

③ T. Collier, *A Vindication of the Army-Remonstrance*, London, December 20, 1648, Sig. A2r-v, p. 2. (http://eebo.chadwyck.com/)

在是"为了（人民）的利益，为他们带来正直、公正和平等，而不是毁灭或破坏它们"。换言之，人民的利益就是议会的特权。如果"议会中出现邪恶"，那么，军队必须清除邪恶以保护人民利益。因此，军队并未毁灭议会，反而将其从疾病中拯救出来。克利尔十分诧异塞奇威克自己也明白与国王的协定不利于人民，不知他为何还支持那些与国王进行和谈的议员。毕竟，这些议员是违背上帝意愿和人民利益的。①

12 月 18 日，一个自称是"议会成员之一"的作者出版了小册子，猛烈抨击长老派和苏格兰议会。他认为，坐等"上帝改变（查理）的心"，然后与他签订一个令两个王国都能接受的协定是不现实的。作者表示，他不愿意跟英格兰或苏格兰的议会达成协定，并提醒长老派不要忘记"国王对妻子的过度疼爱……国王不会抛弃主教和天主教徒、王后及其好朋友"。国王"努力将爱尔兰和法国军队引进来（引进英格兰，笔者注）……承诺中止英格兰和爱尔兰所有反对天主教徒的法律"。另外，国王"努力挑起党派争斗，以及英格兰与苏格兰正直团体之间的矛盾"。"难道他不是经常公开违背他的承诺和声明吗？他不是公开在议会宣布，他的行为只需要对上帝负责吗"？再者，国王曾经允许天主教徒野蛮屠杀爱尔兰新教徒，甚至将爱尔兰新教徒的财产和生命献给天主教徒，以获得那个王国的天主教徒的支持。再一次，这个议会人士反问长老派为何支持"这个人"。② 作者甚至质疑正直人士是否敢于勇敢抵抗国王以保护议会和人民的权利，"反抗国王或压迫他们的教士所声称的无约束的特权"。③ 这个小册子的作者是否是议会人士这一点令人怀疑，在当时的舆论大战中，不能排除以议会人士口吻来反驳对手的可能性。但这至少表明，反王阵营中的激进派和保守派之间的唇枪舌剑进入白热化状态，他们曾经为了共同的目标走到一起，但普莱德清洗前后，他们对查理一世命运的看法出现巨大分歧。

著名的共和主义者理查德·奥弗顿在小册子中公开宣布，"权利属于

①　T. Collier, *A Vindication of the Army-Remonstrance*, London, December 20, 1648, Sig. A2r-v, pp. 4, 7 - 8.

②　*A Paire of Cristall Spectacles*, London, December 18, 1648; pp. 1 - 6. (http://eebo.chadwyck.com/)

③　Ibid., p. 4.

人民，从法律层面看属于其代表"，并请求上院"将我们从压迫中解救出来，赋予我们正义和权利来统治我们的压迫者"。因为"经过清洗，你们中间已不存在叛逆的党派，我们未来的幸福掌握在你们手中"，议会具有最高权威。可见，在他眼里，"人民的公共权利"是至关重要的，但他所认为的"人民"范围很窄，仅包括"英格兰的善良人民"，① 那么哪些人属于善良人民呢？可以推测，奥弗顿指代的是热爱自由，反对查理一世的人民。

《白金汉郡的阳光》则代表了平等派的极端要求。它引用耶稣的话来抨击君主制思想、财产分配方法和社会等级制度。作者认为，所有人应彼此平等相待，"人类有权管理其他低等生物，但无权统治同类。所有人的出身都是同样高贵的"。《创世纪》中的典故说明人类不能互相统治。② 而国王"起初并不是上帝所设立的，而是在异教中建立的"。《撒母耳记》记载了上帝的话：如果人民设立国王，他们就会陷入奴役状态。以色列人设立国王后，"悲惨降临，他们连年对外征战，最后导致国内分裂，出现两个国王。不幸的内战爆发，王国内杀戮遍地"。这令英国人想起自己的国王所发动的战争。③ 不仅如此，作者从历史现实出发，证明英格兰国王并不合乎法律。1066 年，国外的私生子威廉以征服者和谋杀者的身份登陆英格兰，所以，英格兰的国王从一开始就是谋杀者，"是基督教王国的敌人"。国王通过他们的行为体现出魔鬼的一面。他们毁灭了"我们所有的贸易，以特权名义任意买卖，享用并占有土地"，将它们给予"富有资产者、侵占者和圈地者"。很明显，这样的人不能统治英格兰教会。④ 所以，任何跟国王谈判的人都是背叛上帝，与魔鬼做交易的。

那么，平等派的政治蓝图是什么呢？他们希望所有人受到"一个公正的统治者"统治，这个统治者"可以从圣经中找出来"。政府由"法官组成，他们是从人民中挑选出来的。他们敬畏上帝，憎恶贪婪，可以称之

① Richard Overton, *To the supream authority of England, the representors of the people in Parliament assembled*, London, 1649, pp. 3 - 4. (http://eebo. chadwyck. com/)

② *Light Shining in Buckinghampshire*, London, December 5, 1648, pp. 1 - 2. (http://eebo. chadwyck. com/) 参见《创世纪》1：26、9：1 - 18。

③ *Light Shining in Buckinghampshire*, pp. 2 - 3.

④ Ibid. , pp. 3 - 4.

为长老"。这个新政府将所有王室政府的财产，"所有主教的土地、王家猎场以及王室土地"都赐给穷人。作者认为，穷人得到如此优厚的条件，就不会再支持国王。① 看来，这个作者仇恨国王这一职位，认为它不符合上帝旨意。作者希望建立一个民选政府，政府架构中不包括国王。这个政府会粉碎现存特权等级的经济基础，拉平等级差别，让穷人彻底翻身做主人。这样的政治理想很接近民主政体，这在当时是比较极端的想法。

但平等派成员对政体的看法也是有差别的。12 月 12 日，平等派新闻书《温和派》不否定君主制的合理存在，但希望建立选举君主制。作者引用《圣经》范例，证明利用选举更换国王的合理性。《圣经》记载了以色列王国的故事。扫罗的儿子被剥夺了王位继承权，上帝选择大卫为以色列王。所罗门的儿子"拒绝废除强加在以色列人身上的一些重税"，结果，以色列的 12 个部族中有 10 个部族都否决他的继承权，选举"他的仆人耶罗波安（Jeroboam）为合法国王，后者是新来的穷人，正如圣经所证实的那样，上帝也赞同"。作者指出，在英国历史上也出现过不断更换国王的现象，从撒克逊人到诺曼人，到法国人，"最后是不列颠人亨利七世"。② 可见，平等派中的温和派希望废黜查理一世，另选一个公正而体贴臣民的国王。这种君权观并非完全抛弃国王在政治框架中的地位，而是要建立选举式的君主制度，在这样的制度下，君主要受臣民的监督和限制，只要他做出人神共愤之事，臣民就有责任废除他。

由上观之，第二次内战结束后，由于政治力量对比出现落差，反王阵营中议会和军队之间的关系紧张起来。在是否审判查理一世的问题上，他们分歧严重。议会和军队中的保守派对查理一世抱有幻想，与保王阵营继续谈判。而查理一世采取两面手法，与议会谈判的同时，与苏格兰签订密约，这令反王阵营的激进派感到失望。于是，军队激进派发表《军队大抗议书》，宣传血债血偿理论，号召人们惩罚战争的制造者查理一世。议会对此置之不理，于是激进派借助武装力量，清洗了议会。在此过程中，保王阵营并未采取任何积极的营救国王行动，而是利用印刷媒体表达己方

---

① *Light Shining in Buckinghampshire*, pp. 4 - 5, 12 - 13.

② *The Moderate*, December 5 - 12, 1648, Number 22, pp. 189 - 190. (http: //eebo. chadwyck. com/)

观点。他们对军队的行为或讽刺嘲笑，或猛烈抨击，用无序和混乱的前景恐吓民众，试图唤起人们对君主及君主制的崇拜和依赖。反王阵营中的激进派则为军队行为辩护，强调惩罚查理一世的合理合法性，平等派也通过印刷品支持军队行为。

　　在论战的背后，我们可以看到不同君权观之间的较量。保王阵营和反王阵营的保守派支持君主以及君主制的存在，他们认为，君主在社会和政治秩序中的地位仍是不可替代的。军队激进派虽然反对查理一世继续为王，但希望未来的君主由选举产生，君权源于人民这一观念得到强化，臣民的监督角色被不断强调。君臣之间的契约不仅约束君主，而且保障臣民解放自己的权利，这也是平等派中的温和派所强调的观点。但平等派中的极端分子希望建立一个人人自治的民主共和国。他们否定君主制的合理性，认为君主原本不为上帝所喜悦，是压迫人民的创造物，这预示了查理一世的命运和审判后英格兰的政体走向。从他们的辩论中，我们可以发现以下特点：首先，君权神授观遭遇君权人授观挑战。传统君权观中统治主体和客体的地位发生了一定程度的逆转，在新君权观中，君主成为权力接受者，臣民成为权力施予方，上帝只是这个过程的见证者和保护者。其次，新君权观仍然借助宗教庇护。在论战中，圣经故事和宗教话语是各个政治集团相互攻讦的常用工具。再次，古典政治思想得到一定程度的宣扬。蕴藏在臣民内心深处的公民意识觉醒并增强，大众主权思想得到张扬，平等派所宣扬的民主共和国理想可以说是希腊时代民主政体的影子。简言之，君主的传统地位和神圣色彩骤然下降，进一步限制政体架构中国王权力的呼声高涨。

第七章

审判查理一世

普莱德清洗后，英国伦敦的政治气氛紧张而凝重，欧蒙德（Ormond）的爱尔兰军队与鲁伯特的舰队试图联合起来入侵英格兰，查理一世决定发动第三次内战的可能性日益增加。① 内忧外患的压力迫使以克伦威尔为首的军队高层不再犹豫，迅速作出应对之策，审判查理一世势在必行。此外，契约论、抵抗暴君论和内战期间精英集团对君主双重身体的认识进一步加深，都为审判提供了精神食粮，对杀人犯的争论和血债血偿的呼声则使审判更加师出有名。那么，如何审判？审判是否能够成功？审判的实施程度、审判后英格兰的政体走向如何？在这场紧张而危险的审判中，新旧君权观以不同方式进行搏斗，或正面交锋、短兵相接，或迂回前进，从中可以窥见英国人君权观的基本特点和发展方向。

第一节　如何审判

1648 年 12 月下旬，对军队中的激进派来说，查理一世是高贵的囚徒，又是一个烫手山芋，如何对国王实施正义一直以来都是困扰着他们的难题。保王派报纸曾经报道过，军队密谋采用毒药或暗杀方式结束国王的性命，也有人提议在赫斯特城堡前制造事故，或者在国王试图逃走时击毙之。直到 12 月 16 日，费尔法克斯依军事委员会决议派兵将国王带离赫斯

---

① John Adamson, "The Frighted Junto: Perceptions of Ireland, and the Last Attempts at Settlement with Charles I", Peacey, ed., *The Regicides and the Execution of Charles I*, p. 61. 作者的证据是，1649 年 1 月 27 日，对查理一世的指控中强调了，国王不仅在 1648 年再次对人民和议会发动战争，而且"继续"命令王子和欧蒙德试图入侵英格兰。

特城堡的那天，总令人捉摸不透的克伦威尔终于做出了审判的决定。① 根据当时的战争法，君主在战时不享受赦免："战争法在战时具有普遍约束力，对王室贵族和普通军人同等适用。"也就是说，军队高层完全可以将国王送上军事法庭接受审判。但满怀清教热情的军队激进派希望让上帝见证国王的命运，根据传统的抗辩程序在民众面前公开审判。这是史无前例之举，英国历史上曾经不得民心的君主理查德二世与爱德华二世之死均未通过法律渠道，对亨利八世的妻子安妮·博林和苏格兰女王玛丽实施的审判也不够公开透明，其合法性一直受到质疑。公开审判查理一世所遭遇的困难是难以想象的。

审判缺乏充分的法律依据和坚定的法律顾问。12 月 18 日，克伦威尔就审判国王之事咨询两位主要的议会法律顾问巴斯多德·怀特洛克（Bulstrode Whitelocke）和托马斯·维德瑞顿（Thomas Widdrington），但这两位律师均对审判国王的合法性提出严重质疑。② 而议会的法律书记员亨利·埃尔辛（Henry Elsyng）也反对审判，所以一直装病。12 月 21 日，这三位律师碰面时，肯定讨论过审判国王的危险性。

从 12 月 23 日开始，反王阵营就开始准备"通过司法渠道反对国王及其他重要罪犯"的立法准备工作。③ 一个商议国王命运的审判委员会成立了，激进的共和主义者亨利·马顿和清教徒托马斯·司各特担任主席，克伦威尔也是委员之一，这足以说明军队高层对这个委员会的重视。起草审判立法程序的材料是由巴斯多德·怀特洛克和托马斯·维德瑞顿完成的，但当他们得知自己被任命为审判国王的委员会成员，并准备整个审判的立法时，大为惊骇，马上逃之夭夭，埃尔辛则谎称得了急症，于是让具有一定威望和经验的梅德斯通市（Maidstone）市长安德鲁·布鲁顿取代了他的职务。④ 他们的行为表明，部分法律精英对即将到来的审判感到恐惧，

---

① ［英］杰弗里·罗伯逊：《弑君者》，徐璇译，第 132 页。

② 同上书，第 130 页。

③ *Journal of the House of Commons*, Vol. 6, pp. 102 - 103. (http://www.british-history.ac.uk/)

④ Ruth Spalding, ed., *The Diary of Bulstrode Whitelocke*, *1606 - 1675*, Oxford University Press, 1990, pp. 226 - 227. (http://books.google.com/books) ［英］杰弗里·罗伯逊：《弑君者》，徐璇译，第 139 页。

其实质是传统君权观的深刻影响仍旧存在。他们仍相信，国王虽然犯了错，臣民或许可以提出质疑，但要彻底颠覆君权的神圣地位，审判国王，则是大逆不道的行为。

对于传统君权观在人们观念里占据的道德优势，军队中的激进派采取舆论攻势，极力为法官和士兵们打气。12 月 22 日，彼得斯在威斯敏斯特为议会做布道。这次布道中，彼得斯强调国王是"人民的压迫者""谋杀者""暴君"，军队肩负带领上帝子民脱离全欧洲"根深蒂固的君主制"奴役的神圣使命。士兵被比作受难的基督徒，国王则是"温莎的巴拉巴"。[①] 他鼓励议会"送国王去接受合理、迅速而重要的惩罚"。[②] 12 月 27 日，审判委员会向上议院建议成立一个特别法庭来审判国王。

1648 年 12 月 28 日，"为了人民更好理解、记忆和判断"，《军队大抗议书简本》面世，其总页数从原来的 120 页削减为 70 页。这个小册子认为，"国家的公共利益"取决于"公平选举而来的代表所构成的议会"。"制定或改变法律的权力以及最终决断的权力""不依赖于国王的意志，或某个特殊人物"，而属于人民代表。如果有人违反法律，同样由选举产生的官员们"将根据法律来惩治他们，如果无法可依，就根据他们自己的判断"。[③] 这些话传达的意思很明显，下院议员是人民的代表，是国家公共利益的守护者。审判国王虽然在法律上无法可依，但这些选举而来的官员可以根据自己的理性实施公正审判。接着，小册子利用契约理论为读者洗脑。它说道，国王因"受到委托而具有有限权力，并依法统治"，而目前的国王查理一世忽视了君权是受限制的，无视人民利益，"摧毁自由的基础"，从而"将人民从他与其子民之间的纽带中解放出来"，人民可以"通过司法程序反对他"。[④]

另外，《军队大抗议书简本》要求读者们仔细阅读圣经个别章节，反复强调经典的血罪文本。最后，小册子模仿《诗篇》第 149 章第 8 节的

---

① 一个杀人犯和欺压人民者。

② *The Moderate Intelligencer*, Number 39, Dec 19 - 26, 1648, sig. 165 - 166. (http: //eebo. chadwyck. com/)

③ *An abridgement of the Late Remonstrance of the Army*, London, Dec 27, 1648, p. 5. (http: //eebo. chadwyck. com/)

④ Ibid. , p. 6.

语气，号召"圣徒们""将他们的国王锁住，将贵族用铁链铐住，对他们实施审判"。① 在这场不同君权观的战争中，圣经总是在关键时刻给予人们心灵上的鼓舞和抚慰，因此，彼得斯的布道在一定程度上缓解了士兵和军队高层的思想压力。

就在同一天，审判委员会向议会提交了对查理一世的控诉书草本，内容如下：

> 查理·斯图亚特背离议会，违背信任与托付，召集军队发动讨伐议会的战争，未带来全民福利，反而带来流血和苦难。他雇佣爱尔兰叛军挑起第二次内战，他的所作所为违反了臣民（subject）的自由，试图破坏本王国的基本法和自由。②

控诉书的措辞简单而直接，但并未解决审判国王所面临的逻辑和法律难题，因此不具说服力。首先，按照传统君权观，英格兰的众多法律构成国王政治身体，国王又是一身二体，两个身体怎么会自相矛盾？在1641年对斯特拉福德伯爵的褫夺法中，约翰·皮姆说道，法律将国王及其人民构成一个独立的政治体，任何试图颠覆或毁灭法律的行为都会对政治体造成可怕后果。③ 可见，国王和人民也是休戚与共的，查理一世怎么可能自己反对自己？其次，早在1648年11月底，《军队大抗议书》传到国王手中的时候，他就在抗议书的空白处写上了保王派法律顾问布里奇曼的意见：

> 就法律的字面解释而言，所有被指控违反法律的个人都必须受其同侪或同辈审判。但倘若该被控者没有同侪，法律应该如何处置？④

---

① *An Abridgement of the Late Remonstrance of the Army*, 1648, pp. 8, 10. 如《约书亚》11：17、《审判》3：21、《列三纪下》14：19 – 21。

② David Lagomarsino, *The Trial of Charles I: A Documentary History*, University Press of New England, 1989, p. 16. 徐璇将此处的 subject 翻译为"国民"，但从当时的历史情境看，起草者仍认为自己是国王治下的臣民，因此译为"臣民"更合适。

③ D. Alan Orr, "The Juristic Foundation of Regicide", in Peacey ed., *The Regicides and the Execution of Charles I*, p. 119.

④ ［英］杰弗里·罗伯逊：《弑君者》，徐璇译，第131页。

确实，传统君权观中的君主由上帝命定，是半神半人之体，尘世间谁有资格成为国王的同侪？12 月 30 日，下院通过了褫夺条例（Ordinance of Attainder）和针对国王的控诉。褫夺条例显然是借鉴审判斯特拉福德伯爵的经验，如此一来，查理一世成为可以被审判的普通罪犯，但这也显得牵强。

1649 年 1 月 1 日，下院以 26 票赞成对 20 票反对的比例勉强通过了《建立高等法庭的条例》。条例的"前言"强烈谴责了查理·斯图亚特发动战争，造成生灵涂炭的罪恶，足以构成"严重叛国罪"。"议会原本希望限制查理人身自由以平息整个王国的愤怒，从而免于将其交付司法程序，但遗憾的是，根据经验，宽容只能使查理及其同党的恶行变本加厉"，"为了惩戒后来者"，"议会任命 150 人作为审判查理·斯图亚特的委员和法官组成高等法庭，审判查理·斯图亚特"。[①] 但条例的勉强通过说明，下议院的很多成员也觉得审判的理由不够充足。

果然，1 月 2 日，《建立高等法庭的条例》受到上议院阻挠，议员们都反对在给叛国法下定义时赋予其溯及力。[②] 诺森伯兰伯爵（Earl of Northumberland）抗议道："即使国王确实曾经首先发动战争，也无法援引我国任何一部现行法来判定他构成叛国罪，而尊敬的议长们，倘若我们在事实尚未证明，也无法律可供审判时适用的情况下单凭这一'条例'就宣告叛国罪成立，这在我看来是十分不合理的。"[③] 基于当时的法律，条例（ordinance）只是下院的提案，不经过国王和上院的批准就不具备法律效力。1641 年对斯特拉福德伯爵实施是褫夺法案（Act of Attainder），Act 是经过国王同意而具有法律效力的。于是，上院决定休会 10 天，劝

① S. R. Gardiner ed. , *The Constitutional Documents of the Puritan Revolution*, *1625 - 1660*, pp. 357 - 358；David Lagomarsino, *The Trial of Charles I: A Documentary History*, pp. 16 - 17.

② 所谓法律的溯及力，即是法律溯及既往的效力。简言之，就是新的法律施行后，对它生效前发生的事件和行为是否适用新法的问题。如果适用，就是具有溯及力；如果不适用就是不具有溯及力。如果具有溯及力的，法律要明确规定适用原则。关于溯及力的原则一般是采用"从旧兼从轻"的原则。即新的法律施行以前的行为，该行为实施时的法律不认为是违法的，适用当时的法律；当时的法律认为是违法的，依照当时的法律给予处罚；但是若新的法律不认为是违法的，或者处罚较轻的，则适用新法。

③ S. R. Gardiner, *History of Great Civil Wars*, Vol. 4, pp. 288 - 289.

说下院放弃这个议案。

后来的事实证明，上院的拒绝是审判过程中的转折点。1月3日，下院讨论了上院的回复。虽然一些人希望遵守合法程序，即以一个大法官（Lord Chancellor）或者单独的首席法官（Lords Chief Justice），或者"英格兰会议（the Councell of England）"的名义进行审判，但下院最后的决议是，此后，下院及其任命的委员会有权绕开上院独自行事，其中包括审判查理一世。① 1月4日，下院发表声明：

> 英国议会下议院宣告，上帝之下的人民（people）是一切正当权力的来源。人民同时也宣告，英国议会的下议院，是人民所选出的代表，拥有这个国家的最高权力。此外，人民也宣告，任何由英国下议院制定和公布的法案具有法律效力，它体现了全国人民的共同意志，无需获得国王或上议院的同意或协助。②

在当时的政治文化氛围中，这个声明使下院获得"残缺议会"的蔑称。在保王派和长老派眼中，该宣言是被清洗过的下院投票决定的结果，并未经过国王和上院的批准，是不合法的。但它解决了审判中的两大难题。首先，之前的"臣民"转换为"人民"，后者取代国王成为权力的源头，这些权力当然包括立法权，因此，"反对人民"，就构成反对国家的叛国罪，即使是国王，也罪无可赦，审判国王就成为合法之举。其次，既然下院所颁布的法案具有法律效力，那么不再需要得到上院和国王的批准。而对查理一世权力的褫夺决定了他所拥有的神圣性已经消失，可以找到成为他同侪的人。更为重要的是，传统君权观中的统治主体和客体之间的地位不仅被拉平，甚至发生了翻天覆地的逆转，在"人民共同意志"原则下，国王或上议院对下院的决议没有任何否决权。这样一来，传统的国王、上院和下院三位一体的主权观（或者说"王在议会"君权观）被破坏了。它公开宣布一种新君权观的诞生，如果将它放到英国历史长河中

---

① *Journal of the House of Commons*, Vol. 6, pp. 109 – 110.（http://www.british-history. ac. uk/）David Lagomarsino, *The Trial of Charles I: A Documentary History*, pp. 19 – 20.

② David Lagomarsino, *The Trial of Charles I: A Documentary History*, pp. 22 – 23; *Journal of the House of Commons*, Vol. 6, pp. 110 – 111.（http://www.british-history. ac. uk/）

考量的话，这个宣言蕴含的大众主权观或者说"民主"观念和"代议制政府"观念已经超前了几个世纪。所以，在 17 世纪上半叶，这个宣言不啻为一则革命宣言。

　　1 月 6 日，议员们首次通过了英国历史上第一个一院制议会法案："臭名昭著的现任英格兰国王查理·斯图亚特，并不满足于侵犯其祖先赋予人民的权利和自由，阴谋推翻这个民族古老的基本法和自由，代之以独裁专制政府。除此之外，他通过其他邪恶途径和方式实现其计划，他用火与剑实现自己的计划，将这个国家引入内战，反对议会和王国，从而使得这个国家财力消耗，贸易中断，成千上万的人们生灵涂炭……鉴于查理·斯图亚特的最高叛国罪行，需要将之付诸于最高惩罚……议会原本以为，当上帝将他交到议会手中后，对他实施人身监禁可以平息王国的灾难，从而避免对他实施司法惩罚；但是发现他们的疏忽只会鼓励他及其同党继续实施其邪恶计划，发动新的叛乱和入侵"，"为了避免以后的最高执政官不再如此"，下院集会建立高等法庭，独自审问、裁决和判决查理·斯图亚特。①

　　在这个法案中，本土的基本法和古老法律是跟国王本人分离开来的。国王只是负责维护法律和司法的"首席官员或执政官"，而不是二者的来源，这与审判斯特拉福德伯爵时的叛国罪法案的基础大不相同，当时国王仍是二者的来源。但需要指出的是，这里说到审判的目的除了"平息王国的灾难"外，还是"为了避免以后的最高执政官不再如此"，可见，此时的审判委员会并不希望废除君主制，至于是否处决查理，就很难说。但人们知道，一旦进入叛国罪审判程序，其结果往往是处决。这正是许多法官犹豫不决甚至逃跑的原因，在他们心里，新旧君权观的斗争一直存在。

　　然而在同一天，委员会任命 135 位"这个国家最值得尊敬、最重要的人们"——封地贵族、众多大城镇的市长和巡回法官（recorder）、议员、律师、伦敦市参议员和高级军事将领作为法官。② 可见，法官的任命既考虑到受命者的法律知识，又顾及到不同地域和职业。但这次法官人数

---

　　① C. H. Firth and R. S. Rait eds. , *Acts and Ordinances of the Interregnum*, Vol. I, HMSO（His Majestys Stationary Office），1991, pp. 1253 – 1254.

　　② ［英］杰弗里·罗伯逊：《弑君者》，徐璇译，第 143 页。

与1月1日的任命相比下降了。其原因在于，之前的任命没有经过当事人的同意，一些法官得知后就临阵脱逃了。而1月6日任命的法官中有相当一部分由于各种原因也无法参与。所以，法案规定，法院的法定组成人数为22人。

1月8日，高等法庭召开第一次会议，与会者53人，其中包括费尔法克斯将军，他的出现在客观上表明该法庭获得了军队的最高认可。但此后，他以政务繁忙为借口再也没有出席会议。费尔法克斯的行为代表了反王阵营相当一部分人对审判的消极对抗。坚持积极参加会议的人包括克伦威尔、艾尔顿、亨利·马顿、埃德蒙·拉德洛、尼古拉斯·拉维、托马斯·司各特等人，他们虽然满怀激情，但没有法律方面的领军人物，审判工作也无法展开。当时最为重要的法官：首席法官、普通诉讼首席法官（Lord Chief Justice of the Common Pleas）和财政署首席男爵（Lord Chief Baron of the Exchequer）拒绝为高等法庭服务。1月10日，审判委员会任命约翰·布拉德肖为法庭主席，这个人刚刚担任切斯特的法院院长和郡长，之所以选中他，是因为他以共和主义热情而闻名，在切斯特郡得到大批独立派议员的支持。确实，布拉德肖在法庭上表现出对大众主权和依法而治的坚持。同时，法庭又任命威廉·斯迪尔为总检察长，但他对将要投入的工作十分忧虑，1月18日被证实病重，无法胜任其职位，于是原本被任命为副总检察长的库克接替他的工作。① 从另一个角度看，审判的准备工作如此曲折与精英分子各自所持的君权观有密切关系，面对君权观的差异，以克伦威尔和艾尔顿为首的强势团体控制着时局的进展，为大众主权观张目，费尔法克斯为代表的弱势群体只好以各种理由消极怠工或消极对抗。

审判的法律专业人士问题解决后，接下来要讨论的是，审判地点以及对国王的控诉程度如何？凯尔西认为，在这两个问题上，审判委员会成员之间的分歧和争论持续了两个星期，这很可能反映了精英分子对英国未来政体的不同设想。"一般来说，审判结果将有助于决定将来的英国政体更

① David Lagomarsino, *The Trial of Charles I: A Documentary History*, pp. 46 – 47. 关于人选的讨论没有记录，罗伯逊推测，推举库克的人很可能是他的朋友拉德洛、艾尔顿及其同学尼古拉斯·拉维。库克是一个虔诚的清教徒，在审判中，他抵住来自各方面的压力，尽职尽责。参见〔英〕杰弗里·罗伯逊：《弑君者》，徐璇译，第145页。

接近民主制还是接近寡头制。因此这两种政体倾向的支持者竞相控制审判的准备工作，从而使得结果朝向对自己党派、政治和思想偏好有利的方向发展。在私下讨论中，保守的宪政主义者努力减少审判对国王造成的致命危险，而较为激进的法庭成员则努力确保对国王的审判诉讼不会威胁到主权人民的权利。"①　关于在温莎还是在伦敦进行审判的争论持续了一个星期，最终决定在伦敦的威斯敏斯特大厅。凯尔西认为，将审判地点转移到温莎的举动将增加暗地里和平谈判的可能性，最终的结果表明民主派法官的胜利。②　争论的历史细节缺乏资料来证明，故凯尔西的论证具有推测成分。③　另外，他的推论是为了证明，审判准备工作进程缓慢，大多数法官并不愿意审判国王。这一点已经遭到其他学者的批判。克莱夫认为，凯尔西的分析夸大了审判委员之间的分歧，而军队中的一致性还是比较明显的。④　确实，在 1 月 10 日，审判委员们召开一个没有士兵参加的小委员会，其目的是讨论与审判有关的"所有情况"，此时审判地点尚未确定。⑤　第二天，委员们在讨论中发现审判地点的选择是"十分重大的事情"，于是推迟会议。1 月 12 日，审判委员会增加了 7 个新成员，继续讨论这个问题，最后委员们一致同意在威斯敏斯特大厅实施审判。⑥　罗伯逊却没有谈及温莎和威斯敏斯特之争，只是提到人们对威斯敏斯特大厅与相对安全的漆厅之间的抉择。为了显示审判的公正、公开性，克伦威尔力主将审判放在可容纳几千人的威斯敏斯特大厅。⑦　笔者认为，关于地点的讨论是存在的，但凯尔西认为这表明准备工作的拖沓，并将最终的结果与不同派别的胜利联系起来是有些牵强的。由于审判国王无先例可依，所以其准备工作十分艰难，按照当时的情境，其进程足以称得上迅速甚至匆忙，而在准

---

① Sean Kelsey, "The Trial of Charles I", 2003, p. 594.

② Ibid., p. 596.

③ 比如，凯尔西推测，在 1 月关于上院未来的争论中，Northumberland 的仆人 Cornelius Holland 和 William Purefoy 支持英国贵族的权利，这两个人都可能在拒绝 1 月 9 日将审判地点定在伦敦。并且，据此推论这两个人倾向于寡头制政体。参见 Sean Kelsey, "The Trial of Charles I", pp. 596 – 597。

④ Clive Holmes, "The Trial and Execution of Charles I", p. 313.

⑤ David Lagomarsino, *The Trial of Charles I: A Documentary History*, p. 35.

⑥ Clive Holmes, "The Trial and Execution of Charles I", p. 314.

⑦ [英] 杰弗里·罗伯逊：《弑君者》，徐璇译，第 148 页。

备过程中，委员们对诸多问题的争论只能表现出君权观的复杂和多样性。

接下来的问题是，如何撰写对查理一世的控诉书，这关乎审判的实施程度。1月12日，星期五，高等法庭命令库克和道瑞斯劳斯草拟控诉书，限他们三天后提交。时间非常紧迫，这期间法庭的激进派是否对二人施加影响则不得而知。1月15日，控诉书的草拟本出炉，其中列举了查理串谋弑父、强行摊税并违背加冕时的誓言、阴谋引入天主教、应对拉罗谢尔战役引起的损失负责等，几乎囊括了之前激进派小册子对查理的所有谴责。这个控诉书在会议上宣读后，高等法庭成员认为它十分冗长，于是新成立了一个包括艾尔顿和马顿在内的委员会来帮助库克缩写控诉词，并协助他收集证人证言。① 两天后，库克的修改稿呈递给议会讨论时，议员还是认为内容过多。最后，克伦威尔加入了修改讼词的委员会，他声称自己抵制了来自议员们的压力，对于那些可能证实不了的或不甚相关的控告，不管对查理多么不利，都加以摒弃。

控诉词所经历的几番修改引起了凯尔西的注意。他强调，正式起诉书是经过漫长而拖拉的讨论后才被同意的，其间，民主派和保守派法官进行了斗争。大部分法官故意降低对国王的控诉程度，"给查理提供机会为自己正名"。② 因此，这次讨论的胜方是那些更加倾向于恢复王权的法官，委员们在商讨过程中"逐渐软化"了起诉书的语气，甚至希望将对国王的谴责转变为"罪在佞臣"原则。③ 克莱夫认为，凯尔西所坚持的转变缺乏任何直接证据，他只用了"另一方面"这个短语就转向了古老的"佞臣"原则，这是不能令人信服的。④ 罗伯逊甚至将凯尔西的推论视作"异想天开"，他的观点是，修改公诉词是为了让被告无可辩驳，而不是像一开始那样漫无目的地广撒网。⑤ 笔者认为，凯尔西在此处所说的关于公诉词范围和措辞程度的分歧是存在的，至于议员修改库克的公诉词，也是可

---

① David Lagomarsino, *The Trial of Charles I: A Documentary History*, p. 40. ［英］杰弗里·罗伯逊：《弑君者》，徐璇译，第 148 页。

② Sean Kelsey, "The Death of the Charles I", p. 747; Sean Kelsey, "The Trial of Charles I", pp. 599, 600; Sean Kelsey, "Politics and Procedure in the Trial of Charles I", p. 19.

③ Sean Kelsey, "The Trial of Charles I", pp. 599, 600; Sean Kelsey, "Politics and Procedure in the Trial of Charles I", p. 15.

④ Clive Holmes, "The Trial and Execution of Charles I", p. 299.

⑤ ［英］杰弗里·罗伯逊：《弑君者》，徐璇译，第 153 页注解 16。

能存在的，但没有具体证据。罗伯逊站在法学家的角度颂扬约翰·库克，认为讼词过长的错误不能归咎于库克，而应由政治家负责。也就是说，库克可能受到激进分子的影响，从而扩大了控诉的范围。问题的关键是，罗伯逊和凯尔西的论证的目的存在本质上的不同。罗伯逊强调审判的目的是要置国王于死地，实现清教徒的政治理想，即推翻君主制度；凯尔西想证明的是，审判是另一种类型的谈判，大部分法官的本意不是处决国王，相反要拯救国王。

笔者认为，罗伯逊的观点是站得住脚的。审判原本是政治集团争权夺利的产物，它建基于政治必要性，不排除军队激进派试图通过审判置国王于死地的可能性，但在具体实施的过程中，难免受到传统君权观的影响，因此审判又是新旧观念之间的较量。比如，在同情查理一世的小册子中，对国王的指控只包括向议会发动战争从而丧失人民的信托，也就是说，国王只为 1642 年开始的英国内战负责。① 但激进派法官强烈希望将查理一世的所有失职行为和罪行都公之于众。据报道，托马斯·哈金森（Thomas Harrison）曾经鼓励他的同事谴责查理："绅士们，让我们竭尽所能使他声名狼藉。"② 在 1660 年对弑君者的审判中，库克声称，当年撰写控诉书的时候，"有些人似乎希望公诉书来个长篇大论，但我完全不赞成"，"必要的"起诉在"审判法案中已经表达出来"。③ 看来，库克以专业的眼光认为控诉书应该短小精悍、一针见血，但受到激进派法官的影响，控诉书草稿变成了长篇大论。而最终的控诉书又变得简洁而有力，这很可能说明审判的主谋克伦威尔和艾尔顿希望通过审判将查理一世一举击败。

在威斯敏斯特大厅外，不同政治集团的印刷物也时刻关注着审判的准备进程，并不时表达对审判以及君权的看法。但当时的出版并不自由，议会命令费尔法克斯贯彻 1643—1647 年的出版审查制度，意在切断保王阵营以及长老派的印刷物出版渠道，另一方面却鼓励己方对国王及其追随者

---

① *The Charge of the Army and Counsel of War*（［29 Dec?］）1648，pp. 3 – 4；*Articles exhibited against the King*，*and the Charge of the Army*，*against His Majesty*（［29 Dec］）1648，pp. 1 – 2.

② *An exact and impartial accompt of the indictment*，*arraignment*，*trial and judgment*（*according to law*）*of nine and twenty regicides*，1660，p. 44.

③ Ibid.，1660，p. 119.

进行驳斥。① 议会控制舆论的行为说明审判委员会对审判本身信心不足，担心保王阵营对传统君权观的宣扬会影响广大民众的情绪，令后者对查理一世产生同情，从而阻碍审判的实施。

即便如此，反对军队和残缺议会的印刷品还在市面上或地下秘密流传着。被清除的长老派竭力反对审判国王。一个长老派作者警告读者，军队和下院将走向专制，对国王的审判是"不公平的"。他提到爱德华二世和理查德二世之死引起的大规模流血，谋杀这两个国王的人是为了"个人阴谋和私利"，后来均遭报应。查理一世的命运与前两个国王不同，对他的公开审判将令人们产生恐惧心理，"给整个国家带来毁灭"。② 更加激愤的是威廉·普林，他抨击军队是"军事集团"（junto），坚持认为"我们的君主查理陛下是这个王国合法国王"，被清洗后的议会下院不再代表人民。他呼吁残缺议会的成员们叩问良心，认真思考审判国王即将带来的恶果。③ 这本小册子的传播引起下院的重视，1 月 10 日，下院专门讨论了对普林的处罚，决定对他实施逮捕。④ 查理一世听了对他的指控后，发表声明说，"根据众所周知的王国法律，对他的指控和审判是合法的话，他不恐惧；如果他们的行为违背了法律，那么他将不会做出任何回答。"⑤ 这也是他在日后的法庭上所坚持的理由。1 月 15 日，亨利·哈蒙德出版了写给费尔法克斯的演说，运用圣经、理性和先例批驳"人民具有国家最高权力"的观点。⑥

看来，审判委员会承受的舆论压力巨大，这无疑致使哈金森之类的激进派强烈渴望审判能够圆满成功，希望在控诉书中全面驳斥查理一世，从而忽视了讼词和证据之间的关系。1 月 18 日，高等法庭再次检查某些指

①　Amos Torvald Tubb, *Printed Revolutions: Print Culture and Political Culture During the English Republic*, pp. 172 – 173.

②　*A Letter of Advice, From a Secluded Member of the House of Commons, to His Excellency, Thomas Lord Fairfax*, Jan 3, 1649, London, pp. 1 – 2.

③　William Prynne, *A Breife Memento to the Present Unparliamentary Junto*, Jan 4, London, 1649, pp. 4, 8, 11 – 12. 文中用"Junto"来称呼军队，这是一种蔑称。

④　David Lagomarsino, *The Trial of Charles I: A Documentary History*, p. 34.

⑤　*His Majesties Declaration*, Jan 9, 1649, London, p. 6.

⑥　Henry Hamond, *To the Right Honourable, The Lord Fairfax, and His Councell of Warre: The Humble Address of Henry Hamond*, Jan 15, 1649, London, pp. 5, 11 – 13.

控条款，"这花了很长时间"。① 1 月 19 日，高等法庭秘密召开会议，商量对审判的最后准备。这一天，军队将查理一世从温莎城堡转移到圣·詹姆斯宫，等待审判。② 对国王的控诉书也已完善，其标题是"关于严重叛国罪及其他严重罪行的公诉词"，副总检察长库克在委员会面前将公诉词宣读了三遍，其开头便阐明了审判的法理依据：

> 现任英格兰国王查理·斯图亚特所受托行使的有限统治权力是国家法律所赋予的，此外并无其他来源。从他接受托付时起，他就应实践为人民谋利益的誓言，履行维护人民权利和自由的职责。③

较之传统的"君权神授"观，这段话所体现出的"君权人授"观具有强烈的颠覆性，但对于当时的知识精英来说并不陌生，这种"君权人授"的观念建立在契约论基础上，后者已经悄然流播了几个世纪。

接下来，公诉书列举了国王为了满足个人野心而非公共利益所实施的暴政，所有这些都构成了国王的犯罪意图，怀着这样的邪恶动机，被告"对议会及其所代表的人民发动了战争"，并蓄意发动第三次内战，"他已经并正在实施的所有这些邪恶计划、战争和恶毒行径都是为了他的个人利益、权力以及他本人及其家人的特权，破坏了前面所说的他本应受托维护的公共利益、公共权利、自由、正义和这个国家人民的安宁"。因此，他完全可以被称为"暴君、叛国贼、杀人犯、英国人民公敌"，"他必须对这些战争中所发生的所有叛国行为、烧杀抢掠以及其他一切对本国造成的破坏和损失承担责任"。④

在这份强有力的控诉中，昔日的君主沦为人神共愤的暴君、叛国贼、杀人犯和人民公敌。直到 19 日，审判委员会才完善好最终的指控，并准

---

① John Rushworth, *Historical Collections of Private Passages of State*, *Weighty Matters in Law*, *Remarkable Proceedings in Five Parliaments*, Vol. 7, London, p. 1394. (http://infotrac. galegroup. com/itweb/wuhan? db = ECCO)

② David Lagomarsino, *The Trial of Charles I: A Documentary History*, p. 47.

③ S. R. Gardiner ed., *The Constitutional Documents of the Puritan Revolution*, *1625 – 1660*, p. 371.

④ Ibid., pp. 372 – 373.

备提交。这一天，经过三次唱读后，指控再次返回给议员吉尔伯特·米林顿（Gilbert Millington），让他再做小小修改。20 日，开庭前不久，法庭才允许库克将指控誊写在羊皮纸上。

为了保证审判能够顺利进行，法庭努力使整个仪式显得庄严肃穆，他们选择由镇国宝剑和议会旗开道，在主席率领之下从财政署内室法庭（Exchequer Chamber）鱼贯而入。书记员和开道者均穿上长袍，法庭信使也穿上特制的外套。法庭还从伦敦塔调来两百把刀身如斧头状的长矛，让士兵们在大厅内不时挥舞，以增加森严气氛。

第二节　法庭内外的"战争"

虽然审判委员会作了大量细致而谨慎的准备，但传统君权观及其持有者不会轻易甘拜下风，接下来的审判过程中，新旧君权观及其持有者展开了正面交锋，其激烈程度不亚于一场战争。

1 月 20 日下午，审判第一次开庭，听完主席布拉德肖、副总检察长库克和书记员的慷慨陈词之后，查理一世这样回答：

> 我想知道你们凭什么权力把我带到这里……我说的是合法权利，只有这样，我才好答复……要记住，我是你们的国王，法定的国王。仔细想想，你们企图审判国王，这是多么大的罪恶啊。记住，上帝才是这片土地上真正的审判官……我的权力是上帝所托付的，这是古老而合法的世袭权力，我绝不会违背这项托付。我也不会对新的非法权威作出回应，这违背了上帝对我的托付：所以你们要先告诉我你们的权力来源，否则我无可奉告。①

从查理一世的反戈一击中，我们可以看出他作了充分准备。他坚持认为，国王的权力来自上帝的托付，所以只对上帝负责，不接受其他权威的审判。君权建立在古老的习惯法基础上，虽然受到法律约束，但在古老的法律中，任何对国王不利的念头和行为都可被认定为犯了叛国罪。因比，

---

① David Lagomarsino, *The Trial of Charles I: A Documentary History*, p. 64.

图7—1　审判查理一世现场

目前对国王的审判无疑是不符合逻辑和法律的。查理一世的君权神授理论虽然是老调重弹，但一语中的，让人无法反驳。

审判主席则避重就轻，阐述自己的君权观。实际上，主席和副总检察长在一开庭就宣告了他们的权力来源，所以，布拉德肖十分生气地重复：

> 如果你专心听你一进门时法庭对你说的话，你就会明白是什么权力把你送到这里的——法庭现在以英国人民的名义要你答复，因为是英国人民把你选为国王的。[①]

这段话明确了审判法官的理论武器是"英国人民"，同时道出了建基于大众主权的君权人授观，但这个理论在当时还没有得到绝大多数中下层民众承认，因此查理一世理直气壮地否认英国是一个选举制的王国。他用"王在议会"原则否认下院的权威："我来这里并不代表我承认这个法庭的权力。我和在座的各位一样都代表下议院的权力。我没有看到这里有上院议员，而没有上议院是无法组成议会的。议会中也必须有国王。"[②] 确实，按照查理一世的逻辑，高等法庭的组建者下院不能代表整个议会，被清洗后的下院更不具备原有的代表资格，所以高等法庭的合法性就无从谈起了。实际上，在查理一世对传统的坚持面前，布拉德肖显得理屈词穷。

第一次开庭虽然无果而终，但从中可以看出新旧君权观持有者分歧的

---

① David Lagomarsino, *The Trial of Charles I：A Documentary History*, p. 65.

② Ibid. .

焦点在于高等法庭是否合法。由于双方坚持的君权观存在本质上的差别，新君权观宣扬大众主权、选举君主制和契约论，旧君权观强调君权神授、世袭君主制和国王无错论，两种观念犹如并行的列车，相互攻讦却无法得出结论。因此，高等法庭决定绕开"高等法庭是否合法"这一问题。

1月22日，第二次开庭前，布拉德肖已经做好准备，普通法主张不应对议会法律提出异议或进行审查。当国王再次对法庭的合法性提出质疑的时候，他可以回答道："集合于英国议会的下议院组建了本法庭，对其权力不允许有任何异议，并且依下议院决定，他必须对控诉进行答辩。"① 但在法庭上，国王并不理会已经存在的高等法庭的管辖权，继续否认它的合法性，并要阐述自己的理由，但这都被主席打断，最后强行休庭。

查理一世一回到圣詹姆斯宫，就急忙将他没有机会念完的讲稿印刷出来。通过保王党的地下印刷室，这个讲稿很快就出版发行了。在讲稿中，查理从宗教、传统和法律角度阐释自己否定高等法庭的理由：首先，法庭的控诉没有得到上帝和国内法律的授权，相反后者明确要求臣民服从国王的权威。其次，国王是法律的来源。任何博学的律师都不会承认，人们能够弹劾国王。因为他们都是以国王的名义行事：他们的座右铭之一是，国王不会犯错。再次，法庭无法证明自己接受了英国人民的权力委托。因为所谓的下院并不代表议会。相反，人民的自由不存在于他们的统治权力中，而存在于接受法律和政府的统治，因为后者能够保证他们的生命以及财产。最后，国王为自己辩护道，我召集军队只是为了捍卫这个王国的基本法律，以免那些觊觎我权力的人彻底改变古老政府。② 如前所述，保王阵营所坚持的"国王不会犯错"观念是将国王的双重身体合二为一，并认为二者是不可分割的，从而推导出，作为政治身体的国王不会犯错，作为自然身体的查理一世也是无错的。所以，按照查理的逻辑，他的论证是无懈可击的。在17世纪中叶的英格兰政治文化中，命定论和父权主义为主体的旧君权观仍是主流观念，所以查理的论证句句鞭辟入里，直捣高等法庭的软肋。

---

① ［英］杰弗里·罗伯逊：《弑君者》，徐璇译，第166页。

② David Lagomarsino, *The Trial of Charles I: A Documentary History*, pp. 80 – 81; S. R. Gardiner ed., *The Constitutional Documents of the Puritan Revolution*, *1625 – 1660*, pp. 374 – 376.

国王讲稿的流传对高等法庭造成了压力。另外，从法律角度讲，高等法庭面临的问题是，主席可以打断查理对法庭合法性的质疑，但后者如果拒不答辩法庭的提问，审判就无法推进。就查理而言，他如果进行答辩，就意味着承认高等法庭的合法性。因此，在接下来的审判中，法庭给予查理多次机会令其答辩，但都被拒绝。双方进入了胶着阶段。

某些迹象表明，反王阵营中的激进派也许被查理的固执所激怒，决定彻底推翻这个失职者。下议院通过了一项法律，规定令状无须再签署国王名号和盖上国玺，而只要由发布令状的法官签署即可。刑事起诉状的措辞，从约定俗成的"被告人行为有损于国王治理下的太平、国王王冠的尊严以及荣耀"换成了"有损于英国和平、正义及议会统治"。大印章上，取消了国王的头像以及任何与苏格兰有关的痕迹，代之以英格兰和爱尔兰地图、圣乔治十字以及爱尔兰竖琴。印章侧面是下议院开会的场景，并附有一句话："蒙上帝保佑，恢复自由之元年。"① 而面对法律上的难题，库克提醒委员们普通法对此问题的一贯做法：他的一言不发将构成"如同承认"，即被告的沉默等于他认可控诉书中的每一项主张。查理有三种选择：进行"有罪辩护"；进行"无罪"辩护并侥幸被当庭释放；坚持不做任何答辩，控诉"自动被承认"。②

1月23日，库克发言时列举了国王一系列罪状，逼迫他进行自我辩护，但徒劳无功。于是，库克恳请法庭将犯人的行为视作"如同承认"，对他"及时审判"。最后，为了显示审判的公正和大度，也为了让国王和民众对审判心服口服，高等法庭在国王没有进行抗辩的情况下，作出这样的决议：

> 尽管国王藐视法庭、拒绝答辩的行为在法律上构成沉默及对控诉的默认，尽管所控诉的事实令人发指，为进一步显明正义和良心，法庭愿意传唤证人，查明事实。③

① ［英］杰弗里·罗伯逊：《弑君者》，徐璇译，第170—171页。其实在1月9日，下院就开始讨论改变国玺和大印章的问题。

② 同上书，第167页。

③ 同上书，第174页。

接下来的两天里，法庭搜集了32个证人作证，最后法庭就投票作出决议，以"暴君、叛国者和杀人犯"的罪名对查理一世进行定罪量刑，其中包括死刑。艾尔顿连夜起早了一份死刑判决书。

26日，高等法庭的62名委员秘密开会，讨论这份判决书，"经过几次宣读、辩论和修改"，这份草稿最终得以通过。[①] 然而会议上人们是如何辩论的，却没有记载。

27日，判决书草稿在高等法庭的会议上再次获得通过，但法官们也作出了如下决议：

> 如果国王承认法庭的管辖权并请求取得控诉书副本，法庭可以撤销宣判，作出指示。如果国王提出任何值得法庭考虑的事项，主席可在助理的建议下，下令法庭撤销宣判，作出指示。[②]

法庭之所以这样决定是有原因的，当时有传言说国王准备在法庭上提出放弃王位。虽然是传言，但法庭的决议表明，如果国王愿意退位的话，法庭会给他一次机会。这说明审判的最终目的也许不是要处决国王，因为双方的战斗是短兵相接，存在一定的偶然因素，无法预料国王的真实想法及其在法庭上的行为。在这一点上，凯尔西的观点是有道理的："法官们在审判的时候坚持这样的原则：以最坏的结果去审判，但希望出现最好的结果。"[③] 果然，在当天的审判中，查理预感到自己的前途已经不容乐观时，抓住机会想表达自己的想法："如果你们愿意，我也可以退隐，你们可以考虑一下。如果我没有这个自由的话，我表示抗议，这些所谓的自由和和平是名不副实的。"[④]

但查理的想法遭到布拉德肖的讽刺："先生，你现在开始说话了吗？"当得到肯定回答后，布拉德肖却说："实际上你所说的是进一步否认法庭的管辖权，这正是之前不允许你做的。"很明显，布拉德肖故意曲解查理

---

① David Lagomarsino, *The Trial of Charles I: A Documentary History*, p. 102.

② Ibid. , p. 103.

③ Sean Kelsey, "Staging the Trial of Charles I", Peacy ed. , *The Regicides and the Execution of Charles I*, p. 85.

④ David Lagomarsino, *The Trial of Charles I: A Documentary History*, p. 112.

的意思。

查理并不死心，继续发言：

> 先生，请原谅我打断你说话，但你实在曲解了我的意思。我没有否认法庭的管辖权。听我发言后你再审判我。我虽然不承认这个法庭的管辖权，但我不会——我没有否认它。是的，先生，请允许我这样说。虽然我不承认这个法庭的管辖权，我也确实对此提出反对，但要说这就是拒绝却是不对的。①

查理的回答模棱两可，具有狡辩的成分，但至少与之前的坚决否定相比有所松动。

对此，布拉德肖可能觉得有些惊讶，就重复问道："你说你不否认法庭的管辖权？"查理再次肯定。布拉德肖说：

> 先生，虽然这是你本人第一次向法庭表态，但你所说的毫无新意。之前曾经给你多次机会，但你拒绝答辩。现在你的表态意味着再次拖延。王国和正义无法接受这样的拖延……就好像法庭本来打算宣判，你的要求却令其无法实施一样。不过，考虑到你的要求，可以暂时休庭。②

他们的对话令人产生疑问。为什么布拉德肖无视法庭之前的决议，在查理表明"可以退位"，并勉强承认法庭合法性的情况下，却认为这样的回答"毫无新意"？如前所述，布拉德肖以激进的共和思想而著称，他的行为表明，他可能并不同意法庭决议，而是希望置国王于死地。可见，高等法庭并非铁板一块，虽然大部分法官参与审判，但所持的君权观并不是完全相同。对此，罗伯逊无视查理一世的妥协和请求，站在高等法庭的角度，认为布拉德肖秉公执法，暂时休庭还表现了对查理的尊重。③ 但笔者

---

① David Lagomarsino, *The Trial of Charles I: A Documentary History*, p. 112.

② Ibid., pp. 112 – 113.

③ ［英］杰弗里·罗伯逊：《弑君者》，徐璇译，第184—185页。

认为，从道德层面看，布拉德肖的回答和行为确实没有尊重查理一世的意思，暂时的休庭并未考虑查理的愿望。不过，这至少说明，曾经神圣不可侵犯的国王，在审判中被法律和强势政治团体击败。

那么，查理此时妥协的目的何在？他很可能是受到现实所迫，发现法庭真的要对他实施宣判，故希望以退为进，拖延时间，寻求和解。然而，布拉德肖、克伦威尔和艾尔顿看破了国王的缓兵之计，认为他很可能还在等待欧蒙德和威尔士亲王的入侵。再一次，政治必要性决定了如果给查理机会和解的话，审判将前功尽弃，失去意义。于是，布拉德肖引用《大宪章》中的名言："不得出卖正义与权利给任何人，也不得拒绝或者延迟给予任何人正义及权利。"他告诉查理，延迟是不应该的，全体法官一致决议，继续讨论刑罚和判决。①

接下来，布拉德肖不顾查理的"喃喃自语"，口若悬河地发表了长达半个小时的言论，论证查理的罪行。他首先强调英国法律是由英国人民选出的代表制定的，国王不能凌驾于法律之上，而查理貌视并违背法律。接着，他宣布议会忠实地捍卫英国人民的自由。这与查理所说的自由截然不同，那是由国王确保的自由。议会代表人民，查理攻击议会就是攻击人民，人民自然有权力对之审判、定罪，甚至废除其王位。布拉德肖还引用国内历史上对君主的惩治办法。其中包括爱德华二世和理查德二世，如前所述，对这两个国王的惩处没有经过法律程序，所以，这个论据不具说服力。具有历史意义的是，布拉德肖将契约理论和大众主权理论结合起来，判定查理犯了叛国罪：他的独裁政府就是暴政，他违背人民的托付就是叛国。② 这一次，布拉德肖摆脱了第一次开庭时的紧张，从气势上压倒了查理一世，他铿锵有力的论述不给后者辩驳的余地，以大众主权、契约论为主体的新君权观此刻战胜了以命定论和父权主义为主要内容的旧君权观。

激烈而精彩的肉搏战之后，安德鲁·布鲁顿宣布了判决结果，查理·斯图亚特被判以身首异处的死刑。

1月29日，高等法庭讨论了处决查理的时间和地点，并拟出死亡令状，59名法官在令状上签署了名字。至此，对查理一世的审判结束了。

---

① David Lagomarsino, *The Trial of Charles I: A Documentary History*, p. 114.

② 摘引自［英］杰弗里·罗伯逊：《弑君者》，徐璇译，第187—188页。

除了不同君权观持有者之间的正面交锋，新旧君权观之间的暗地较量从法官的言行不一上体现出来。比如阿尔杰农·西德尼（Algernon Sidney），他在 1 月 13 日、15 日和 19 日参加了准备审判的会议，后来却辞职回到乡下。复辟时期，他回忆自己如何反抗克伦威尔、布拉德肖和其他在委员会中促成审判的人，他坚持认为没有能够审判国王的法庭，无人能够通过这个法庭审判国王。克伦威尔讽刺性的回答是："我告诉你，我们将连同他的王冠把他的头砍下来"。[①] 但克伦威尔也毫无例外地慑于传统君权观的强大威力，不得不借助神意增强信心。12 月 26 日，在下议院进行的一次辩论会上，克伦威尔公开阐明他的处理意见：

> 如果有任何人计划废黜国王并剥夺其财产或者有任何其他类似的计划，他就是世界上最恶劣的造反者和叛国贼；但既然上帝的旨意降临到我们身上，我只能顺服他的旨意，我尚未接到天意的指示，因而也无法给你建议。[②]

克伦威尔十分擅长采取左右逢源的手法来掩盖自己内心真实的想法，从另一方面看，他无疑是在安抚广大信奉传统君权观的群体。对于传统在人们心中造成的根深蒂固的影响，只有求助于另一个传统——宗教力量，才感到信心十足。

确实，一些法官起初在宗教或政治现实等因素的鼓动下，支持对国王的审判，但传统君权观的惯性作用使他们对查理产生同情、尊敬和优待，反而对自己的行为不自信。议员蒙松勋爵（Lord Monson）、罗伯特·沃洛普（Robert Wallop）和亨利·迈尔德梅（Henry Mildmay）爵士曾经出席过审判初期的集会，但在国王被定罪的时候没有出席，并拒绝在死亡令状上签字。1660—1661 年，他们都声明虽然参加审判，但"尽可能警告其他人，反对审判，从而阻止恐怖的谋杀者"，这些努力失败后，自己"便带着对审判的极端厌恶而撤退"。审判的积极参与者尼古拉斯·拉维、埃德蒙·哈维（Edmund Harvey）和威廉姆·赫夫宁汉姆（William

---

① Clive Holmes, "The Trial and Execution of Charles I", p. 303.

② S. R. Gardiner, *History of Great Civil Wars*, p. 288.

Heveningham）也没有在死亡令状上签字。托马斯·怀特（Thomas White）和约翰·道尼斯（John Downes）签了字，但他们声明，当布拉德肖在1月27日进行判决的时候他们抵抗过。道尼斯说，1649年1月27日，他曾极力劝说法庭倾听国王的建议，建立一个包括上院和下院的会议来达成政治和解，结果遭到克伦威尔的恐吓，后者称他为"脾气乖戾的老顽固"。①罗伯逊认可克伦威尔的评价，因为道尼斯曾经在一个月前控告法庭的另一个成员——神学家约翰·弗莱亵渎上帝，迫使后者退出审判。罗伯逊也抨击道尼斯是"跳梁小丑"，因为后者故意夸大其词，为自己开脱罪责。②笔者认为，道尼斯的行为反而表明自己在审判国王时内心经历了复杂斗争，其实质是新旧君权观之间的较量。

在法庭外，1月20日至30日期间，伦敦的日常生活几乎停止，人们都关注着威斯敏斯特大厅对国王的审判和处决。虽然七年来国王带给人们许多灾难，但听到审判国王的消息时，许多人还是十分震惊和愤怒。但是大多数人无法亲临现场，观看审判和处决，只能依靠出版物或口口相传获得信息。议会和军队对当时的出版界进行严格审查，禁止任何打断审判和处决进程的印刷品，但允许甚至鼓励对审判和处决的报道。他们的行为一方面表明努力对查理进行公平审判，但具有讽刺意味的是，他们的做法令审判的合法基础更加虚弱。③

在审判国王过程中，47名长老派联合出版一份小册子，严厉警告军队和残缺议会，天意并非依据的准则，因为上帝并不总是赞成贯彻他的旨意。他们引用《撒母耳记》中扫罗和大卫的故事来证明。④亚比筛（Abishai）对大卫说："现在神将你的仇敌交在你手里，求你容我拿枪将他刺透在地。"大卫拒绝了，并说出他的理由："不可害死他。有谁伸手害耶和华的受膏者而无罪呢？"在这里，长老派将查理一世比作扫罗，他

---

① Clive Holmes, "The Trial and Execution of Charles I", p. 304; David Lagomarsino, *The Trial of Charles I: A Documentary History*, p. 113.

② ［英］杰弗里·罗伯逊：《弑君者》，徐璇译，第185页，第202页注解7。

③ Amos Torvald Tubb, *Printed Revolutions: Print Culture and Political Culture During the English Republic*, pp. 230 – 232.

④ *A Serious and Faithful Representation of the Judgements of the Ministers of the Gospell Within the Province of London*, Jan 18, 1649, p. 13. (http://eebo. chadwyck. com/)

虽然犯了罪，但仍是上帝的受膏者，受到上帝保护。因此，如果军队和议会无视大卫的建议，将会受到血罪的惩罚。而军队和议会所说的必要性"令人怀疑"，因为目前全国大部分人渴望达成和平协定，担心审判结果带来的弑君以及军事专制。另外，"任何必要性都不能违背誓言，或放弃誓言"，军队和议会就是利用必要性违背了曾经保护国王的誓言，所以，正如扫罗的命运一样，军队和议会也会受到上帝惩罚。① 保王主义者在自己的报纸和小册子中哀叹，只有魔鬼才能阻止审判国王的行为。

议会和军队中的激进派也通过出版物影响舆论。一份激进派小册子声称："议会代表的王国高于国王……因为是王国和人民首先创设了国王，而不是国王创设了人民和王国。"正因为如此，人民"通过法律约束并委托给国王司法权，后者应该遵守这些法律。"②

1月21日，审判后的第一天是星期天，彼得斯在白厅向委员们布道。在这次布道中，他选择《诗篇》第149章，号召人们"用链子捆他们的君王，用铁镣锁他们的大臣，要在他们身上施行所记录的审判"。凯尔西认为，这一段暗示彼得斯希望寻求宪政解决之道，对王权施加严格限制，但不会弑君。克莱夫不同意他的说法，③ 因为在1月28日的布道中彼得斯再次使用《诗篇》和《以赛亚书》中的话对国王作出预言："列国的君王，俱各在自己阴宅的荣耀中安睡。惟独你被抛弃，不得入你的坟墓，好像可憎的枝子，以被杀的人为衣……因为你败坏你的国，杀戮你的民。"言外之意，查理被处决的命运是不可扭转的。果然，彼得斯最后在死亡令状上签了名。

旧君权观的支持者除了通过媒体或言论影响民众外，也曾展开营救国王的行动。由于军队作了严格的保护措施，伦敦城内的保王党没有实现其目标。1月22日，苏格兰议会派出代表，向英格兰下院提交请愿书，要求撤销审判。下院读了请愿后，就将此事交给一个委员会处置，结果不了

---

① *A Serious and Faithful Representation of the Judgements of the Ministers of the Gospell Within the Province of London*, p. 15.

② William Prynne, *Prynn against Prinn*, London, ［January 25］, 1649, pp. 5 – 6. 这里的威廉·普林是伦敦律师，他不同意下院长老派成员威廉·普林的观点，故撰文批判。

③ Clive Holmes, "The Trial and Execution of Charles I", p. 309.

了之。① 同一天，来自北方的驻军也提交了请愿书，表达了对审判和普莱德清洗行动的大力支持，"所有人都会承认"审判国王"完全是上帝的工作"。② 1 月 28 日晚上，荷兰政府使节赶赴英格兰，要求与费尔法克斯将军交涉，希望能够保留查理一世的性命。看来，在荷兰政府眼中，费尔法克斯将军很可能力挽危局，改变历史。为此，费尔法克斯专门召开了军事委员会特别会议，但最后还是将球踢给议会。第二天，议会十分礼貌地对待荷兰使节，不过也没有得出什么结论。这一天，苏格兰教会官员谴责英格兰反王阵营对国王的审判，提醒英格兰军队应该记住他们曾经发誓维护君主制以及现任国王。下院也接到来自达特茅斯港口（Dartmouth）的新闻，在那里，鲁伯特亲王率领的舰队与英格兰军队发生了小冲突。③ 看来，保王党入侵英格兰的企图并非传言，在这样的危局下，费尔法克斯虽然对审判结果持保留意见，但没有干涉死刑的实施，只是以拒绝签字来表达其内心的不安。

综上观之，在强势攻治集团的掌控下，审判获得成功。那么，对审判如何定性？这是近年来学者们争论的焦点。传统的观点认为，审判是政治情势使然的结果。④ 凯尔西挑战了传统观点，认为审判是各政治集团与国王之间的继续谈判，前者希望与国王达成某种和解，弑君则是不情愿出现的意外结果。凯尔西的新解释一度获得学界的认可和赞同。⑤ 然而，克莱夫最新的文章对凯尔西作了全面批评，认为后者过分依赖并不可靠的新闻报道，其观点建立在对某些重要文本，如《军队大抗议书》、建立高等法庭法案和对国王的控诉词的错误解读上，从而夸大了高等法庭成员中保守法官拯救查理的愿望。克莱夫认为，军队的力量和克伦威尔对公共审判的坚持不懈是值得肯定的。⑥ 笔者在行文中已经作出一些评论，前人的研究为本书提供了许多借鉴之处。就本书而言，对查理的审判印

---

①　David Lagomarsino, *The Trial of Charles I: A Documentary History*, pp. 67 – 69.

②　Ibid., pp. 69 – 70.

③　Ibid., p. 137.

④　S. R. Gardiner, *History of the Great Civil Wars*, Vol. 4, p. 287; David Underdown, *Pride's Purge*, pp. 166 – 172.

⑤　Richard Cust, *Charles I: A Political Life*, p. 459; Michael Braddick, *God' Fury, England's Fure: a New History of the English Civil Wars*, Allen lane, 2008, p. 564.

⑥　Clive Holmes, "The Trial and Execution of Charles I", p. 289.

证了反王阵营所坚持的君主双重身体可以分离的观点，此时的查理只是一个自然人，毫无神圣色彩可言。同时也印证了血债血偿理论，虽然查理曾经贵为国王，但也必须像所有英格兰人一样因为血罪而接受审判和惩罚。在上帝的愤怒面前，任何人都是平等的。因此，我们应该将审判视作不同政治集团君权观之间的博弈过程，以及新旧君权观之间的激烈交锋。在军事力量等因素的干涉下，以大众主权和契约论为主体的君权人授观占据政治优势，以命定论和父权主义为主要内容的君权神授观处于劣势。

第 八 章

新旧君权观的持续对抗

传统文化是一个国家或民族的灵魂，它所具有的持久性也是惊人的。对 17 世纪的英国人而言，君主制就是传统，查理一世则是传统的象征物。因此，某些激进的共和主义者虽然支持审判国王，但拒绝处决国王。国王虽然被斩首了，但传统君权观的延续力和持久力仍旧存在。审判的结束并非表明新旧君权观之间对抗的终结，双方的支持者均通过各种方式表达并传播其观点。本节主要从舆论层面考察新旧君权观的继续对抗及其后果。

第一节　为审判辩护

查理一世被斩首后，他的鲜血立即成了人们纪念的圣物。倒卖遗物的小贩用手绢抹取血水，溅上血迹的木板被分成小块出售，国王后脑勺上的棕色头发也被迅速剪下进行暗地交易。可见，对查理一世的处决反而激发了人们对国王的怀念之情。议会和军队必须采取有效措施消除审判带来的负面效应。

在捍卫审判和处决查理一世合法性方面，印刷品是最为直接和简便的方式。查理一世被处决后，议会马上出版了《禁止任何人声明成为英格兰或爱尔兰国王的法案》。该法案反复申明，任何人如果不经议会同意，以任何方式宣布威尔士王子为英格兰及其殖民地的国王或首席执政官的话，将控告他是共和国的叛徒，将以最高叛国罪惩罚之。[1] 然而，处决查

---

① David Lagomarsino, *The Trial of Charles I: A Documentary History*, p. 138; C. H. Firth and R. S. Rait ed., *Acts and Ordinances of the Interregnum*, Vol. I, pp. 1263 – 1264.

图 8—1　查理一世处决场景

理一世当天，苏格兰就承认查理二世为苏格兰国王。2 月 5 日，苏格兰的宣言传到伦敦，声称将与查理二世联合起来对抗英国议会。两天后，英格兰议会马上出版了一项声明，说明违背神圣联盟和大宪章，处决查理一世的原因。① 同时，议会也印刷审判过程中对查理的指控，积极让民众知晓国王如何滥用其有限权力，伤害他本应保护的人民。

库克和弥尔顿作为议会政府的喉舌，都不遗余力地发表言论，为审判辩护。库克率先出版了《国王查理一世审判案》，这本小册子包括他在审判中没有得到有效利用的控诉讲稿，并收录了他打算在"国王对控诉提出抗辩"时发表的总结陈词。他首先控诉查理一世为了个人的罪恶欲望和邪恶念头而造成无辜流血。作为新教君主，议会尊他为首脑，但他的一切权力来源于议会。② 接着，他强调"英格兰国王受托具有有限权力依法统治"，"不是王高于法，而是法高于王"。他运用福蒂斯丘的理论，强调法律在君主和臣民之间的平衡作用。③ 显然，查理一世打破了这种均衡。

---

① Amos Torvald Tubb, *Printed Revolutions: Print Culture and Political Culture During the English Republic*, pp. 283 – 284.

② John Cook, *King Charls His Case*, London, Printed by Peter Cole, 1649, pp. 5 – 6. (http://eebo. chadwyck. com/s)

③ Ibid. , pp. 6 – 7.

接着，库克运用英国政治文化传统中的一致同意原则来论证查理的罪恶。首先，"若非得到议会的共同同意，国王不能任意强加于民，或掠夺人民"。其次，"国王在加冕礼上曾经发誓，维护民族和平，对所有人实施正义……而查理一世则阴谋改变并颠覆基本法，阴谋引进任意和专制统治"。①

库克运用基于自然法的契约论探讨君主及其人民之间的权力关系。即使没有什么誓言，每个英格兰国王应该基于他的职位和职责，有义务为人民利益行事。因为所有权力最初属于人民，他们将权力委托给国王，是为了自我保有而不是自我毁灭。同时，库克借助上帝力量鞭笞国王以及君主制度。"如果一个国王不是根据法律而是根据欲望统治的话，就不是上帝所创"，"与其称他为俗世的上帝，不如称之为世间魔鬼"。"最初的专制者和征服者虽然是世袭而来，但没有头衔，当时的被统治者只是奴隶。直到人民自愿选举并服从这个统治者，他们才是自由的，因为他们可以自我解放。"即使有为之君得到人民拥戴，人民赞同世袭君主制，但人民也保留收回同意的权利。因为"上帝允许其存在，却不表示赞成"。② 可见，库克理解的"自由"与绝对君权论者理解的"自由"是不同的。前者是双向的、积极的自由，人民既有捐赠权力的自由，也有收回权力的自由。后者是单向而消极的自由，人民一旦出让权力就无法收回，他们的自由源于对君主的服从和不反抗。另外，我们也可以看出库克对君主制的否定，因为君主制既不是符合理性的政体，也不是为上帝所喜悦的政体，其本质是奴役人的灵魂。实际上，库克对君主和君主制失望的部分原因在于，国王犯下的罪行罄竹难书，他曾经背叛王国的骑士、贿赂法官、不调查其父王的死因、停开议会 12 年、与"耶稣会团体"勾结等，最重要的是，发动反对议会和人民的战争。③

但根据什么法律对国王进行宣判呢？库克愤然道，根据这个王国的基本法，各个民族的一般法律，这些法律如金刚钻般明明白白地刻在所有理性之人的心扉上。接着，库克从自然法寻找证据。"没有任何成文

---

① John Cook, *King Charls His Case*, London, Printed by Peter Cole, 1649, p. 7.
② Ibid., pp. 8 – 9.
③ Ibid., pp. 9, 11 – 14, 16 – 20.

法注明，但我们根据本能抵御饥寒，抵御外来的暴力侵犯，因此，如果一个国王将毁灭其人民，咨询哪条法律允许处死他是十分荒谬可笑的。"因为"自然法是上帝清楚地写在每个人心中的石板上的法律"，不分身份高低都必须遵守。① 即便如此，17 世纪的人们更希望看到真实的范例，在这一点上，库克有些慌乱，他从那不勒斯、亨利七世治下寻找案例，最后又回到理性和自然法，认为国王的行为正如鸡奸者和巫婆一样，虽然在表面上没有触犯法律，但违背了自然规律，视同对上帝犯下了重罪。②

但是，为什么没有成文法规定，一旦国王毁灭其人民，就判以叛国罪，并规定人们可以对国王实施死刑？库克回答，因为"我们的祖先从未想到，英格兰国王会如此疯狂，发动对议会和人民的战争"。同时，库克反驳了"国王无错"这一法律名言。他认为，任何持这样观点的人都亵渎了真理和仁慈之上帝，因为只有上帝不会犯错，因为上帝的意旨是正确的。十分悲哀的是，博学之人为了毫无价值的目的，运用这个技巧来征服人民，让后者相信国王无错。于是，他从历史上找出证据证明，国王会犯诸如杀人之类的错误，而无疑议会可以审判国王，或者指定其他人对他审判。③

我们从库克的言论中可以看到，他代表议会政府公开提倡大众主权理论，但他的逻辑有些矛盾。他一方面强调君权人授，君权源于作为人民代表的议会，可见，并非否定君主制，而是对君权的来源作了修改。另一方面，库克又否定君主制的合理合法性，似乎要废除之。他的逻辑矛盾是基于当时的政治现状。查理一世被处决后，英国政体该往何处走？政治精英们无法从本国历史经验中寻找依靠，也没有一套成熟而可靠的方案，只有摸索前行。而库克出版其小册子的目的首先是为审判和处决辩护，对即将形成的政体尚未有明晰的定论。

2 月 13 日，弥尔顿出版了《国王与官吏的职权》，这本书利用自然法和理性，揭示国王、官员和人民之间的关系。弥尔顿喊出"人生而自由

---

① John Cook, *King Charls His Case*, pp. 22 – 23.

② Ibid., pp. 25, 27 – 28.

③ Ibid., pp. 25 – 26.

的"口号。他认为，最初的人类群体通过克制而不是通过服从或统治他人而生活，后来基于"自我防卫和自我保有"的目的，任命某种权威。但这种任命权在本质上属于所有人，被任命者包括国王和官吏（magistrate），后者"不是（后来）所说的老爷（Lords）和主人（Masters），而是所有人的代理人（Deputies）和专员（Commissioners），这些人根据他们受委托的权力来实施正义，人们也根据自然和契约来为自己和他人实施这种正义"。① 后来人们发现需要用法律来约束管理者的权力，如果有证据证明后者没有实施正义，人们就不再受他的统治，而是受法律和理性的统治。当官吏凌驾于人民之上的时候，法律就凌驾于官吏之上。简言之，如果国王或官吏辜负了人们对他的信任，人民将自动解除契约，获得自由。

至此，弥尔顿的观点就很明显了："国王和官吏的权力并非天生，只是由人民通过信任而转让并委托给他们的，其目的是为了所有人的公共福祉，权力在本质上仍旧属于人民。"弥尔顿还诉诸古典政治家亚里士多德，后者"将国王定义为，为人民的利益，而不是为自己而统治的人"。②

除此之外，弥尔顿也引用圣经故事，证明真正的基督徒并不喜悦国王。"如果得到基督的指示去废除一个国王，或者因其暴政而处死他，这是如此公正和必要，无需惊讶，邻国的国王也会支持并参与臣民的行为"。至于国王的同侪问题，弥尔顿从古代法律文本中仔细寻找，从而肯定英格兰的贵族（Peers）和男爵（Barons）具有审判国王的法律权力：这就是称呼他们为贵族或者同侪（equals）的最可能的原因。接着，弥尔顿提到英格兰历史上最为古老的学者吉戴斯（Gidas，516？—570？），这个人断言，早在446年，英国人就曾选举他们的国王，后来察觉到这个国王不称职，就废黜之。但吉戴斯抨击他们的废黜行为是"草率的"，没有进行审判或者认真调查。但这至少反映了两个事实：其一，不列颠人民曾经在基督教时代之前处死过国王。其二，"**他们（人民，笔者注）而不是**

① John Milton, *The Tenure of Kings and Magistrates*, in Stuari E Prall ed., *The Puritan Revolution: A Documentary History*, London: Routledge & Kegan Paul, 1968, pp. 35 – 36.

② Ibid., pp. 36 – 37.

上帝任命了国王"。[①]

与库克相比，弥尔顿更加激进。他不仅证明君权人授，而且抛开上帝在权力委托过程中的见证作用，似乎否定权力的最终来源是上帝。另外，弥尔顿依靠古典政治家的理论，强调权力产生的基础并非上帝，而是基于理性。库克和弥尔顿的小册子表达审判后议会和军队的基本政治态度，支持审判的新闻书和小册子在 2 月份大多紧跟二人的论证路径，为审判辩护的同时，也为现存政权呐喊助威。

比如，约翰·凯恩（John Canne）出版了《黄金般的统治》（*The Golden Rule*），这本册子反对已故英格兰国王查理·斯图亚特，"对整个国家，对最高法庭合乎法律的审判表示明确而彻底的满意"。凯恩指出，上帝希望查理被打败。因为查理忘记了《利未记》第 19 章 15 节中上帝的告诫，将自己置于他人之上。像库克一样，凯恩指责查理"公开谋杀了成千上万的好臣民，将手中的委任状和委托权给予无神论者和教皇主义者，并亲临许多战场杀害人民，造成生灵涂炭。他还授权给其他国家的海盗，令其掠夺并残杀自己的臣民。"这些罪行应该受到严厉惩罚，对查理一世的审判和处决见证了上帝的立场。凯恩也承认，虽然上帝赞同处决查理，但许多英国人在内心并不接受这个现实。这样的情况正如良药治病但苦口难咽。为了迫使人民吞下良药，凯恩强调，"理性、法律和经验"都证明，国王只是政府的一个组成部分，不是政府的至高首领，"国王可以像其他人那样因为犯罪而被处罚"。[②] 这个小册子直接表达了君主在政府中地位出现的重大变化，后者从政体之首脑变为政体之普通一部分，其地位与其他机构相同。传统君权观中的统治主体和客体的地位发生逆转。君主曾经是受膏者，上帝之骄子。此时，人民取而代之，成为上帝的宠儿。

西奥多·詹宁斯（Theodore Jennings）也区别了人民和国王在上帝眼中的地位。他在《议会争论的完美摘要》（*A Perfect Summary of Exact Passages of Parliament*）中写道："上帝让国王成为向他的教会索要赎金的人，

---

① John Milton, *The Tenure of Kings and Magistrates*, in Stuari E Prall ed., *The Puritan Revolution: A Documentary History*, pp. 38 - 40. 吉戴斯著的《历史》和《信件》为后人了解益格鲁—撒克逊时期的英格兰提供了大量文献资料。

② John Canne, *The Golden Rule, or Justice Advanced*, London, 1649, pp. 1, 16 - 17, 27 - 29.（http://eebo.chadwyck.com/）

并且为他们杀死国王。"① 因此，"这极易证明，在上帝眼里，人民比国王更珍贵"，因为上帝总是"毁灭这一个，而发慈悲救另外一个"。② 詹宁斯将审判与处决查理一世视作上帝的意旨，议会与军队只是贯彻上帝命令的工具。伊博斯坦（Ibbitson）的新闻书印证了詹宁斯的观点，他声称"世俗权力的天然臣民是人民"（the *Native* subject of terrestriall power，is the *People*），"人民将其政治权力委托给他们的代表"，后者的目的是保护人民。在这种制度下，贵族和国王"无权否定议会法庭的法令"（Acts in a Court of Parliament），他们也无权像专制君主那样行事。如果国王这样行事，"他的行为如同撒旦的行为，而不是上帝的行为"。③ 可见，上帝似乎成了所有行为的指使者，宗教在 17 世纪人们心中的力量如此强大，君权观的世俗化和近代化仍旧披着神圣彩衣。

军队新闻书则发表社论支持军队政治集团，"从恺撒以降，王国是由武力征服者建立的"。军队用"剑"维持的至高权并不比国王的差。军队介入审判的愿望是为了人民，为了"使国内政府能够继续存在"。军队就是稳定的国民政府。④ 2 月中旬，《温和派情报书》劝告读者忠于新政府。因为积极抵抗带来的只有更多战争，而"最痛苦的是人民"。利伯恩（Leybourn）的新闻书肯定，那些掌权的人更"想满足"人民。再者，暴力也许能摧毁新的共和国政府，但尽管后者有错误，它也是为人民谋利的政府。⑤ 英格兰新议会将对国王和上院作出某些改变，但其最终目的是维护基本法和人民利益。⑥

《对前国王的合法处决以及为议会和军队的辩护》中声称，法庭对国

① 转引自 Amos Torvald Tubb，*Printed Revolutions：Print Culture and Political Culture During the English Republic*，p. 300。

② *A Perfect Summary of Exact Passages of Parliament*，London，1649，p. 17.（http：//eebo. chadwyck. com/）

③ 转引自 Amos Torvald Tubb，*Printed Revolutions：Print Culture and Political Culture During the English Republic*，p. 300。

④ C. Brook，*The Armies Modest Intelligencer*，London，1649，pp. 2 - 3.（http：//eebo. chadwyck. com/）

⑤ 转引自 Amos Torvald Tubb，*Printed Revolutions：Print Culture and Political Culture During the English Republic*，p. 299。

⑥ C. Brook，*The Armies Weekly Intelligencer*，London：Printed by C. Brook，1649，p. 24.

王的审判是公平的，而废除国王是议会和军队对人民做的伟大之举。① 罗布·罗宾斯（Rob Robbins）于 2 月 26 日出版了《让犹豫不决的人民下决心支持审判的理由》，引导人民支持议会的事业。文章一开头，作者就讨论王权产生的方式：国王是继承而来，还是选举而来？如果是世袭继承的话，就是承自诺曼征服，前人曾经用剑迫使我们奴役于人，我们现在用剑解放自己。如果是选举而来，选举者应该收回自己的权力，向被选举者问责，因为被选举者的权威来自选举者。② 言外之意，无论王权起源于何种形式，当前的议会和军队对查理实施的审判都是公正的，更重要的是，它将人民从之前的奴役中解放出来。实际上，罗宾斯认为，国王来自选举，因为人民的信任和委托，国王才获得权力。当国王辜负了这种信托，根据普通法，人民完全可以向其问责，对之实施惩罚。接着，罗宾斯解释了国王的含义。根据古谚，国王只是一种官职和身为王的责任。罗宾斯强调君主自然身体所担负的政治责任，比如国王是英格兰的首席审判官（Chief Justice of England）、首席大法官（Lord Chancellor）、王国年度收入的接收者、管理所有塔堡、要塞和军队的警察、许多婴儿的监护人以及王国和平的守卫者和捍卫者，人民将这么多责任托付与他，而查理滥用了这些信托，为了人民的利益，难道不该审判并处决他吗？③ 与弥尔顿的深奥分析相比，罗宾斯的分析深入浅出，铿锵有力，更容易让人接受。

剑桥三一学院的学生约翰·菲窦（John Fidoe）、托马斯·詹尼斯（Thomas Jeanes）和威廉姆·肖（William Shaw）出版了《在审判查理·斯图亚特中议会的合法性》，在"前言"中，作者引用西塞罗的话，"如果我们不用手中的权力避免损害的话，那将是不公正的"。接着，作者热情歌颂议会和军队，后者"将我们的利益和生命（不要提在专制下臣民的奴役）从他（查理一世，笔者注）的手中解放出来，他对我们的奴役比埃及奴隶所遭受的奴役更甚"。因此，议会对查理的审判是开创新世界

---

① 转引自 Amos Torvald Tubb，*Printed Revolutions：Print Culture and Political Culture During the English Republic*，p. 319。

② Rob Robbins，*The Parliament Justified，In their Late Proceeding against Charles Stuart*，London，1649，p. 3.（http：//eebo. chadwyck. com/）

③ Ibid.，pp. 4，5 – 8。

的催化剂。① 在他们眼里，查理一世比埃及国王更加专制。这些学生十分熟稔古典政治文化，并能将之灵活运用到所处时代的政治危机中。较之以前，他们对自由的认识也更加深刻。人民不再是专制统治下消极服从的统治客体，而是拥有积极自由的权力施予方。

弑君的消息传播到海外殖民地新英格兰的时候已经到了五月、六月。新英格兰人对时局变化的反应也是不同的。约翰·布洛克（John Brock）的回忆录中记载，听到处决国王的消息时，他大喊："国王被砍头了！哦，可怕的判决！"这反映了大多数新英格兰人听到国王被处决时的震惊。相比之下，约翰·赫尔（John Hull）的日记比较理智："1 月 30 日，星期二，大约 2 点，伟大的查理一世被处决。"他对此作出的结论是，"这是非常严肃而奇怪的行为；只有上帝能够应对如此大的变故。"② 但由于查理之前的统治政策不得人心，也有一大部分新英格兰人拥护弑君者。约翰·科顿（John Cotton）在他的布道中对圣经进行别样解释，并依据一百多年前约翰·庞内特（John Ponet）和克里斯托弗·古德曼（Christopher Goodman）的抵抗暴君理论支持清洗议会和审判、处决国王的行为。1650 年 9 月，克伦威尔领导英国军队打败查理二世及其苏格兰支持者，在新英格兰人眼中，这尤其证明上帝支持共和国的军队。③

除了媒体宣传，议会和军队立即着手建立新政治机构，并采取行政手段整肃舆论，试图将国王和君主制从公众思想里驱除。查理一世被处决后，议会创建了国务委员会（Council of State），暂时取代国王这一职务。④ 布拉德肖被任命为国务委员会的主席，这无不意味新机构对审判的肯定，甚至赞赏。议会最具革命性的举措是废除君主制、建立共和国。3 月 17 日，下院通过法案，宣布废除国王职务，因为"对于人民的自由、安全和公共利益而言，将这个职务赋予某个个体是不必要的，是一种负担

---

① *Anon The Parliament Justified in Their Late Proceedings against Charls Stuart*, London, 1649, Preface. (http: //eebo. chadwyck. com/)

② Francis J. Bremer, "In Defense of Regicide: John Cotton on the Execution of Charles I", *The William and Mary Quarterly*, Vol. 37, No. 1, 1980, p. 103.

③ Francis J. Bremer, "In Defense of Regicide: John Cotton on the Execution of Charles I", p. 105.

④ 凯尔西对创建国务会议引起的政治冲突和紧张关系作了分析，认为这个会议决定了弑君后建立的议会政体的特点。参见 Sean Kelsey, "Constructing the Council of State", pp. 217 - 241。

和危险"。① 国王这一政治体首脑曾经必不可少、至关重要，如今成为政治体的多余和危险部分。不管这个法案得到多少人的诚挚认同，至少君主制在形式上被彻底否定。一种体制的死亡意味着新政体的诞生。5 月 19 日，英格兰成为"自由共和国"。1651 年，制作精良的共和国印章出炉了，上面刻着"恢复自由之第三年"。

针对王国内的舆论，新政府运用高压手段，抑制异己声音。2 月 3 日，议会下院成立一个专门委员会，其职能是镇压与审判国王有关的出版物和布道。5 月 14 日和 7 月 17 日，政府重新颁布叛国法令，书写或印刷质疑新政府合法性的文字都被视为叛国行为。9 月 20 日，议会又颁布一道法令，规定伦敦城内合法的印刷室和两所大学不能生产和兜售具有"煽动性"和"诽谤性"的文本。② 为了起到杀鸡儆猴的作用，5 月 9 日，政府又公开处决了著名的王党分子汉密尔顿、霍兰（Holland）和卡佩尔（Capel）。

综上所述，议会和军队通过软硬兼施的手段为审判查理一世辩护，为新政权呐喊。当时的主流印刷品大力宣扬大众主权观和契约论，将其提升为主流话语。传统君权观中的君主经历了去神圣化、去权威化过程。他从受膏者和政体之首脑转变为上帝所不喜之人，以及政体之负担和危险部分。相应地，旧君权观中统治客体地位飙升，成为上帝之宠儿、主权所有者和君权的施予者。君权观的变化也体现在精英分子对自由的深入理解上。传统君权观中，臣民享有的自由源自君主之恩赐，赖于君主的保护，是消极服从的自由。新君权观中，臣民的公民色彩加强，其自由建基于理性，由自己掌握，属于积极的自由。需要注意的是，新君权观终究脱胎于传统君权观，精英人物对君主的态度也是犹豫而矛盾的。一方面，他们不愿放弃君主和君主制；另一方面又透露出对它们的厌恶和否定。君权观的变动和新君权观的矛盾色彩也表现在此后政体的变化中。查理一世被处决后，国王、上院和君主制相继被废除，英格兰摇身变为自由共和国。在形式上，这个共和国属于一院制议会共

---

① David Lagomarsino, *The Trial of Charles I: A Documentary History*, p. 145.

② Robert Wilcher, *The Writing of Royalism 1625 – 1660*, Cambridge University Press, 2001, p. 289.

和国，后来议会的腐败和贪权令克伦威尔一怒之下解散之，建立了护国公体制，后者被称为无冕之王，实际上是君主制的复活。但是，无论新君权观的贯彻程度如何，至少在理论层面，对查理一世的审判是一种观念上的革命。

第二节　为君主制正名

从某种意义上看，审判国王标志着新君权观的胜利。处决国王、建立共和国等行为则强化了这种胜利。但器物和政治体制的改弦更张是容易的，要想改变人们效忠的对象和传统信仰则非一日之功。对旧君权观的持有者来说，审判与处决查理一世是破坏传统、摧毁稳定的社会等级架构的罪恶之举。因此，查理一世被处决后，大量宣传传统君权观的印刷作品应运而生，他们悼念查理一世，抨击弑君者，并为君主制正名。新旧君权观之间的对抗继续上演。

处决当天，威廉姆·鲍尔（William Ball）署名而出版了《国王权力探讨》，文章指责议会成员，认为"国王是最高统治者、共和国最高法官"，"国王的安全就是人民的安全"。退一步讲，虽然国王没有履行自己的责任，但作为国家领袖也不能被斩首。下院的确没有权利审判他，只有上院才能履行这个职责，尽管如此，上院也不能这么做，因为没有法律能推翻"国王无错"这一观念。① 名为《喃喃自语和疑惑》的小册子对读者们说，下院违背神圣盟约和议会原则，其罪行不亚于"叛国罪"。②

威廉·普林对查理一世态度的转变引人注目。内战爆发初期，他曾对查理一世的施政方针大加鞭笞。审判和处决查理一世期间，他反而同情国王，为君主制辩护。他的《古代议会的历史记录第一部分》揭露并讽刺了"一小撮平民（Few Commoners）的无知及其篡权行为，这些人现在自称为下院（The Commons House），而且是英格兰议会（Parliament of Eng-

---

① William Ball, *The Power of Kings Discussed*, London, 1649, pp. 10, 13, 4-8. (http://eebo. chadwyck. com/)

② England and Wales Parliament, *New Bables Confusion*, London, 1649, sig.

land）"。普林追溯了 673 年开始的议会历史，证明英格兰的统治权曾经委托给国王、上院和下院。他指出，起初治理国家的权力属于上院，而不是下院。比如，坎特伯雷大主教在称呼权贵们的集会时，说的是"所有英格兰主教、国王和所有贵族……而不是所有骑士、市民、议员或下院"。也就是说，是国王、贵族和主教开会才创建了王国法律，历史记载上从未提过召集下院。国王和贵族在政府决策中起了重要作用，根本不需要下院的协助。① 亨利一世统治时，开始将下院纳入政府管理体系中，但后者没有发言权。总之，普林证明了英国政府的最初创建者是国王和上院，下院并非人民古老权利和自由的保护者。②

普林的著作无疑为保王主义者打了一剂强心针。保王主义新闻书《智慧信使报》（*Mercurius Aulicus*）（为查理二世所作）对普林的著作大加赞赏。它声称，"普林先生"以历史资料为证据，"让被蛊惑的人民幡然醒悟"，他揭示了这个土地上的"至高权威""存在于国王和上院，而不属于下院"。再者，普林的书揭露了"英国议会的司法权属于国王和贵族而不是下院"，因此，对查理的审判比之前所认为的更具欺骗性，而"欺骗性的法令和命令"的唯一目的是"奴役和谋杀人民"。③

《拥君信使报》（*Mercurius Phio-Monarchicus*）警告议会成员，"你们现在颤抖吧"，因为：

幸运的星星现在闪耀着，
照在查理身上，拯救他，
他拥有神圣君权，
等待你们的，只有悲伤的报复和毁灭。④

---

① William Prynne, *The First Part of an Historical Collection of the Ancient Parliaments of England*, London, Printed for Robert Hodges, 1649, pp. 1 – 13. (http: //eebo. chadwyck. com/)

② Ibid., pp. 14 – 18.

③ *Mercurius aulicus* (*for King Charls II*) *Communicating intelligence from all parts*, London, 1649, pp. 9 – 11. (http: //eebo. chadwyck. com/)

④ Amos Torvald Tubb, *Printed Revolutions: Print Culture and Political Culture During the English Republic*, p. 397.

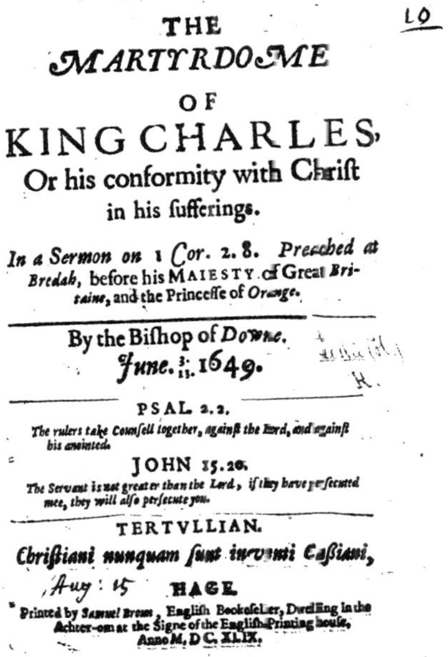

THE
MARTYRDOME
OF
KING CHARLES,
Or his conformity with Chrift
in his fufferings.

In a Sermon on 1 *Cor.* 2. 8. *Preached at Bredah, before his* MAIESTY *of Great Britaine, and the Princeffe of Orange.*

By the Bishop of *Downe.*
June. 1. 1649.

PSAL 2. 2.
The rulers take Counfell together, againft the Lord, and againft his anointed.

JOHN 15. 20.
The Servant is not greater then the Lord, if they have perfecuted mee, they will alfo perfecute you.

TERTVLLIAN.
Chriftiani nunquam funt inventi Caffiani,
Aug: 15
HAGE
Printed by Samuel Brown, English Bookefeler, Dwelling in the Achter-om at the Signe of the English-Printing houfe, Anno M. DC. XLIX.

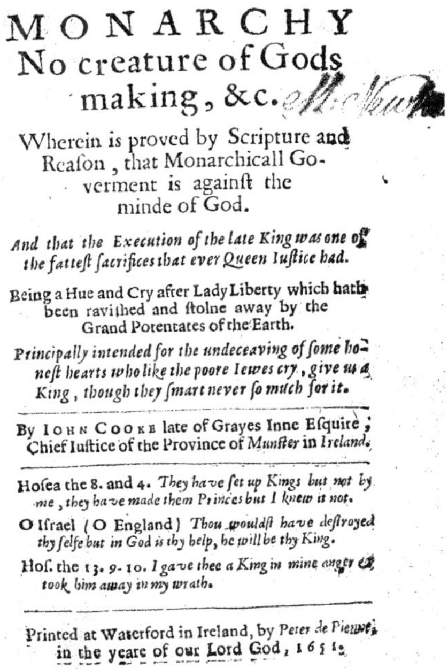

MONARCHY
No creature of Gods
making, &c.

Wherein is proved by Scripture and Reafon, that Monarchicall Goverment is againft the minde of God.

And that the Execution of the late King was one of the fatteft facrifices that ever Queen Iuftice had.

Being a Hue and Cry after Lady Liberty which hath been raviihed and ftolne away by the Grand Potentates of the Earth.

Principally intended for the undeceaving of fome honeft hearts who like the poore Iewes cry, give us a King, though they fmart never fo much for it.

By IOHN COOKE late of Grayes Inne Efquire ; Chief Iuftice of the Province of Munfter in Ireland.

Hofea the 8. and 4. *They have fet up Kings but not by me, they have made them Princes but I knew it not.*

O Ifrael (O England) *Thou wouldft have deftroyed thy felfe but in God is thy help, he will be thy King.*

Hof. the 13. 9. 10. *I gave thee a King in mine anger took him away in my wrath.*

Printed at Waterford in Ireland, by Peter de Pienne, in the yeare of our Lord God, 1651.

图 8—2　《殉道国王查理》　　　图 8—3　Cook John《君主制乃上帝
　　　一书的封面　　　　　　　　　厌弃之物》一书的封面

在批判审判合法性的同时，旧君权观的持有者们努力为国王正名，实际上也是为君主制辩护。查理一世首先刻意将自己塑造成殉道者和英雄。他的殉道情结源于内战。他曾经放言，"作为一个战士和政治家"，他"除了毁灭别无他途"，但他相信"作为一个基督徒"，"上帝不会让叛乱者兴旺，不会让这个事业被推翻"。他"决定"不"放弃自己的事业……不管自己会付出什么代价"。① 很明显他已经准备做一个殉道者。1647 年，西蒙（Symmons）将查理 1642—1646 年的经历描述出来，国王被刻画为基督之子，遭受臣民的背叛，这里指的是长期议会。这时候查理的形象为殉道者、追求和平的国王，他的忍耐力和视死如归的精神与基督类似。② 但这时候的西蒙并非认定国王会真的死去，而是以此为舆论宣传武器，强

---

① W. D. Macray ed. , *The History of the Rebellion and Civil Wars in England*, Vol. 4, pp. 74 - 75.

② Robert Wilcher, *The Writing of Royalism 1625 - 1660*, pp. 268 - 269.

化君权的神圣性，唤起人们对君权的依恋、敬畏和崇拜。在审判中，查理一世也抱着必死的殉道决心，然而，从他内心来讲，或许仍旧将殉道作为获得力量和敬爱的手段。

在断头台上，查理一世努力将自己扮演成殉道者。他刻意穿上两件衬衫，防止自己因为寒冷而发抖，避免让人误解他害怕死亡。走向断头台的时候，他步履从容。在临终演讲中，查理警告人民："我必须告诉你们，人民要想获得自由和解放，就必须拥有某种形式的政府，以及保障他们生命和财产的法律。但是这不意味着他们可以来分享政府的权力，这根本是与他们毫不相干的事。先生们，臣民和君主是完全不可相提并论的，因此如果他们坚持这么做——意思是如果你们让人民拥有我所说的那种自由，他们是永远不可能幸福的。"① 这段话是查理一世君权观的绝佳诠释。君主具有半人半神之身，任何将君臣相提并论的做法都是对君主的亵渎。人民天生就应该被统治，因为参与政治并非他们的工作和专长。如果这种社会和政治秩序被打破的话，人民就无幸福可言。可见，在查理眼中，人民自由和幸福的前提是接受国王的统治，换句话说，来自君主的恩赐。人民参与政府管理后所享有的自由不是真正的自由。总之，人民只配享有消极的自由，无福消受积极的自由。最后，查理对贾克森主教说："我跟你说，我是为人民而殉道的。"无独有偶，查理一世出殡那天下雪了，大雪覆盖了棺材上的黑色天鹅绒。保王主义者认为，白色是无罪的颜色。因此，查理又获得"清白无瑕国王"（white king）之美誉。

印刷媒体也努力将查理一世包装成圣人和受难的基督形象。《圣容》（Eikon Basilike 或译为《国王之书》）的出现令国王的形象更加纯洁、神圣和美好。这本书的封面插图上，查理正在虔诚地祈祷，落在地上的王冠代表他已经被罢黜。但在查理的上方，出现了另一顶王冠，这是来自上帝的嘉奖。这幅画印证了查理临死前所说的话："我原本戴着能朽坏的冠冕，现在我将要戴上一顶不会朽坏的冠冕了。"朱克森也肯定，查理将得到一顶荣耀的，永恒的冠冕。

《圣容》刚面市就销售一空。一年之内，这本书的英文版出版了 35 次（外文版出版了 25 次），以至于被称为"英国内战以来流传最广，讨

---

① ［英］杰弗里·罗伯逊：《弑君者》，徐璇译，第 200 页。

论最多的保王主义者宣传册"。① 该书描写了查理一世在生命的最后几年如何为人民祈祷，它的真实性曾经受到质疑，据说出自一个投机主义的教士约翰·高登（John Gauden）之手。但这并未削减《圣容》带给人们的心理冲击波。6月，一个无名辩护者，可能是约翰·阿什伯纳姆（John Ashburnham），他认为，查理"用笔捍卫自己被中伤的尊严"，因此，这本书是"高贵而虔诚的**生动回忆**"。② 6月中旬，一首挽歌称赞《圣容》，认为任何生花妙笔也写不出这样的书，"这本书就是我们的语言"。书中的查理像基督一样，遭受"牢狱之灾、嘲笑、责备和贫乏"。查理甚至有自己的"伪君子"，他的比拉多（钉死基督的犹太总督），就是法庭主席布拉德肖和折磨他的士兵。诗歌最后告诉人民不要哀悼查理，因为他去了更好的地方，在那里他比生前更受欢迎。③ 确实，这本书将查理一世美化为圣人和殉道者，书中感性而敏感的国王形象深深打动了民众的心，人们对查理的同情和怀念被激发起来，大部分人对逝去的君主制感到非常惋惜。

《圣容》的风靡促使议会作出对策。10月6日，弥尔顿的《圣像破坏者》（Eikonoklastes）出版。这本书对《圣容》进行逐章批判，抨击这本书是用虚假的回忆录来塑造一个圣徒或神话。但被神话感动的民众往往不去计较其真实性。相反，弥尔顿的优美辞藻和长篇大论没有获得预期的成功，这本书再也没有出现第二版。究其原因，民众有自己的阅读特点和情感兴奋点，他们并不想阅读那些高深的、具有学术气息的、为新政府或弑君辩护的文章。那些富有感情的、感性的读物更能引起他们共鸣。对于民众喜好肥皂读物的倾向，弥尔顿有所察觉。他意识到绝大部分读者需要获得新思想，而他所提供的渠道或方式产生的效果不明显。于是，在1644年就主张言论自由的弥尔顿，在审判后不得不依赖行政力量，他贯彻了英

---

① 关于这本书的版次和面世时间，学界有不同说法。有的认为是2月面世，出版了30次。参见 Francis F. Madan，*A New Bibliography of the Eikon Basilike*，Oxford Bibliographical Society Publications，1950，pp. 1 – 7，9 – 60。本书采用新近学者罗伯特·威尔彻（Robert Wilcher）的说法，他对《圣容》的成型过程和写作具有深入研究，参见 Robert Wilcher，*The Writing of Royalism 1625 – 1660*，pp. 277 – 286。

② Robert Wilcher，*The Writing of Royalism 1625 – 1660*，p. 292.

③ *An Elegie upon the Death of our Dread Soveraign Lord King Charls the Martyr*，London，1649，p. 1.（http：//eebo. chadwyck. com/）

国历史上最严峻的出版审查法令。他也许认为，出版自由并非好主意，因为现在的政治对手也在利用它。而国家掌控出版权是杜绝愚蠢大众阅读错误书籍的最好方法。[①] 此后，库克又写了《君主制非上帝为人所设》，但无论他的论证如何具有说服力，都无法平息《圣容》在民众心中激起的情感浪潮。弥尔顿将民众的这种感情称为迷信和奴性，库克认为有悖于上帝的话语和人的理智。实际上，这是传统的力量。

在查理被处死的当天，保王主义者就发表了一首诗歌，《纪念我们最伟大的统治者——国王查理》。这首诗歌流行最为广泛，开创了 1649 年保王主义者美化查理的先河。另外一首广为流传的歌谣热情歌颂了查理临刑前的从容镇定：

审判和处决查理一世并未成功消除君主制度对人们的影响，反而刺激传统君权观的流播。在官方许可下出版的小册子和新闻书对查理临终前的行为举止进行多方面报道，将人们对国王的许多不好的回忆从公共意识（大众意识）中抹去，这成为建立王室殉道者形象的土壤。[②] 克拉伦登也认为，"他虽然不是最好的国王，因为他缺乏那些令国王变得伟大和幸福的某些品质"，但"在他倒下的那一刻……他与子民心灵相通，于是获得三个王国子民的热诚爱戴，正如其祖先所享有的那样"。[③] 可见，查理一世的英雄主义行为和殉道者形象掩盖了他曾经的错误。

在查理被处死的当天，保王主义者就发表了一首诗歌，《纪念我们最伟大的统治者——国王查理》。这首诗歌流行最为广泛，开创了 1649 年保王主义者美化查理的先河。另外一首广为流传的歌谣热情歌颂了查理临刑前的从容镇定：

> 天啊，天啊，
> 他原谅了敌人，
> 并祝愿我们，
> 生活安宁。
> 他希望一切都过去，
> 他肯定会永生，
> 我们也许不再悲伤，

---

① William Riley Parker, *Milton: A Biography*, Vol. 1, Oxford University Press, 1996, pp. 360 – 362.

② Robert Wilcher, *The Writing of Royalism 1625 – 1660*, p. 275.

③ Wilbur Cortez Abbott, ed., *The Writing and Speeches of Oliver Cromwell*, Vol. I, p. 755.

战争也许会停上。①

除了讴歌，有些挽歌开始有意为查理推卸罪责，强调战争源于人民的原罪和叛乱者的野心，查理过于善良反而成了受害者。正如 2 月 13 日一首保王党诗歌所说的，国王太善良了，必定被议会废黜。国王是为了正义而活着，议会却将他判为暴君！太残忍了，他的手从未沾染血腥！②

在《神圣仁慈的国王》（Regale Lectum Miseriae）的封面上，查理一世正在祈祷，地上是被摘下的世俗之王冠。上帝在云端，准备给查理加冕，这和《圣容》的封面插图类似。约翰·夸尔斯（John Quarles）模仿查理的口吻说道：

上帝知道我的事业是正义的，
但是令我的军队毁灭。
每日看到我的敌人战败我，
我应该抱怨吗？
不，不，他们最终会死去，
当我死后重生的时候……③

也就是说，上帝之所以毁灭查理，是为了让他像受难基督一样，死后永生。不过，夸尔斯又认为，作为一个国王，查理过于善良，而上帝嫉妒他的善良，以至于后者不能存于世。④

曾经为查理二世及其姐姐讲道的亨利·莱斯利（Henry Leslie）主教和牧师理查德·沃森（Richard Watson）均将自己的布道辞出版。莱斯利认为议会和军队对查理所作之事堪比基督所受之难，⑤ 沃森将查理比作

---

① Robert Wilcher, *The Writing of Royalism 1625 - 1660*, p. 277.

② Amos Torvald Tubb, *Printed Revolutions: Print Culture and Political Culture During the English Republic*, p. 279.

③ John Quarles, *Regale Lectum Miseriae*, London, 1649, pp. 25 - 26. （http://eebo. chadwyck. com/）

④ John Quarles, *Regale Lectum Miseriae*, p. 41.

⑤ Leslie Henry, *The Martyrdome of King Charles, or His conformity with Christ in his sufferings*. Hage, Printed by Samuel Broun, 1649, pp. 11 - 14. （http://eebo. chadwyck. com/）

"第二基督，上帝的命定之人"。① 查理和基督之间的不同是，前者是为了将"他的王国从世俗的囚禁和邪恶之人所实施的专制中解放出来"而牺牲，后者是为了将人类从原罪和撒旦手中解放出来。②

除了制造殉道者查理之外，旧君权观的持有者也渲染君主制被废除后的无序状态，进而丑化共和国政府。在《已故陛下的殉难》中，作者看到教会和国家在处决者的利斧下动摇，后者是社会的根基，因此，"这座大厦的根基已经被毁灭，这个大厦必定倒塌"。《对善良而谦和的殉道者查理一世的挽歌》的作者看到国王无辜的鲜血落到地上后引起的变化是，"自然界的架构再次崩溃，变成混沌"。因为国王之死"毁灭了所有秩序，留下的只有虚空，教会和国家秩序完全颠倒"。③ 言外之意，查理一世和君主制度是教会和国家稳定的基础，象征着秩序。而查理一世被处决后，君主制被废除后，这个世界一片混沌，人民哪里还有幸福可言？

另一方面，英格兰自由共和国虽然标榜自由，但实质上是建立在军事力量之上，缺乏传统力量的庇护和支持，统治基础十分薄弱。平等派曾经对军队和议会抱有希望，结果新政权并未实现其社会和政治蓝图，相反蜕变为军事独裁。对此，一些平等派十分失望。1649 年 2 月 28 日，李尔本发表了《英格兰的新枷锁》。3 月 24 日，《新枷锁第二部分》出炉。在这两个小册子中，李尔本一反当初对审判和处决查理一世行为的默认态度，表达了对军队的失望之情。他认为，军队通过"罢免国王、解散上院、恐吓下院以至于令下院弃权"的方式，"贯彻为私利所左右的会议精神"，"通过法令和决议"，"建立他们的法庭和国务委员会"。"人民选举出来的下院具有至高权威，所有这些（虽然其中许多是出于好的动机，渴望为人民谋利）成为仅有利于他们的工具。"④ 总之，军队打着为人民利益的旗号，篡夺了下院的至高权威，实施新的军事暴政。在他们看来，对查理

① Richard Watson, *Regicidium Judaicum*, Hage: Printed by Samuel Broun, 1649, p. 23.

② Thomas Warmstry, *A Handkerchief for Loyal Mourners*, London, 1659, p. 6. （http://eebo. chadwyck. com/）

③ Andrew Lacey, "Elegies and Commenmorative Verse in Honour of Charles the Martyr, 1649 - 60", p. 236.

④ John Lilburne, *The Second Part of Englands New-chaines Discovered*, London, 1649, pp. 12 - 13. （http://eebo. chadwyck. com/）

和君主制的处置就是专制，因此，与其接受新的军事独裁，不如欢迎君主制的回归。平等派对君主制的怀念体现了新君权观在政治实践中的失败，这为君主制的复活埋下了伏笔。

　　共和国时期统治集团对君主制的怀念可以从讨论克伦威尔是否称王中体现出来。1651 年，克伦威尔刚取得伍斯特（Worcester）胜利，德意志奥尔登小公国的外交使节赫尔曼·麦利尔斯（Hermann Mylius）与圣詹姆斯宫的图书管理员约翰·杜里（John Dury）有过对话。杜里预言，不久将有重大事情发生，克伦威尔将好运当头。麦利尔斯说："也许他们会使他成为共和国总督，正如威尼斯和热那亚一样……并授予他的子孙继承权。"杜里则认为克伦威尔有可能称王，他虽然不会将自己的心意表露出来，但他掌控着政治和军事大权，能够将所有人团结起来，因此值得成为国王。[①]

　　1652 年，怀特洛克也思考了这个问题。他认为，"不论是进行选举还是通过世袭，他实际上就是国王，然而，一旦成为国王，所有法令都是以他的名义颁布，如国王一样……在国王统治下行事比在任何其他权力下行事都安全。国王的权力如此伟大和高不可攀，受到这个国家的人民如此普遍的接受和拥戴，以至于那些以它的名义行事的人用重要手段来保护这个头衔，而且此时需要利用它来约束当前权力所不能控制的傲慢和无序行为，或者控制那些本身就因此而傲慢的人"。[②] 从这段话可以看出，怀特洛克赞同克伦威尔成为国王。因为国王这个头衔不仅代表"伟大和高不可攀的权力和权威"，而且受到人们的普遍尊崇。另外，国王头衔有助于维护秩序。瑞士公使彼得·朱利叶斯·科耶特（Peter Julius Coyet）也认为，"这个国家已经习惯于接受一个国王的统治，所有的英国法令和古老法律都是建基于国王"。[③] 可见，君主制度虽然被废除，但民众对当前政治混乱的绝望导致旧君权观的抬头和复活，克伦威尔最终并未称王，但护国公制度实际上是君主制的翻版。

　　总体来看，审判后新旧君权观之间的对抗一直存在着。军队和议会为

---

　　① David L. Smith, *Oliver Cromwell: Politics and Religion in the English Revolution, 1640 – 1658*, Cambridge University Press, 1991, pp. 27 – 28.

　　② Ibid., p. 28.

　　③ Ibid..

主体的当权者推翻君主制，建立共和国。新政权建立后，当局采取行政手段打击保王余党，肃清印刷界的异己声音，为己方的舆论宣传开路。当权者的印刷品在为审判和处决查理一世辩护、为新政权呐喊的同时，反驳君主以及君主制存在的合理合法性。在此过程中，大众主权、契约论、自由和平等观念得到进一步提倡，它们在17世纪政治文化中的地位得到巩固和加强。

另一方面，旧君权观并未消亡。审判和处决查理一世唤起了人们对君主的崇拜和爱戴之情，大量怀念国王和君主制并为其正名的小册子、挽歌和布道辞以不同方式流播。在这些作品中，查理一世一改杀人犯的狰狞形象，变成完美无瑕的圣徒、为人民而殉道的英雄。在实践层面，新君权观的落实不尽如人意，英格兰自由共和国的不成熟及其种种弊端成为怀念君主制的助推器，共和国最终滑向护国公制，实际上是君主制改头换面的一种方式。克伦威尔离世后，君主制复辟了。

然而，复辟后的君权观已经不同于传统君权观。君主形象不再那么神圣而完美，查理二世道德上的失范行为被作为悲喜剧的素材而加以讽刺，同时也缩短了他与臣民之间的距离。另外，新君权观在政体变动中打下的烙印是无法忽视的，这体现在英国政体安排中的分权趋向。

都铎王朝和斯图亚特王朝的政治实践体现出"王在议会"混合权威观，虽然绝对君权论者极力否认，但这与某些理论家所承认的"混合君主制"是相契合的。内战爆发之际，查理一世在《对议会十九条陈述的回复》中承认了混合君主制的现状："有三种政体，绝对君主制，贵族制和民主制：每个政体都具有其便利和不便之处。你们的祖先的经验和智慧创建了混合这三种政体的政府，正如这个王国所具有的，只要这三个等级之间的均衡不被打破，这个王国就不存在这三种政体的缺点，他们会在各自的轨道中一起运行。""我王国法律由国王、贵族院和民众选举产生之平民院共同制订。三者皆可自由表决，各拥有独自的特权。"① 虽然他的用意是以退为进，遏制议会觊觎君权，但不经意间将混合君主制观念传播开来。对此，克拉伦登伯爵抱怨《回复》起草人约翰·卡尔佩博爵士错

---

① Arihiro Fukuda, *Sovereignty and the Sword: Harrington, Hobbes and Mixed Government in the English Civil War*, Oxford University Press, 1997, pp. 25 – 26.

误地把王国三个等级同三种政府强行并列，逻辑不通。托马斯·霍布斯（Thomas Hobbes）从主权不可分割的定论出发，否认混合政府的主权由三者分掌的理论。这在他的《法律要素》《论公民》《利维坦》中体现出来，他甚至把内战之爆发归咎于国王廷臣们稀里糊涂地搬用了混合政府论，助长了下院的争权要求。①

确实，议会人士故意曲解国王的《回复》，强调王国的最高权力由国王、上院、下院分掌，不承认国王高于议会两院。有的更进一步，认为三者既然地位平等，那么两院加在一起，权威理应大于只占政府三分之一的国王。② 亨利·帕克更加警惕，他认为，过分崇拜君权是危险的："如果所有国家……既不为君权设定限制，也不想为君权设定限制，而必须视它为神圣事物……那么，所有的国家都平等地成为奴隶；我们出生在英格兰法律下的人们，与那些法兰西愚蠢的农民一样，都不在自由之列。"③

那么，如何对君主权力进行具体限制？在传统君权观中，君主集立法、司法和执行权于一身。而内战期间，理论家们对政府不同部门职能分配进行讨论，大多数人强调司法独立于君主，君主仅享有最高执行权，甚至应该悬置他在立法中的否决权。④ 平等派为立法和执法原则的形成做出了重要贡献。1648 年平等派的《人民公约》宣布："议员不得干涉法律之执行，不得对任何人的人身或财产做出判决。"⑤ 这句话说明分权是必要

---

① Arihiro Fukuda, *Sovereignty and the Sword*: *Harrington*, *Hobbes and Mixed Government in the English Civil War*, pp. 54–55. 尽管有这些反对之声，混合政府说还是很快被大多数人所接受。查理一世下令《回复》在国会两院宣读，在全国所有教堂张贴，使之几乎家喻户晓。此间，对混合政府论的普及传播起了最大作用的是由匿名作者于 1643 年散发的一本小册子，题为《政治问答手册》（*A Political Catechism*）。它采用一问一答形式，用通俗的语言把《回复》原文加以注释。文中提出英国政府是"混合君主制"（mixed monarchy）。此文于 1679 年、1688 年、1689 年、1692 年、1693 年、1710 年多次再版发行，使得混合君主制一词成了各家学者描述英国政体的最普遍用语。

② ［英］M. J. C. 维尔：《宪政与分权》，苏力译，生活·读书·新知三联书店 1997 年版，第 39—41 页。

③ ［美］迈克尔·扎科等：《自然权利与新共和主义》，王崇兴译，吉林出版集团有限责任公司 2008 年版，第 48 页。

④ ［英］M. J. C. 维尔：《宪政与分权》，苏力译，第 38、42 页。

⑤ S. R. Gardiner ed, *The Constitutional Documents of the Puritan Revolution*, *1625–1660*, p. 368.

的，议会作为立法机关，无权执行法律。政论小册子作者约翰·萨德勒（John Sadler）在 1649 年写道：“原始的立法权应由下院行使，司法权归于上院，执行权则属于国王。”[①]

英格兰自由共和国成立后，议会集立法和执政（包括司法）权于一身，权力毫无限制。平等派成员对此十分不满，不断争取下层民众的选举权，屡遭议会监禁和审判。克伦威尔及其拥护者认为议会包揽立法和执法的行为降低了行政效率，不利于新统治秩序的建立。因此，从加强效率的目的出发，他们要求由一个独立于国会的行政官主持政府事务。当这一要求被议会拒绝后，克伦威尔使用武力解散了长期国会，结束了国会大权独揽的局面。约翰·弥尔顿写道：“所有明智的民族都把立法权和司法执行权分开，由不同的人掌握。”[②]

1653 年的《政府章程》（Instrument of Government）规定：政府由三个部分组成：护国公（Protector）、国务会议（Council）和议会（Parliament）。立法权由议会行使，政府管理由护国主和国务会议主持。立法者和政府管理者在一定程度上可互相干预。在程序上，议案必须提交给护国公审阅并征求他的同意，但后者没有否决权。如果一个月内护国公未表示不赞同议案，或者没有说服议会对提议进行重新审议，议案就自动成为法律。议会任命的大法官独立于护国公及其国务会议。可见，与君主制相比，护国公体制下的立法者和政府管理者之间的独立性明显增强，基本上是各司其权，它至少在表面上实行了部门分权的原则。

1654 年，一篇匿名文章《克伦威尔共和国实况》为《政府章程》辩护，作者认为，保障自由之奥秘在于使立法和执法权“分开由不同渠道行使，并永不集于一身。”1656 年，马切芒特·尼达姆发表了《自由国家之美德》，认为权力分立是建立一个自由国家所必须有的原则之一。[③]

詹姆斯·哈林顿（James Harrington）在《大洋国》中将混合与分权原则结合起来。他设计的海洋共和国总执政（Magistracy）作为君主制化身，负责法律的实施，掌握执法权；元老院（Senate）体现了贵族制成

---

① Francis D. Wormuth, *The Origins of Modern Constitutionalism*, New York: Harper & Brothers, 1949, pp. 60 - 61.

② Ibid., p. 69.

③ ［英］M. J. C. 维尔：《宪政与分权》，苏力译，第 44、47 页。

分，其职权仅限于提出法案；元老院的特权部会（Prerogative Tribe）可以批准或否决法案，体现了民主制成分，实际上操持立法权。①

　　然而，1658年9月克伦威尔死后，军队同国务会议之间的权力斗争不可调和，王朝复辟成为不可避免的现实。但君权在形式上的恢复并不意味着新君权观的泯灭。相反，混合政府原则和分权理论双双被用来为旧秩序的新纪元张目。查理二世的权臣、王党理论家罗杰·莱斯特兰奇（Roger L'Estrange）在1660年发表的《为有限君主制呼吁》一文中，声称"混合君主制""集自由国度之完美，是君主政体之精义"，比共和制下的议会专权更能保证立法和政府管理权的分离，具体而言，"有限君主不负责立法、执法或解释法律，而法官也不干涉君主的命令和过失"。②

　　虽然英国政体在经历了一个轮回之后，又回归到君主制，但仔细观察就会发现，内战前后斯图亚特王朝在政体目标方面存在着明显的差异。内战前的斯图亚特国王力求实现绝对君主专制，内战后的政体则趋向于混合君主制下的分权。看来，英国君权观的变革终究无法摆脱传统的制约，而传统君权观也并非一成不变。新旧君权观的融合酿造出富有英国特色的宪政制度，这一宪政制度在后来的时代危机中表现出相当强的弹性和自我调节能力。这也是英国君主制延续下来的重要原因之一。

---

　　①　［英］哈林顿：《大洋国》，何新译，商务印书馆1983年版，第25—26页。
　　②　Roger L'Estrange, *A Plea for Limited Monarchy, As it was Established in this Nation*, London, Printed by T. Mabb 1660, pp. 3, 8. (http://eebo.chadwyck.com/)

结　　语

　　任何重大历史事件的发生都是种种因素合力的结果。其中，观念不是决定因素，但却是不可或缺的相关因素。观念对行动具有一定的导向作用，行动反过来体现并强化了观念。因此，对一种具体历史事件以及与之相关的观念进行考察，有助于我们对观念本身及事件所处的时代有更深刻的认识。

　　审判查理一世是英国内战中的重大事件，本书的研究表明，精英集团的君权观在其中扮演了重要角色。英国传统君权观具有浓厚的基督教神权政治文化色彩，它强调统治主体的权力，统治客体的权利和自由则来自前者的恩赐，其能动性被刻意忽略。在人文主义的启蒙和宗教改革运动的洗礼下，传统君权观出现了变化。后者在弘扬命定论的基础上，结合自然界的有机体理论，形成以父权主义为特色的绝对君权观，并在政治文化中掌握主流话语霸权。但统治客体的公民意识逐渐觉醒，他们借助圣经和自然法，阐发出契约论和大众主权论，重新解释君臣关系，强调二者的对等地位。结果，在相同的立论基础上出现了两种势同水火的极端君权理论。内战的爆发、审判的出现与这两种君权观之间的矛盾不无关系。

　　内战期间，英国人的君权观经历了如下变化：英国君主形象经历了神圣到世俗的转变，虽然审判后，君主形象又变得神圣，但无法改变其没落的事实。君主权威也从神授和不可分割，转变为具体而有限。从主权归属上看，主权的享有者从君主转变为议会，最终落入人民之手。

　　内战前，在英国绝对君权论者的论证模式中，完整的主权显示为一个完整的肉身，作为自然体的君主披上宗教外衣，成为神圣不可侵犯的主权负载者。人们对君权的认识总要依附于某种象征，君主便是君主制度的象征，"君权神授"的强势地位便是明证。然而，在现实政治中，君主的主权只有在与议会合作的情况下才能保有，这种混合权威观潜藏着危机。要想求得王国稳定，不仅要依靠君主的领头羊作用，还需要政府机构成员的合作。简言之，君臣必须以均衡和谐为政治目标。然而，在实践层面，斯图亚特王朝的君主逐步打破了君臣之间应有的均衡关系，君臣对君权和议会地位方面的观点分歧和冲突已经出现。詹姆斯一世扩张君权的欲望引起议会的警惕和不满。查理一世任意征税、解散议会等行为打破了英国政制架构中的和谐。以议会为主导的精英团体甚至以实际行动锄除斯特拉福德伯爵，从司法和政治层面向传统君权观挑战，这些都为审判查理一世积累了实践经验。

内战期间，两大阵营对"君主双重身体"的认识具有本质上的差异。保王阵营中查理一世所代表的极端保王主义者的逻辑是，依据传统的君权神授理论，国王是受膏之人，其统治权源于上帝。上帝及其决定的正确性是无可置疑的，所以，作为受膏者的自然身体和国王政治身体因此而神圣不可侵犯，并且永远不会犯错。法理学家从法律层面阐发了君主双重身体论：国王的政治体是法律的构成物，法律不会出错，所以作为政治体的国王也不会犯错。虽然国王的政治身体与自然身体有所区别，但二者是不可分割的，因此，作为自然载体的国王也不会犯错。但保王阵营中的温和派通过言论和行动表明，为了王国安全和人民利益，在坚持君权的至高性和神圣性基础上，可以根据实际情况对议会的要求做出让步。而内战的爆发、温和派的妥协愿望都在客观上默认了：查理一世违反了君主应有的道德规范，其失范行为破坏了国王双重身体的神圣完美特质，臣民对他的反抗具有合理之处。这样一来，传统君权观所强调的君主双重身体不可分割而且神圣不可侵犯的特质悄然瓦解。反王阵营也利用公共利益、契约论、大众主权论和反抗暴君论来为自己辩护，并颠覆传统君权观中的君主双重身体理论，认为二者是可以分离的。再者，根据"王在议会"君权观，国王只有在议会中才具有至高权，查理一世离开伦敦的行为意味着，"国王"的政治身体与自然身体之间的分离。反王阵营改变以往的为君者讳的做法，直接控诉查理一世作为王位的自然载体没有履行保护王位的职责。君主不再是神人合一、被盲目崇拜的对象，而是可以公开反对的自然体。

两大阵营对"杀人犯"的争论十分激烈。保王阵营指责反王阵营是杀人犯，笃信查理一世是上帝在人间的代理人，是人间上帝，政治制度和传统君权观是相互支撑、不可分割的统一体，君权不为世俗的理性分析所左右。确实，根据传统君权观，查理一世一旦接受了涂油仪式，就成为半人半神之身。但反王阵营中的激进分子从不同角度证明保王者和查理·斯图亚特是杀人犯，成千上万的无辜者的鲜血已经污染了查理一世血液的神圣和纯洁，杀人犯的说法将他的神圣性释放得一干二净，他已经不再是国王了。杀人犯的称号不仅粉碎了查理一世的个人形象，而且损害了国王这一职位的神圣特质，君主形象在神圣与世俗之间完成了转变，少数人甚至对君主制的合理性提出了质疑。基于圣经文本的血债血偿呼声也为审判查理一世涂上一层宗教保护色。

政治观念的变革和政治行为桴鼓相应，相辅而行。英国君权观的变化与审判查理一世之间是相互作用的。一方面，大众主权、契约论为主体的新君权观为审判查理一世提供了理论武器，并为之呐喊助威。另一方面，对国王的审判践行并肯定了新君权观，从而巩固了后者在英国政治文化中的地位。然而，绝对君权观和传统的君主制思想不会甘拜下风，审判查理一世就体现了君权神授予君权人授这两种极端君权观之间的激烈交锋。最终，在政治和军事力量的辅佐下，审判获得成功。

审判的结束并不意味着新旧君权观之间对抗的终结，双方的支持者均通过各种方式表达并传播其观点。军队和议会利用行政手段规范媒体秩序，通过多种渠道为审判辩护，为新政权呐喊助威，并变换政体形式，将新型君权观强制灌输给民众，在客观上取得了一定效果。但观念的变革无法逃脱传统的牢笼。审判和处决查理一世激发了人们对国王的怀念之情，对君主以及君主制的崇拜和向往在政治高压下复活。那些宣称要与旧君权观决裂者却难逃过去的掌心。共和国体制向护国公体制的转变便体现了新政体下的人们对传统的依赖。审判和处决查理一世对君主制度造成的损害演化为伤痛的历史记忆，复辟后对弑君者的审判正是对这一历史的仿效和憎恨的表现。

政治观念的变革脱胎于政治文化传统，在政治实践中又回归于传统。即便如此，君权观的变革仍旧在传统的复苏中留下印记。经历过变革的君权观已经大大迥异于传统君权观。君主形象的神圣色彩相对减弱，混合与分权思想被贯彻到英格兰自由共和国政体中。复辟后的英国君主制中，议会在征税权和立法权上等方面占据主导地位，对君主权力形成强有力的掣肘。詹姆斯二世即位后，试图恢复绝对君权。他的行为引起议会中辉格党和托利党的共同反对。但此时的议会吸取了内战的历史教训，审判国王这一幕并未再次上演。詹姆斯二世流亡国外，议会迎来威廉和玛丽，是为"光荣革命"。此后颁布的《权利法案》和《王位继承法》肯定了议会高于国王的政治现实。任此时的议会缺乏机构制约，君主制显示出贵族寡头倾向。在此情形下，洛克在其《政府论》中重提职能分权理论。在此后的英国历史进程中，政治实践与理论继续相互影响并不断发展，英国政体中的混合与分权特征趋于明确，君主的权力逐渐被内阁和议会架空，成为虚职。看来，审判查理一世虽然是非常历史时期的非常产物，但它已构成英国人无法忘不并时时借鉴的历史记忆，它所践行的新君权观也并未因君主制度的恢复而湮没，相反逐渐在英国政治文化中站稳了脚跟。

参考文献

一　英文部分

1. 来自 EEBO 的资料（http://eebo.chadwyck.com/）

Anon, *A Letter of Advice, From a Secluded Member of the House of Commons, to his Excellency, Thomas Lord Fairfax*, London, Jan 3, 1649.

Anon, *A Paire of Cristall Spectacles*, London, December 18, 1648.

Anon, *A Perfect Summary of Exact Passages of Parliament*, London, 1649.

Anon, *A Remonstrance for Peace between the Kings Most Excellent Majesty and his two Houses of Parliament*, London, 1648.

Anon, *A Remonstrance from the Army to the Citizens of London*, London, 1648.

Anon, *A Remonstrance of His Excellency Thomas Lord Fairfax, Lord Generall of the Parliaments forces*, London, 1648.

Anon, *A Serious and faithful Representation of the Judgements of the Ministers of the Gospell Within the Province of London*, London, Jan 18, 1649.

Anon, *A Sigh for an Afflicted Soveraigne*, London, December 18, 1648.

Anon, *An Abridgement of the Late Remonstrance of the Army*, London, 1648.

Anon, *An Elegie upon the Death of our Dread Soveraign Lord King Charls the Martyr*, London, 1649.

Anon, *An Exact and Impartial Accompt of the Indictment, Arraignment, Trial and Judgment(according to law) of Nine and Twenty Regicides*, London, 1660.

Anon, *Articles Exhibited against the King, and the Charge of the Army, against His Majesty*, London, December 29, 1648.

Anon, *Articles of Impeachment of High Treason, Exhibited by the Commons of England, in a Free Parliament*, London, December 19, 1648.

Anon, *His Majesties Declaration*, London, Jan 9, 1649.

Anon, *Independency Script&Whipt*, London, December 12, 1648.

Anon, *King Charls his Tryal: or A Perfect Narrative of the Whole Proceedings of the High Court of Iustice in the Tryal of the King in Westminster Hall*, London, Printed by Peter Cole, 1649.

Anon, *Lex Talionis. Or, A Declamation against Mr. Challener*, London, 1647.

Anon, *Light Shining in Buckinghampshire*, London, December 5, 1648.

Anon, *Mercurius Aulicus (for King Charls II) Communicating Intelligence from all parts*, London, 1649.

Anon, *Mercurius Elencticus*, Number 54 – 56, London, 1648.

Anon, *Mercurius Impartialis*, Number 1, December 5 – 12, London, 1648.

Anon, *Mercurius Pragmaticus*, Numbers 36, 37, December 5 – 12, London, 1648.

Anon, *The Charge of the Army and Counsel of War*, December 29, 1648.

Anon, *The Declaration of Major-Generall Brown Concerning the Lord Fairfax and the army*, London, 1648.

Anon, *The Moderate intelligencer*, Number 39, 1648.

Anon, *The Moderate*, December 5 – 12, 1648, Number 22.

Anon, *The Parliament Justified in Their Late Proceedings against Charls Stuart*, London, 1649.

Anon, *The Peoples Echo to the Parliaments Declarations, Concerning a Personall Treaty with the King*, London, 1648.

Anon, *The True Copy of a Petition Promoted in the Army, and Already Presented to His Excellency the Lord General, by the Officers and Soldiers of the Regiment under the Command of Commissary General Ireton*, London, 1648.

C. Brook, *The Armies Weekly Intelligencer*, London: Printed by C. Brook, 1649.

C. Brook, *The Armies Modest Intelligencer*, London, 1649.

Christopher Love, *Englands Distemper. A Sermon Preacht at Uxbridge*, 1645.

Church of Scotland, *The Remonstrance of the General Assembly of the Kirk of Scotland to his Majesty*, London, 1645.

Clement Walker, *Anarchia Anlicana: or, The History of Independency*, 2 vols, London, 1660.

Clement Walker, *Relations and Observations, History and Poliricke, upon the Parliament, begun Anno. Dom. 1640*, London, 1648.

Clement Walker, *Relations and Observations, History and Politick upon the Parliament begun Anno Dom*, London, 1648.

David Jenkins, *Lex Terrae, in The Works of That Grave and Learned Lawyer Iudge Ienkins, Prisoner in Newgate upon Divers Statutes Concerning the Liberty and Freedome of the Subiect*, London, 1648.

Dudley Digges, *An Answer to a Printed Book, Intituled Observations upon Some of His Majesties Late Answers and Expresses*, Oxford: By Leonard Lichfield, 1642.

Dudley Digges, *The Unlawfulnesse of Subjects Taking up Arms against Their Soveraigne, in What Case Soever*, Oxford, 1643.

Edward Bowles, *Plaine English: or, A Discourse Concerning the Accommodation, the Armie, the Association*, London, 1643.

England and Wales, Parliament, *A Declaration of the Commons of England in Parliament Assembled; Expressing the Late Resolutions Touching No further Address or Application to be Making to the King*, London, 1647.

England and Wales, Parliament, *New Bables Confusion*, London, 1649.

G. G. , *A Reply to a Namelesse Pamphlet, Intituled, An Answer to a Speech without Doors*, London, 1646.

George Carleton, *Iurisdiction Regall, Episcopall, Papall Wherein is Declared How the Pope Hath Intruded Vpon the Iurisdiction of Temporall Princes, and of the Church, Londini: Impensis Iohannis Norton*, Londini : Impensis Iohannis Norton, 1610.

George Cokayn, *Flesh Expiring, and the Spirit Inspiring*, London, 1648.

Henry Ferne, *A Reply unto Severall Treatises*, Oxford: Printed by Leonard Lichfield, 1643.

Henry Hamond, *To the Right Honourable, The Lord Fairfax, and His Councell of Warre: The Humble Addresse of Henry Hamond*, London, 1649.

Henry Marten, *The Independency of England*, London: Printed for Peter Cole, 1648.

Henry Parker, *Observations upon Some of His Majesties Late Answers & Expresses*,

London, 1642.

Henry Parker, *The Kings Cabinet Opened: or, Certain Packets of Secret Letters & Papers, written with the Kings own Hand, and taken in his Cabinet at Naseby Field*, London, 1645.

John Aylmer, *An Harborowe for Faithfull and Trewe Subiects Against the Late Blowne Blaste, Concerninge the Gouernme[n]t of Wemen*, London, 1559.

John Bramhall, *The Serpent Slave*, 1643.

John Canne, *The Golden Rule, or Justice Advanced*, London, 1649.

John Cook, *King Charls His Case*, London: Printed by Peter Cole, 1649.

John Evelyn, *Tyrannus, or, The Mode in a Discourse of Sumptuary Lawes*, London, 1661.

John Floyd, *God and the King*, Printed at Cullen(St Omer), 1620.

John Goodwin, *Anti-cavalierisme*, London, 1642.

John Lilburne, *An Vnhappy Game at Scotch and English*, Edinburgh [i. e. London?]: Printed by Evan Tyler, 1646.

John Lilburne, *Regal Tyrannie discovered: or, a Discourse, Shewing that all Lawfull(approbational) Instituted Power by GOD amongst Men, is by common agreement*, London, 1647.

John Lilburne, *The Just Mans Justification*, London, 1647.

John Lilburne, *The Second Part of Englands New-chaines Discovered*, London, 1649.

John Pym, *Master Pyms Speech in the Guild-Hall in Answer of His Majesties Message, Sent by Captaine Hearn.* London, 1643.

John Pym, *Three Speeches Delivered at a Common-hall, on Saturday the 28 of July*, London, 1643.

JohnQuarles, *Regale Lectum Miseriae*, London, 1649.

John Selden , *Titles of Honor by Iohn Selden*, London: By William Stansby, 1614. John Wildman, *A Cal to all the Souldiers of the Armie by the Free People of England*.

Leslie Henry, *The Martyrdome of King Charles, or His conformity with Christ in his Sufferings.* Hage: Printed by Samuel Broun, 1649.

Lover of his country, *Independency stript & vvhipt. Or, Iretons petition, and The royall project, examined and confuted. Together with the character of an independent.* London, 1648.

Marchamont Nedham, *The Levellers Levell'd. Or, the Independents Conspiracie to root out monarchie*, London, 1647.

Matthew Kellison, *The Right and Iurisdiction of the Prelate and the Prince*, Douai, 1621.

Paul Baynes, *The Diocesans Tryall*, Amsterdam: Published by Dr. William Amis, 1621.

Peter Bland, *A Royall Position*, London, 1642.

Peter Bland, *Resolved upon the Question*, London: Printed for Matthew Walbancke, 1642.

Philip Hunton, *A Treatise of Monarchie*, London, 1643.

Richard Mocket, *God and the King: or, A Dialogue Shewing that our Soueraigne Lord King Iames*, London: Imprinted [by John Beale] 1615.

Richard Overton, *To the Supream Authority of England, the Representors of the People in Parliament Assembled*, London, 1649.

Richard Watson, *Regicidium Judaicum*, Hage: Printed by Samuel Broun, 1649.

Rob Robbins, *The Parliament Justified, In their Late Proceeding against Charles Stuart*, London, 1649.

Robert Bolton, *Two Sermons Preached at Northampton*, London: Printed by George Miller, 1635.

Robert Parsons, *An Ansvvere to the Fifth Part of Reportes Lately Set Forth by Syr Edvvard Cooke Knight*, [Saint-Omer]: Imprinted vvith licence [by F. Bellet], 1606.

Robert Ram, *The Souldiers Catechisme: Composed for the Parliaments Army*, London, 1644.

Roger L'Estrange, *A Plea for Limited Monarchy, as it was established in this nation*, London: Printed by T. Mabb, 1660.

SamuelRutherford, *Lex Rex: the Law and the Prince: A Dispute for the Just Prerogative of king and people*, London, 1644.

Sedgwick, *Justice upon the Armie Remonstrance*, London, December 11, 1648.

Sedgwick, *The Spirituall Madman*, London, December 20, 1648.

Sir John Hayward, *An Answer to the First Part of a Certaine Conference*, London: by Eliot's Court Press, 1603.

Sir John Spelman, *A View of a Printed Booke Intituled Observations*, Oxford: Printed by Leonard Liechfield, 1642.

Sir W. Scott ed., *Somers Tractors*, London, 1809 – 1815.

T. Collier, *A Vindication of the Army-Remonstrance*, London, December 20, 1648.

Thomas Brookes, *Gods Delight in the Progresse of the Upright*, London, 1648.

Thomas Chaloner, *An Answer to the Scotch Papers*, London: Printed by Francis Leach 1646.

Thomas Chaloner, *Resolves Concerning the Disposal of the Person of the King*, London: Printed by Iane Coe, 1646.

Thomas Fairfax, *The True Copy of a Petition Promoted in the Army*, London, 1648.

Thomas Floyd, *The Picture of a Perfect Common Wealth*, London: By Simon Stafford, 1600.

Thomas May, *A Breviary of the History of the Parliament of England*, London: Printed by Rob. White 1650.

Thomas Morton, *A Full Satisfaction Concerning a Double Romish Iniquitie*, London: Printed by Richard Field, 1606.

Thomas Warmstry, *A Handkerchief for Loyal Mourners*, London, 1659.

William Ball, *The Power of Kings Discussed*, London, 1649.

William Prynne, *A Breife Memento to the Present Unparliamentary Junto*, Jan 4, London, 1649.

William Prynne, *A Vindication of Psalme 105. 15.* London, 1642.

William Prynne, *Prynn against Prinn*, London, 1649.

William Prynne, *The First Part of an Historical Collection of the Ancient Parliaments of England*, London, 1649.

William Prynne, *The Fourth Part of the Soveraigne Povver of Parliaments and Kingdome*, London, 1643.

William Sclater, *A Sermon Preached at the Last Generall Assize Holden for the*

County of sommerset at Taunton, London: Printed by Edward Griffin, 1616.

2. 来自 EECO 的资料（http://infotrac. galegroup. com/itweb/wuhan? db = ECCO）

J. B. Marsden, *The History of the Later Puritans*, London, T. Hatchard, Piccadilly.

James Caulfield, *The High of Justice*, London, 1820.

John Murray, *The Trials of Charles the First*, London, 1895.

John Rushworth, *Historical Collections of Private Passages of SState*, *Weighty Matters in Law*, *Remarkable Proceedings in Five Parliaments*, vol. 7, London, 1721.

Mark Noble, *The Lives of the English Regicides*, 2vols, London, 1798.

3. 来自谷歌图书在线的资料（http://books. google. com. hk/books）

Austin Woolrych, *Soldiers and Statesmen : The General Council of the Army and its Debates*, *1647 - 1648*, Oxford: Oxford University Press, 1987.

Bulstrode Whitelocke, *Memorials of the English Affairs from the Beginning of the Reign of Charles the Firt to the Happy Restoration of King Charles the Second*, vol. 1, Oxford: Oxford University of Press, 1853.

D. C. Douglas, *William the Conqueror : the Norman Impact on England*, Berkley and Los Angles: University of California Press, 1964.

Maija Jansson ed. , *Proceedings in Parliament 1614*, *House of Commons*, Philadelphia: The American Philosophical Society, 1988.

Maija Jansson ed. , *Proceedings in the Opening Session of the Long Parliament : House of Commons : 3 November - 19 December 1640*, vol. 1, Rochester: University of Rochester Press, 2000.

Ruth Spalding, ed. , *The Diary of Bulstrode Whitelocke*, *1606 - 1675*, Oxford: Oxford University Press, 1990.

4. 来自英国历史在线的资料（http://www. british-history. ac. uk/）

Journal of the House of Commons.

Journal of the House of Lords.

5. 英文著作

A. B. Worden ed. , *A Voyce from the Watchtower*, London: Camden Society, 1978.

Adam Tomkins, *Our Republican Constitution*, Oxford: Hart Publishing, 2005.

Alan G. R. Smith, *The Emergence of a Nation State : The Commonwealth of Eng-*

land 1529 – 1660, London: Longman, 1997.

Amos Torvald Tubb, *Printed Revolutions: Print Culture and Political Culture During the English Republic*, A Dissertation of University of California, 2004.

Andrew Hopper, *"Black Tom": Sir Thomas Fairfax and the English Revolution*, Manchester: Manchester University Press, 2007.

Anthony Fletcher, *Outbreak of the English Civil War*, New York: New York University Press, 1981.

Arihiro Fukuda, *Sovereignty and the Sword: Harrington, Hobbes and Mixed Government in the English Civil War*, Oxford: Oxford University Press, 1997.

Blare Worden, *The Rump Parliament*, New York: Cambridge University Press, 1974.

C. H. Firth ed. , *The Memoirs of Edmund Ludlow*, vol. I, Oxford: Clarendon Press, 1894.

C. H. Williams, ed. , *English History Documents, 1485 – 1558*, London: Routledge, 1997.

C. V. Wedgwood, *The Trial of Charles I*, London: Collins, 1964.

C. V. Wedgwood, *Thomas Wentworth, First Earl of Strafford 1593 – 1641*, London: Jonathan Cape, 1962.

C. H. Firth and R. S. Rait eds. , *Acts and Ordinances of the Interregnum*, vol. I, London: HMSO(His Majestys Stationary Office) , 1991.

Charles Blitzer ed. , *The Commonwealth of English: Documents of the English Civil Wars, Commonwealth and Protectorate*, New York: GP. Puinam's Sons, 1963.

Christopher Hibbert, *Charles I: A Life of Religion, War and Treason*, Basingstoke: Palgrave Macmillan, 2007.

Christopher Hill, *The World Turned Upside Down*, Harmondsworth: Penguin Books 1975.

Christopher W. Daniels and John Morill, *Charles I*, New York: Cambridge University Press, 1988.

Clarendon, Edward Hyde, Earl of, *The Life of Edward, Earl of Clarendon*, 2 vols, Oxford: Clarendon Press, 1857.

D. Alan Orr, *Treason and the State: Law, Politics, and Ideology in the English Civil War*, New York: Cambridge University Press, 2002.

David Dean, *Law Making and Society in Late Elizabethan England: the Parliament of England, 1584 – 1601*, New York: Cambridge University Press, 1996.

David Farr, *Henry Ireton and the English Revolution*, Woodbridge: The Boydell Press, 2006.

David L. Smith, *Constitutional Royalism and the Search for Settlement, 1640 – 1649*, New York: Cambridge University Press, 1994.

David L. Smith, *Oliver Cromwell: Politics and Religion in the English Revolution, 1640 – 1658*, New York: Cambridge University Press, 1991.

David Lagomarsino, *The Trial of Charles I: A Documentary History*, Lebanon: University Press of New England, 1989.

David Underdown, *A Freeborn People : Politics and the Nation in Seventeenth-century England*, Oxford: Clarendon Press, 1996.

David Underdown, *Pride's Purge*, Oxford: Clarendon Press, 1971.

Donald Pennington and Keith Thomas eds. , *Puritans and Revolutionaries, essays in Seventeenth-century History Presented to Christopher Hill*, Oxford: Oxford University Press, 1978.

Earl of Birkenhead, *Famous Trials of History*, New York: Garden City Publishing, 1926.

Elizabeth Read Foster ed. , *Proceedings in Parliament 1610*, vol. 2, New Haven: Yale University Press, 1966.

F. W. Maitland, *The Constitutional History of England*, New York: Cambridge University Press, 1963.

Francis D. Wormuth, *The Origins of Modern Constitutionalism*, New York: Harper & Brothers, 1949.

G. Burgess, *The Politics of the Ancient Constitution*, London: Macmillan Press, 1992.

G. J. Schochet, ed. , *Restoration, Ideology and Revolution*, Washington: The Folger Institute, 1990.

G. R. Elton ed. , *Tudor Constitution: Documents and Commentary*, New York:

Cambridge University Press, 1982.

——, *Studies in Tudor and Stuart Politics and Government*, vol. 3, New York: Cambridge University Press, 1974.

GlennBurgess, *Politics of the Ancient Constitution: an Introduction to English Political Thought, 1603 – 1642*, London: Macmillan Press, 1992.

Graham E. Seel and David L. Smith, *The Early Stuart Kings, 1603 – 1642*, London: Routledge, 2001.

Great Britain, *The Statutes of the Realm*, W. S. Hein, 1993.

Ian Gentles, *The English Revolution and the Wars in the Three Kingdoms, 1638 – 1652*, London: Longman, 2007.

J. A. Sharp, *Early Modern England: A Social History, 1550 – 1760*, London: Edward Arnold, 1987.

J. G. A. Pocock, *The Machiavellian Moment*, Princeton: Princeton University Press, 1975.

J. P. Sommerville ed. , *Political Writings* ,见《国王詹姆斯政治著作选》,中国政法大学出版社 2003 年版。

J. P. Sommerville ed. , *Politics and Ideology in England 1603 – 1640*, London: Longman, 1986.

J. P. Sommerville ed. , *Royalists and Patriots: Politics and Ideology in England 1603 – 1640*, London: Longman, 1990.

J. R. Maccormack, *Revolutionary Politics in the Long Parliament*, Cambridge, Mass: Harvard University Press, 1973.

J. R. Tanner ed. , *Constitutional Documents of the Reign of James I*, New York: Cambridge University Press, 1930.

J. W. Allen, *English Political Thought 1603 – 1644*, London: Methuen, 1938.

Jason Peacey ed. , *The Regicides and the Execution of Charles I*, New York: Palgrave, 2001.

Joad Raymond, *Pamphlets and Pamphleteering in Early ModernBritain*, New York: Cambridge University Press, 2003.

John Bowle ed. , *The Diary of John Evelyn*, Oxford: Oxford University Press, 1983.

John F. Mc Diarmid, ed. , *The Monarchical Republic of Early Modern England:*

essays in response to Patrick Collinson, London: Ashgate, 2007.

John Guy, *Politics, Law and Counsel in Tudor and Early Stuart England*, Aldershot: Ashgate Variorum, 2000.

John Guy, *Tudor England*, Oxford: Oxford University Press, 1988.

John Mc Gurk, *The Tudor Monarchies, 1485 – 1603*, New York: Cambridge University Press, 1999.

Kevin Sharp, *The Personal Rule of Charles I*, New Haven: Yale University Press, 1996.

L. J. Reeve, *Charles I and the Road to Personal Rule*, New York: Cambridge University Press, 1989.

L. Potter, *Secret Rites and Secret Writing*, *Royalist Literature 1641 – 1660*, New York: Cambridge University Press.

Lawrence Stone, *The Crisis of the Aristocracy 1558 – 1641*, New York: Oxford U. P. , 1967.

M. A. R. Graves, *The House of Lords in the Parliaments of Edward VI and Mary I: an Institutional Study*, New York: Cambridge University Press, 1981.

M. A. Judson, *The Crisis of the Constitution*, New Jersey: Rutgers University Press, 1988.

Mark A. Kishlansky, The Rise of the New Model Army, New York: Cambridge University Press, 1983.

Markku Peltonen, *Classical Humanism and Republicanism in English Political Thought, 1570 – 1640*, New York: Cambridge University Press, 1995.

Martin Van Gelderen and Quentin Skinner, eds. , *Republicanism: A Shared European Heritage*, 2vols, New York: Cambridge University Press, 2002.

Michael A. R. Graves, *Elizabethan Parliaments, 1559 – 1601*, London: Longman, 1996.

Michael Braddick, *God's Fury, England's Fure: a New History of the English Civil Wars*, London: Allen lane, 2008.

Michael Prestwich, *Plantagenet England, 1225 – 1360*, Oxford University Press, 2005.

N. K. Maguire, *Regicide and Restoration: English Tragicomedy, 1660 – 1671*, New

York：Cambridge University Press，1992.

Noel Henning Mayfield，*Puritans and Regicide：Presbyterian-Independent Differences over the Trial and Execution of Charles I*. Lanham，Maryland：University Press of America，1988.

P. Zagorin，*A History of Political Thought in the English Revolution*，London：Routledge & Kegan Paul，1954.

Peter Gaunt，The British Wars，1637 – 1651，New York：Routledge，1997.

Peter Lake，Steven C. A. Pincus eds.，*The Politics of the Public Sphere in Early Modern England*，Manchester：Manchester University Press，2007.

Quentin Skinner & Bo Strath ed.，*States and Citizens：History，Theory，Prospects*，New York：Cambridge University Press，2003.

Quentin Skinner，*Renaissance Virtues*，in *Vision of Politics*，vol. 2，New York：Cambridge University Press，2002.

Quentin Skinner，*The Foundations of Modern Political Thought*，vol. 2，New York：Cambridge University Press，1978.

R. Malcolm Smuts ed.，*The Stuart Court and Europe，essays in Politics and Political Culture*，New York：Cambridge University Press，1996.

Richard Cust，*Charles I：a Political Life*，London：Longman，2007.

Robert Latham ed.，*The Diary of Samuel Pepys：a new and complete transcription*，vol. 1 – 11，California：University of California Press，2000.

Robert Wilcher，*The Writing of Royalism 1625 – 1660*，New York：Cambridge University Press，2001.

Roger Lockyer，*The Early Stuarts：A Political History of England 1603 – 1642*，London：Longman，1999.

Ronald Butt，*A History of Parliament：the Middle Ages*，London：Constable，1989.

Russell，*The Causes of the English Civil War*，Oxford：Clarendon Press，1990.

S. B. Chrimes，*English Constitutional Ideas in the Fifteenth Century*，NewYork：AMS Press，1978.

S. R. Gardiner，*History of the Great Civil Wars*，vol. 4，London：Longman，1893.

Sarah Barber，*Regicide and Republicanism：Politics and Ethics in the English Revolution，1646 – 1659*，Edinburgh：Edinburgh University Press，1998.

Stephen L. Collins, *From Divine Cosmos to Sovereign State: an intellectual history of consciousness and the idea of order in Renaissance England*, Oxford: Oxford University Press, 1989.

Stuari E Prall ed. , *The Puritan Revolution: A Documentary History*, London: Routledge & Kegan Paul, 1968.

Susan Dwyer Amussen, *An Ordered Society: Gender and Class in Early Modern England*, Oxford: B. Blackwell, 1988.

T. A. Morris, *Tudor Government*, London: Routledge, 1999.

Thomas Cogswell, Richard Cust andPeter Lake eds. , *Politics, Religion and Popularity*, New York: Cambridge University Press, 2002.

Thomas Smith, *De Republica Anglorum*, edited by Mary Dewar, New York: Cambridge University Press, 1982.

W. D. Macray ed. , *The History of the Rebellion and Civil Wars in England*, 6 vols, Oxford: Clarendon Press, 1888.

W. A. Aiken and B. D. Henning, eds. , *Conflict in Stuart England*, New York: Cape, 1960.

Wilbur Cortez Abbott ed. , *The Writings and Speeches of Oliver Cromwell*, vol. I, Cambridge, Mass: Harvard University Press, 1937.

6. 英文期刊论文

A. Hast, "State Treason Trials During the Puritan Revolution, 1640 – 1660", *The Historical Journal*, Vol. 15, No. 1 (Mar. , 1972), pp. 37 – 53.

Alice Dailey, "Making Edmund Campion: Treason, Martyrdom, and the Structure of Transcendence", *Religion & Literature*, Vol. 38, No. 3 (Autumn, 2006), pp. 65 – 83.

B. L. Beer, "A Critique of the Protectorate: An Unpublished Letter of Sir William Paget to the Duke of Somerset", *Huntington Library Quarterly*, Vol. 34, No. 3, 1971, pp. 277 – 283.

Clive Holmes, "Debate: Charles I: A Case of Mistaken Identity", *Past and Present*, no. 205, Nov. 2009, pp. 175 – 188.

Clive Holmes, "The Trial and Execution of Charles I", *The Historical Journal*, 53, 2 (2010), Cambridge University Press, pp. 305 – 306.

Conrad Russell, "The Theory of Treason in the Trial of Strafford", *The English Historical Review*, vol. 80, No. 314, 1965, pp. 30 – 50.

Craig S. Lerner, "Impeachment, Attainder, and a True Constitutional Crisis: Lessons from the Strafford Trial", *The University of Chicago Law Review*, vol. 69, No. 4, 2002, pp. 2057 – 2101.

F. J. Bremer, "In Defense of Regicide: John Cotton on the Execution of Charles I", *William and Mary Quarterly*, Third Series, Vol. 37, No. 1 (Jan., 1980), pp. 103 – 124.

Fritz Schulz, "Bracton on Kingship", *English Historical Review*, Vol. 60, No. 237 (May, 1945), pp. 136 – 176.

G. Burgess, "Usurpation, Obligation and Obedience in the Thought of the Engagement Controversy", *The History Journal*, Vol. 29, No. 3 (Sep., 1986), pp. 515 – 536.

Gordon J. Schochet, "Patriarchalism, Politics and Mass Attitudes in Stuart England", *The Historical Journal*, Vol. 12, No. 3, 1969, pp. 413 – 441.

J. C. Whitebrook, "Sir Thomas Andrewes, Lord Mayor and Regicide, and his Relations", *Transactions of the Congregational Historical Society*, vol. 13, 1939, 151 – 65.

James Daly, "John Bramhall and the Theoretical Problems of Royalist Moderation", *The Journal of British Studies*, Vol. 11, No. 1 (Nov), 1971, pp. 26 – 44.

John H. Timmis III, "Evidence and I Eliz. I, Cap. 6: The Basis of the Lords' Decision in the Trial of Strafford", *The Historical Journal*, Vol. 21, No. 3 (Sep., 1978), pp. 677 – 683.

Jonathan Scott, "What were the Commonwealth Principles?" *The History Journal*, Vol. 47, No. 3 (Sep., 2004), pp. 591 – 613.

J. P. Sommerville, "English and European Political Ideas in the Early Seventeenth Century: Revisionism and the Case of Absolutism", *The Journal of British Studies*, Vol. 35, No. 2, Revisionisms (Apr., 1996), pp. 168 – 194.

Kevin Sharp, "Private Conscience and Public Duty in the Writings of Charles I", *The Historical Journal*, 40 (1997), pp. 643 – 645.

Kevin Sharp, "'So Hard a Text?' Images of Charles I, 1612 – 1700", *The Histo-

ry Journal,43,2,(2000),pp. 383 – 405.

M. Kishlansky,"Charles I:A Case of Mistaken Identity",*Past&Present*, 189 (2005),pp. 41 – 80.

Patricla Crawford,"Charles Stuart,That Man of Blood",*The Journal of British Studies*,Vol. 16,No. 2,1977,pp. 41 – 61.

Quentin Skinner,"The Ideological Context of Hobbes's Political Thought",*The History Journal*,Vol. 9,No. 3(1966),pp. 286 – 317.

R. Howell,"Newcastle's Regicide:the Parliamentary Career of John Blakiston", *Archaeologia Aeliana*,4ᵗʰ series,vol. 42,1964,pp. 207 – 230.

Robert Zaller,"Henry Parker and the Regiment of True Government",*Proceedings of the American Philosophical Society*, Vol. 135, No. 2 (Jun. , 1991), pp. 255 – 285.

S. M. Koenigsberg,"The Vote to Create the High Court of Justice:26 to 20?", *Parliamentary History*,vol. 12,1993,pp. 281 – 286.

Sean Kelsey, "Constructing the Council of State",*Parliamentary History*, Vol. 22,pt. 3,2003,pp. 217 – 241.

Sean Kelsey,"Politics and Procedure in the Trial of Charles I",*Law and History Review*,Vol. 22,No. 1,2004,pp. 1 – 25.

Sean Kelsey,"The Death of Charles I",*The History Journal*, vol. 45, No. 4, 2002,pp. 727 – 754.

Sean Kelsey,"The Ordinance for the Trial of Charles I",*Historical Research*, Vol. 76,No. 193,2003,pp. 310 – 331.

Sean Kelsey, "The Trial of Charles I",*English Historical Review*, cxviii. 447, 2003,pp. 583 – 616.

W. H. Dunham,"Regal Power and Rule of Law:a Tudor Paradox",*The Journal of British Studies*,vol. 3,1964,pp. 31 – 36.

W. L. Sachse, "England's'Black Tribunal':An Analysis of the Regicide Court", *Journal of British Studies*,vol. 12,1973,pp. 69 – 85.

William R. Stacy,"Matter of Fact,Matter of Law,and the Attainder of the Earl of Strafford", *The American Journal of Legal History*, Vol. 29, No. 4, 1985, pp. 323 – 348.

二　中文资料

1. 著作类

［德］沃格林：《中世纪晚期》，段保良译，刘小枫主编：《政治观念史稿·卷三》，华东师范大学出版社 2009 年版。

［法］基佐：《一六四〇年英国革命史》，伍光建译，商务印书馆 1985 年版。

［法］马克·布洛赫：《封建社会》，张绪山译，商务印书馆 2004 年版。

［法］让·博丹著，朱利安·H. 富兰克林编：《主权论》，李卫海、钱俊文译，北京大学出版社 2008 年版。

［美］C. H. 麦基闻：《宪政古今》，翟小波译，贵州人民出版社 2004 年版。

［美］哈罗德·J. 伯尔曼：《法律与革命——西方法律传统的形成》，贺卫方等译，中国大百科全书出版社 1996 年版。

［美］迈克尔·扎科特：《自然权利与新共和主义》，王崇兴译，吉林出版集团有限责任公司 2008 年版。

［英］M. J. C. 维尔：《宪政与分权》，苏力译，生活·读书·新知三联书店 1997 年版。

［英］阿萨勃·里格斯：《英国社会史》，陈叔平等译，中国人民大学出版社 1995 年版。

［英］伯因斯：《乔治·布坎南和反暴君论》，载于尼古拉斯·菲利普森、昆廷·斯金纳主编：《近代英国政治话语》，潘兴明、周保巍等译，华东师范大学出版社 2005 年版。

［英］哈林顿：《大洋国》，何新译，商务印书馆 1983 年版。

［英］杰弗里·罗伯逊：《弑君者》，徐璇译，新星出版社 2009 年版。

［英］约翰·吉林厄姆：《克伦威尔》，李陈河译，中国人民大学出版社 1992 年版。

陈思贤：《西洋政治思想史·中世纪篇》，吉林出版集团有限责任公司 2008 年版。

高毅：《法兰西风格：大革命的政治文化》，浙江人民出版社 1994 年版。

郭方：《英国近代国家的形成：16 世纪英国国家机构与职能的变革》，商务印书馆 2007 年版。

刘新成：《英国都铎王朝议会研究》，首都师范大学出版社 1995 年版。

钱乘旦、陈晓律：《英国文化模式溯源》，上海社会科学院出版社、四川
　人民出版社 2003 年版。

　　2. 论文类

姜德福：《论都铎王权与贵族》，《东北师大学报》2005 年第 2 期。

李宏图：《英国革命时期革命者对"自由"的理解》，《史学集刊》2010
　年 5 月第 3 期。

刘新成：《"乡绅入侵"：英国都铎王朝议会选举中的异常现象》，《中国社
　会科学》2008 年第 2 期。

孟广林：《试论福特斯鸠的"有限君权"学说》，《世界历史》2008 年第
　1 期。

孟广林：《试论中古英国神学家约翰的"王权神授"学说》，《世界历史》
　1997 年第 6 期。

孟广林：《中世纪前期的英国封建王权与基督教会》，《历史研究》2000
　年第 2 期。

钱乘旦：《英国王权的发展及文化与社会内涵》，《历史研究》1991 年第
　5 期。

王晋新：《论早期斯图亚特王朝的封爵政策及其后果》，《东北师大学报》
　1998 年第 5 期。

朱孝远：《国家稳定的一个步骤：论伊丽莎白一世的宗教宽容政策》，《学
　海》2008 年第 1 期。

后　记

当我拿起一本学术专著的时候，喜欢先看看作者的后记，如果没有，总觉得怅怅然。每个人的后记风格不同，但都能从中窥出作者的性情，身心状态，甚至时代学术风貌。可是，本人最害怕写后记，但又担心此书过于枯燥无盐，只好下笔记之。

此书是我博士研究生阶段的学习证明。有人曾形象地描述道，知识犹如一个大圆圈，人类则在圆圈内，学术工作者往往选取一个方向，不断深挖，将圆的边缘顶出一个个小包，于是，人类知识的外延便不断拓展。这种开拓有时候是孤独寂寞冷的，因为要广积粮，才能深挖井；有时候也能令人热血沸腾，例如陈勇导师的启迪，杨豫老师在关键时刻的力挽狂澜，王加丰老师的指点，以及与同道中人畅快淋漓地交流。总之，在撰写过程中，本人经历了望尽天涯路、衣带渐宽、蓦然回首的过程，也有夜半醒来记下梦中"金句"的体验，终于写出这薄薄的一沓纸。但终究资质有限，文中肯定存在许多学界同仁批评指正之处，因此，从某种意义上来说，书的出版也是新的起点。

此书是人生某个阶段的回忆。如今我已工作四年，升为人妻儿母，回想起在武汉大学的岁月，只觉简单、充实和甜蜜。第一年的迷茫，第二年的奋斗，第三年的冲刺，图书馆——宿舍——食堂三点一线的路途中有男票（现为爱人）、好友和师妹的相互鼓励扶持，苦亦不觉苦。樱花城堡邀明月，情人坡上话古今的时光一去不返，但彼时的美已化为永恒。

此书是献给父母的礼物。我的父母是农民，由于家庭根基薄弱，养育三个子女的过程艰辛异常，即便如此，父亲保持着达观而诗意的人生态度，母亲体现出坚忍不拔的奋斗精神，有幸成为他们的女儿，我很满足。更幸运的是，我遇到了待我如女儿的公婆，他们的勤劳、宽容与理解使我能心无旁骛地工作和学习。我唯有捧上这本小书，向他们聊表谢意。

他山之石，可以攻玉。我会在挖石头的过程中继续体味快乐。

2015 年 2 月 4 日
写于湖北孝昌